日本の誕生

皇室と日本人のルーツ

長浜浩明

WAC

はじめに

新たに天皇が即位され、「令和」の御代が始まりました。ところで、私たちは皇室の源流や日本人のルーツについて、十分な知識を持ち合わせているでしょうか。

実は、かつての私は持っておらず、仕事の関係で外国人との付き合いもあった私は、時々受ける彼らからの素朴な質問への返答に窮した経験があります。こんなわけで長い間、密かにこのことを知りたいと思っていたのです。そのため、多くの本を読み漁ったのですが終《つい》ぞ納得する本や説に巡り合うことはありませんでした。

そして私が古代史界に参入したのは、長い間分からなかったこの謎を、図らずも解き明かすことが出来たからです。この立ち位置から世の諸論を見わたすと、そこには科学も論理もない古代史論の荒野が広がっていました。目に余る牽強付会《けんきょうふかい》、支離滅裂、非科学で非論理に呆れ果て、見過ごせなかったということです。

こうして始まった私の古代史研究は『日本人ルーツの謎を解く』で始まり、『韓国人は何処から来たか』で終わっていたはずでした。しかし、その間に書いた『古代日本「謎」の時代を解き明かす』が本書の必要性を自覚させたのです。

前著は三百頁弱の分量に、日本建国史と邪馬台国、解決不可能とされた神武天皇の即位年、豊葦原《とよあしはら》の意味、なぜ銅鐸《どうたく》や広鋒銅矛《ひろさきどうほこ》は作られたか、なぜ神社に鈴があるのかなど、全て盛り込んだのです。というのも、それらは有機的に絡《から》み合っており、古代史の謎を解く上で一部を省く訳にはいかなかったからです。そして勢い〝倭の五王〟から新羅による半島統一まで書き込んだことで、消化不良を起こした方がいた、と感じてはいました。

即ち前著は、今まで古事記や日本書紀に一応の知識があり、他の古代史本や邪馬台国論なども読み、「釈然としない」、「腑に落ちない」という方が読むと、「そうだったか！」と了解される、謎の時代の全貌《ぜんぼう》を解き明かした古代史本となっています。

また前著は平成二十四年四月に上梓《じょうし》され、六年が過ぎてなお、いささかも訂正の必要性を感じないのですが、新たな御代を迎え、この間の最新科学の成果を取り入れた古代史に関する主な問題点の最終解答を提示しておきたい、との念を強くしたのです。

そのため本書では、初めて古代史本を読む方でも馴染めるよう、半島と日本の旧石器時代から説き起こし、日本人と韓国人やシナ人は別人種・別民族であることを論証した上で、シナの史書、魏志倭人伝、三国史記、古事記・日本書紀、大阪平野の発達史などを交え、わが国の建国の事情を明らかにしたのです。

しかし独善に陥ってはなりません。本書の相対的位置を確認する意味もあり、諸先生方の古代史論の検討・分析を行いました。それらと比べることで何が正しいのか、判断の一助になることを願ってのことです。同時に、日本の古代史界はなぜ、現在のようになったのかも解き明かしておきました。原因が分かれば対策が立てられるからです。

今までの古代史論の不幸は、「日本書紀はウソだ」という専門家と「シナ文献は信用ならない」と主張する方々に分断され、偏った持論を持つ彼らがいくら論じても真実は見えて来なかったことです。

真実に迫るには、先入観を排除し、日中韓の正史を恣意的に解釈せず、正面から取り組み、年紀を明らかにし、科学的知見に基づき、様々な角度から論理的に検討を加えねばなりません。他に解きようがあるべくもなく、ここに皇室と日本人のルーツと、わが国の建国の事情を解き明かすことができたと信じています。

無論、類書はなく、今までの古代史論を読んでも日本のルーツが分からない方、わが国はどのように建国されたのか釈然とされない方、大和朝廷と邪馬台国は如何《いか》なる関係だったのか分からなかった方にとって、必ずや本書がお役に立つと信じており、そう願っております。

付記

一　ここで用いた底本は、宇治谷猛『日本書紀（上）全現代語訳』（講談社学術文庫、一九八八年）、同（下）、坂本太郎他校注『日本書紀』（一）（岩波文庫）、次田真幸『古事記（上）（中）全訳注』（講談社学術文庫、一九七七年）、藤堂明保他『倭国伝』（講談社学術文庫、二〇一〇年）、石原道博編訳『魏志倭人伝他三篇』（岩波文庫、一九八五年）、井上秀雄訳注『三国史記』1～4（平凡社　東洋文庫）ですが、引用に当たっては、翻訳と読み下し文を混ぜるなどして分かり易さに努めました。

二　古来より日本列島に日本人が住んできましたが、世界広しといえども、そのような国は稀であり、この延長でシナ大陸の記述を行うと話が分からなくなります。そこで古代史に於ける地理的概念は〝シナ〟を用い、清以前は各王朝名を記し、人は〝シナ人〟としました。

三　引用文末にあるカッコ内数値は、引用文献のページを示します。

四　文中の傍点は全て筆者が付け加えたものです。

日本の誕生

皇室と日本人のルーツ

◆目次

はじめに　1

プロローグ――若き日の九州の旅　15

第一章　日本人のルーツを解き明かす　21

川喜田二郎・江藤淳先生との出会い　22
なぜ、韓国語は日本語に似ていないのか　23
司馬史観の呪縛　27
ミトコンドリアDNA分析の有効性と限界　28
Y染色体分析が明かす真実　30
『サイエンスZERO』と篠田謙一氏のウソ　34
ウソの〝カラクリ〟を明かす　36
Y染色体からの解析を避けたわけ　37
核DNAのゲノム解析・中韓とは明らかに違う日本人　38
核DNAのゲノム解析・沖縄のルーツは日本由来　41

古代史は多方面から検討を加える 43

第二章 韓国國立中央博物館〝古代史年表〟の衝撃 49

旧石器時代、韓半島からヒトは来なかった 50
岩宿・旧石器遺跡発見が意味するもの 52
韓半島人は絶滅・五千年間無人地帯だった 54
韓半島の歴史は縄文時代から始まった 57
その後、韓半島に北方民族が侵入して来た 59
シナ史書に見る半島の歴史と日本 61

第三章 東アジア『正史』の記す日韓の建国史 65

高句麗と百済は如何にして建国されたか 66
新羅王族の祖先は日本からやって来た 69
日本人は如何にして根無し草になりしか 73
戦前に教えられていた建国史とは 75
日本書紀の記す神武東征の物語 78

「古事記」の記す神武東征の物語 83

第四章 神武東征を裏付けた「大阪平野の発達史」 87

生國魂神社・神武天皇が祀られたのが始まり 88
「大阪平野の発達史」の研究目的とは 92
〝炭素14年代〟と〝較正炭素14年代〟の相違について 95
大阪駅の地下断面が物語るもの 97
「河内湾Ⅰの時代」(七千～六千年前) 99
「河内湾Ⅱの時代」(五千～四千年前) 102
「河内潟の時代」の理解が要となる 104
「河内湖Ⅰの時代」もはや東征はあり得ない 110
「河内湖Ⅱの時代」・仁徳天皇の大川開削 114
そして日本書紀、古事記だけが残った 119

第五章 神武天皇はいつ即位されたか 121

崩御年・在位年から分かること 122

なぜ天皇は斯《か》くも長寿だったか　125
干支ではない・カギは「裴松之《はいしょうし》の注」にあり　128
皇紀を〝実年＝西暦〟に換算する　130
実年を〝百済の年紀〟と照合する　139

第六章　女王国の都・邪馬台国はここにある　145

魏志倭人伝は史料に値しないか　146
その時代〝倭国〟とは今の〝日本〟にあらず　149
魏志倭人伝に何が書いてあるのか　151
素直に読めば邪馬台国はこの辺りになる　156
邪馬台国〝畿内説〟の考え方とは　161
女王国への川旅・旅程はこう読む　165
狗奴国や倭種の国はどこか　169
女王の都する邪馬台国はここにある　172
考古資料が明かす〝黥面文身〟習俗　174
日本書紀は入墨をどう捉えたか　178

畿内説・設楽博己氏の論理破綻　180

第七章　大和朝廷は如何にして統一されたか　183

神武天皇・大和侵入の実像とは　184
なぜ媛踏鞴五十鈴媛を正妃に迎えたか　187
綏靖《すいぜい》天皇(前三二一〜前一五年)はなぜ姨《みおば》を妻としたか　189
安寧《あんねい》天皇(前一四〜前一年)が皇室の立場を決定づけた　191
その後も婚姻を通じて影響力を拡大　191
第九代・開化《かいか》天皇(一七八〜二〇七年)の御代　193
崇神《すじん》天皇の御代(二〇八〜二四一年)に起きたこと　194
垂仁《すいにん》天皇の御代(二四二〜二九〇年)邪馬台国のたそがれ　196
なぜ、邪馬台国と大和朝廷は和解できなかったか　199
〝任那《みまな》〟は御間城《みまき》天皇の名から命名された　202
景行《けいこう》天皇の御代(二九一〜三二〇年)に起きたこと　204

第八章　邪馬台国東遷論・邪馬台国畿内説を洗う　207

古田武彦氏・韓国や日向の意味を理解していたか　208
相変わらず古地理図が理解出来なかった　210
無根拠・銅鐸圏のリーダーを殺し尽くした　212
〝黥面文身〟を避け続ける理由は何か　216
古田史観・古代史年表が見当たらない　217
森浩一氏・「大阪平野の発達史」を理解していたか　219
森氏も日本書紀を読んでいなかった？　221
二五〇年代に邪馬台国の台与《とよ》が東遷した　223
安本美典氏・古地理図の誤読から生まれた東征年代　226
井沢元彦氏の不敬、矛盾から変節へ　230
直木孝次郎氏・なぜ黥面文身を無視するのか　234
奈良大学よお前もか！「奈良県人は昔から嘘つきだった」　236

第九章　〝著名人〟の古代史論を洗う　239

江上波夫氏・天孫降臨地は北部九州である　240
話は逆さま〝任那は崇神天皇の名から命名〟　242

上田正昭氏・立派な〝教職適格者〟だった 245
大丈夫か・論理的一貫性のない古代史観 246
学者としての資質に疑念あり 249
何が目的で古代史本を書いたのか 250
岡田英弘氏のビックリ古代史観とは 253
真に有難い私への〝批判・ご意見〟に応える 256
〈あんちょこ〉の弊害〝天照大神と素戔嗚尊が結婚した〟 260
不敬・皇族はニワトリ、馬、犬と同様な純血種だった 263
〝全て皇族同士の近親婚だった〟なる論理破綻 264
的場光昭氏に考えていただきたいこと 267
皇族と韓民族王族の婚姻の違いとは 270
田中英道氏の古代史観とは 271

終章　なぜ、戦後の古代史論は正気を失ったか

終章　なぜ、戦後の古代史論は正気を失ったか 277
米国の占領方針〝歴史を失わせ滅ぼす〟 278
米国指令による〝教職追放令〟とは 281

大学に記紀否定論者だけが残った　283
検閲・教職追放と〝闇の検閲官〟　286
戦後古代史論の知的退廃とは　288
古代史論は見直す時代に来ている　291

装幀／須川貴弘（ＷＡＣ装幀室）

プロローグ――若き日の九州の旅

今から半世紀以上前の話なのですが、学園紛争で大学が閉鎖されていた頃、文化人類学の教授・川喜田二郎氏は〝移動大学〟なるものを始めていました。一般教養で文化人類学を選択した私は、このセミナーに参加することにしたのです。

場所は遠く、確か宮崎県〈えびの高原〉であり、東京から夜行列車に乗って着くと、参加者のほとんどが社会人だったと記憶しています。その目的は、川喜田氏考案の〝ＫＪ法〟の学習と実践であり、あるテーマについて多方面から可能な限り生データを集め（データ収集）、小さなカードに一項目ごと書き込み（分析）、カルタのように広げ、その類似性を感じて集合させ（統合）、実像を把握していく。そのような実習とフィールドワークが中心でした。

一週間近く続いた移動大学も終わり、現地解散となったのですが、私は高校時代に山岳部だったことも手伝い、せっかくここまで来たのだから山にでも登って帰ろうと思ったものです。

見ると近くに韓国岳《からくに》があり、そこから尾根伝いに高千穂峰を通って高原駅から帰ることにしました。二〇キロ近いキスリングを背負い、南アルプス、立山連峰、谷川連峰などを縦走してきた私にとって、この辺りの山は丘みたいなもので、リュック一つの身は軽く、木も生えていない景色抜群の火山地帯の稜線を歩き、確か昼過ぎには高千穂峰へ着いたのです（写真1）。見ると山頂に三本の逆矛《さかほこ》が立っており（写真2）、これは瓊瓊杵尊《ににぎのみこと》が高千穂峰に天降ったとき突き刺したものだ、とのことでした。

当時はさしたる興味もなく、一休みして山に別れを告げ、高原町を目指して飛ぶように下って行くと途中に皇子原《おうじばる》神社がありました。御祭神は神武天皇であり、社伝によると、ここは神《じん》武《む》天皇、幼少名・狭野《さの》尊がお生まれになった産屋《うぶや》のあった場所とのこと。何でも理由を知りたがる私は「ほうそうか」と意味もなく納得したものです。

さらに下って行くと杉林の中に狭野神社がありました。急いでいたのですが、立ち寄らねばという思いに駆られ、杉並木の参道を通って拝殿《はいでん》に近づくと、夕暮れが迫っているせいか人はおらず、何か強烈な神聖感におそわれた記憶があります（写真3）。

お参りを済ませ、なぜこんな所に斯《か》くも立派な神社があるのか、由緒《ゆいしょ》を知るべく社伝に目を通すと次のようにありました。

「狭野神社の創建は非常に古く、第五代・考昭《こうしょう》天皇の時代であり、主祭神は神倭磐余彦尊《かむやまといわれびこ》（神武天皇）、配祀《はいし》は日向での神武天皇の妻となった吾平津《あひらつ》姫、他六柱」「神武天皇は幼名を狭野尊といいましたが、それは神武天皇がお生まれになったこの辺りの地名からとったものです」

写真１　韓国岳より見る高千穂峰

写真２　高千穂峰　天の逆鉾

写真３　狭野神社

そういえば高千穂峰といい、皇子原神社の社伝といい、確かにこの辺りは狭野という地名だし、大昔の話が色濃く残されている不思議さを思ったものです。そしてなぜか〝神社巡りをしてみよう〟と思い立ったのです。

確か宮崎で一泊し、先ず神武天皇の宮《みや》があったという皇宮神社に行ってみました。ここは小高い丘の上にある小さな社《やしろ》であり、御祭神は神倭磐余彦尊《かむやまといわれびこ》、相殿神《あいどの》は妃《きさき》の吾平津姫、子の手《た》研耳命《ぎしみみ》、岐須美美命《きすみみ》とありました。この地での神武天皇の家族が祭神であり、宮であったというのも頷ける話でした。その南東五～六百mに宮崎神宮があります。ここは実に立派な神社であり、社伝には次のようにありました。

「本宮は神武天皇の孫にあたる健磐龍命《たけいわたつ》（熊本・阿蘇神社御祭神）が九州の長官に就任した際、祖父の遺徳をたたえるために鎮祭したのが始まりと伝えられています。下って第十代崇神天皇、第十二代景行天皇の熊襲征討の際に社殿の造営があり、次いで第十五代応神天皇の御代、日向の国の造《みやつこ》が修造鎮祭せられたのが、旧記に伝えられています」

さらに、「神武天皇を主祭神に、相殿神には左に御夫君鸕鷀草葺不合命《うがやふきあえず》、右に御母君玉依姫《おははぎみたまよりひめ》命が祀られています。宮崎神宮は、昔、神武天皇宮または神武天皇社と言われていたので、地元では今でも親しみを込めて『神武様』と呼ばれています」とありました。

神武天皇が此《こ》の地で政務を執ったといわれており、「神武天皇四十五歳の時、日本統治にふさわしい土地を求めて日向の国を出発になり、多くの苦難を乗り越えて大和を平定され、第一代天皇に即位されたと伝えられています。その時、日向の国からご出発になったと伝わる日向市美々津地区には、御船出の場所として今も数々の逸話が残っています」とのことでした。この地には、今も神武天皇の逸話が色濃く残っていたのです。

確かこの辺りからバスに乗り北へ向かったのですが、美々津の手前にある都農《つの》神社にも立ち寄ったはずです。これも立派な神社で、ご由緒には次のようにありました。

「創建されたのはご即位六年前の神武《じんむ》天皇が宮崎の宮を発し東遷の折、この地に立ち寄り、国土平安、海上平穏、武運長久《ぶうんちょうきゅう》を祈念し御祭神を鎮座されたと伝えられる。御祭神は大己貴命《おおなむち》」

神話によると、大己貴命とは天照大神《あまてらすおおみかみ》の弟・素戔嗚尊《すさのお》が出雲で成した子の一人でした。そして次なる目的地、美々津《みみつ》へと急いだものです。美々津は耳川の河口にあります。ここは小高い岩山の麓にある良港であり、江戸時代までは宮崎を代表する交易港として栄えたといいます。その右岸に立磐《たていわ》神社があり、ご由緒に次のようにありました。

写真４　お舟出の瀬戸（２つの小島の間を通って神武東征に出航された）

「当社は、神武天皇ご東遷のおり、美々津港より御船出し給うに当たり、御航海の安全を御祈念せられて、この埠頭《ふとう》に住吉大神とも申し奉る、底筒男命《そこつつのを》・中筒男命《なかつつのを》・表筒男命《うわつつのを》の三柱の大神を奉祭したもうとて、第十二代・景行《けいこう》天皇の御代に創祀されたものである」

沖を見ると小さな島、というか岩礁がいくつかあり、神武天皇は二つの小島の間を通って東征に出立されたと言い伝えられ、そして帰って来なかった事から、今でも地元の漁師はこの間を通っては出漁しないといいます（写真４）。

私の旅はここで終わり、美々津から国鉄で北に向かい、寝台列車で東京へ帰ったような気がします。ここに記した社伝は後日改めて確認したものですが、移動大学と神社巡りの旅は、私の記憶の底に沈殿し、二度と浮上することはなかったはずでした。

第一章 日本人のルーツを解き明かす

川喜田二郎・江藤淳先生との出会い

近頃、大学で文化人類学を学んだことが古代史研究に役立っている、そう思うようになっています。担当教授は先述の川喜田二郎、その講義を通して学んだことはただ一つ。

〝ある民族や事象を把握するには定説や既成概念にとらわれてはいけない。立派な肩書きの人の意見も根拠を確かめよ。多数決も意味をなさない。持論にとらわれてもいけない。多方面から可能な限りデータを集め、分析し、玉石《ぎょくせき》を見分け、虚心坦懐《きょしんたんかい》にデータをして語らしめよ〟

この手法は古代史研究に適用出来るからです。分からなければ関連するデータを集め、科学的・論理的に扱わねばなりません。さしたる根拠もないのに、「ああ思う」「こう思う」「こう考えるのである」などと主張する者の前に古代史は真の姿を現わさないのです。

もう一つ学んだことがあります。当時、江藤淳教授が教鞭をとっておられました。先生は、戦後、誰もが貝のように口を閉ざしていた〝検閲〟の実態を暴いた偉大な学者でした。友達から「おもしろいから」と誘われて本館の大教室に行くと、薄明かりのなかにおられた小柄な先生の口からでた言葉は衝撃的なものでした。

私は、「戦前は言論の自由はなかったが、戦後、自由になった」と教えられてきたのですが、先生は「戦後の日本には言論の自由は一切なく、全てが検閲を受け、今日の言語空間が形成された。現行憲法も占領期に米国から与えられたものだ」とおっしゃる。しかも「検閲は違憲行為ゆえにタブー視され、反米親中ソの社会党、共産党から朝日新聞、ＮＨＫなど、誰もが口を閉ざしてきた。だから一般国民はこの事実を知らない」というのです。

事実確認は性癖であり、その後、先生の著作を読むことで、今、私たちが呼吸している言語空間が違憲検閲によって成り立っていることを確信した次第です。

中学校時代の社会科授業で、他人事のように日本を悪し様《ざま》に言いつのる教師たち、だから私は理系に進んだのですが、その根源が分かった気がしました。今にして思えば、この時代に扶植された〝検閲〟による歴史観は、近現代史から古代史にまで及んでおり、立派な肩書きをもつ方々の古代史論も例外なくその影響下にあり、歪められていたのです。

なぜ、韓国語は日本語に似ていないのか

当時、斉藤という学友がいました。彼は賢く、今にして思うと大人であり、当時あまり人気のない機械工学を専攻、選んだ第二外国語はドイツ語でした。機械ですから順当な選択です。私は興味本位でフランス語を選択したのですが、フランス語は難しく四苦八苦していました。

斉藤は涼しい顔をしているので、ある日、大岡山の芝生の上で「どうだドイツ語は?」ときくと、彼は「易しい」という。「なぜ易しいのか」ときくと「英語とそっくりだ」という。

追求癖のある私は訳を知りたくて調べると、三七五年頃からゲルマン人が欧州中央部に移動し住み始め、五世紀の中頃、北部ドイツのゲルマン族の一派、アングル・サクソン人が今のグレートブリテン島に侵入、先住ケルト系住民を駆逐《くちく》して英国の基礎を築いた、とありました。従って、両言語が似ているのは〝遠い昔、同じ民族だったからだ〟という説明に私は納得したのです。なるほど、祖先が同じなら言語も似るのか、と。

当時は進歩的文化人や左翼全盛の時代でしたが、江藤先生のおかげか、私はそちらには興味なく、イザヤ・ベンダサン、山本七平、司馬遼太郎などの本を読んだものです。そして司馬が『韓《から》のくに紀行』(朝日新聞社)に書いた一文に目がとまったのです。

「私が韓国に行きたいと思ったのは、十代の終わりごろからである」(9)

そして司馬は旅行の手続きをミス・チァに依頼し、彼女は司馬に尋ねた、とあります。

「どういう目的で韓国にいらっしゃるんですか。(中略)

〈……さあ〉と私がしばらく考えてみたのは、韓国への想いのたけというのが深すぎて、ひとことで言いにくかったのである。私は、日本人の祖先の国にゆくのだ、ということを言おうと思ったが、それはどうも雑な感じもして、まあ古いころ、それも飛びきり古い昔々にですね、たとえば日本とか朝鮮とかいった国名もないほど古いころに、朝鮮地域の人間も日本地域の人間も互いに一つだったとその頃は思っていたでしょうね」(10)

その後、話は〝日韓同祖論〟に及び、この論は朝鮮人を喜ばさなかった、と司馬は自問自答していました。

「その機微《きび》は、朝鮮人の立場に立って考えてみればわかる。日本よりも古い時代から堂々たる文明と独立国を営んだ歴史を持つ朝鮮人にとって、漢文用語でいう東海の東夷《とうい》(日本)が、にわかに偉そうぶって、〈おまえたちと俺たちとは先祖は同じだよ〉どうだ、うれしいだろう、という態度でいったところで、誰がよろこぶか」(11)

こんな調子で話は続くのです。ところで、司馬のいうとおり〝韓国が日本の祖先の国〟なら、日本語と韓国語は似ているのではないかと思い、当時、NHK語学講座に「アンニョンハシムニカ」なる番組があったと記憶していますが、聞き始めました。

すると予想に反し、それは日本語とかけ離れた言語だったのです。しかも英語やフランス語に比べ、音の響きが下卑《げび》ており、聴くに耐え得る言語ではありませんでした。同時に「まてよ」と思ったものです。一五〇〇年以上前、同じ民族だったドイツとイギリスの言語は、例えば、大衆車を英語では〝フォークス　ワゴン〟、ドイツ語では〝フォルクス　ワーゲン〟と似ています。司馬のいうように〝韓国が日本人の祖先の国〟なら言語的な繋がりがあっていいはずなのになぜないのか、と思ったのです。

同時に、巷《ちまた》にあふれる一般常識、〝かつて日本には縄文人が住んでいたが、凡《およ》そ二三〇〇年前に半島から渡来人がやって来て縄文人を追いはらい、あるいは混血し、彼らが本州、四国、九州の人々の祖先となった。そしてアイヌと沖縄の人々が縄文人の末裔《まつえい》である〟は正しいのか、なる疑念が頭をもたげてきたのです。

司馬史観を是《ぜ》とすれば、〝遠い昔、私たちの祖先は半島からやって来た〟となるのですが、この話が正しいなら、なぜ日本語と韓国語はかくも違うのか。その訳を知ろうと思い、あれこれ調べたのですが、この疑問を解き明かした本は遂に見当たりませんでした。

著名な言語学者・服部四郎氏は「日本語の系統に興味を持って言語学を始めた」(『日本語の系統』岩波文庫　3)とのことでしたが、遂に答えを出せませんでした。今にして思えば、過《あやま》てる古代史観に拘束されていたからだ、となるのですが、その後もこの疑念が頭から離れることはありませんでした。

司馬史観の呪縛

長い間、古代史はその道の専門家が語るものとされてきました。ところが明治以降、様々な分野から解明が試みられ、特に戦後は、考古学、形態人類学、分子人類学などが長足の進歩を遂げ、それらに依拠した古代史論が登場しました。

では、それらを読めば古代史が分かるのか、というと、〝分かった〟と納得させられる本は一冊もなかったのです。最大の理由は、日本人の祖先が韓半島からやって来たのなら、なぜ、日本語と韓国語や中国語は別系統の言語なのか、この問いへの答えがなかったからです。

例えば、【日本人のルーツを科学的に検証】と銘打った『ここまでわかってきた　日本人の起源』（産経新聞生命ビッグバン取材班／扶桑社、二〇〇九年）も系統言語学からの検討を行っておらず、司馬と同じ結論に落着していました。

「弥生時代には、水田稲作や青銅器、鉄器などさまざまな文化を持つ集団が、大陸から波状的に渡来したと考えられている。彼ら渡来系弥生人が列島内を拡散、先住民の縄文人の子孫たちと混血を繰り返して生まれたのが、日本民族だ」（264）

この「考えられている」なる、根拠不明で無責任な一言が古代史には多く登場します。その上で、「渡来系弥生人が列島内を拡散、先住民の縄文人の子孫たちと混血を繰り返し」の実態とは、〝大陸や半島から男性集団が渡来し、縄文人との戦いに勝利し、男性を殺すなり追い散らすなりして逃げ遅れた縄文女性と交わり、混血児が生まれ、このようなことが波状的に起こり、日本民族が生まれた〟となります。

なぜなら、「大陸から多くの夫婦が渡来し増えていった」のなら〝混血〟とはいいません。〝大陸から女性集団が波状的に来日し、進んで縄文男性と交わった〟もまずあり得ません。

〝日本人のルーツを科学的に検証〟した結果得られたこの結論が正しいなら、それは戦いに敗れた満洲国が崩壊したときに起きたような、〝渡来系弥生人による縄文社会の征服物語〟であり〝だから天皇は渡来人なのだ〟ともなります。如何《いか》なる歴史を紐解いても、被征服民の王が征服民の王や皇帝になった事例はないからです。

この一見常識的とも思える結論は、拙著『日本人ルーツの謎を解く』の結論、〝日本人の主たる祖先は縄文時代から日本列島に住み続けた人々である〟と相容れません。ではどちらが正しいのでしょうか。

ミトコンドリアDNA分析の有効性と限界

ヒトのルーツを探る有力な手段として、二十世紀後半から遺伝子研究が推し進められてきました。というのも細胞は分裂しながら生まれ変わり、細胞内の遺伝子も常に複製され、同じものが出来るはずですが、稀に間違って複製されることがあります。この複製間違い、突然変異が男性のY染色体や女性の卵細胞内のミトコンドリアＤＮＡ（以下、ｍｔＤＮＡ）に起きた場合、それは確実に子孫に伝えられ、この違いを分析することがルーツを探る有力な手段となるからです。

この研究は塩基対が一万六千程度ゆえに比較的研究が容易なｍｔＤＮＡから始められました。このＤＮＡの特性は、卵子と精子が結合して受精卵になるとき、精子のｍｔＤＮＡは消滅し、卵子のｍｔＤＮＡのみが伝えられていくことにあります。即ち、ｍｔＤＮＡは母系のルーツを探る手段となるのであり、男性のルーツを辿ることは出来ない、ということを肝に銘じなければなりません。

この研究は故・宝来聡氏により進められてきましたが、氏も含め、平和ボケの日本人研究者が陥りがちな誤りがあります。それは、〝ｍｔＤＮＡの研究結果から日本人のルーツが分かる〟なる誤解です。日本では、異民族による征服やジェノサイドの記録も記憶もないゆえ、歴史に疎い遺伝子研究者は〝世界も日本と同じではないか〟と考えがちです。

ところが日本のような歴史を持つ民族はむしろ稀であり、旧約聖書やシナの歴史を見れば分かるように、異民族同士の戦いが繰り広げられてきた世界では、ある民族を別民族が襲い、戦いに敗れれば、敗れた民族の男性は子供に至るまで皆殺しにされ、男たちは若い女性を戦利品として獲得し、交わり、子孫を残していく。これを征服というのですが、このようなことが当たり前のように行われてきました。

このことは中国人により満洲民族に対して行われ、満洲民族は消え去りました。今は、同様のことがチベットや東トルキスタンで行われており、多くの男が殺され、中国人男性がチベットや東トルキスタンへと移り住み、その地の女性と交わることで混血児を残しているのですが、生まれた子供のｍｔＤＮＡはチベット人や東トルキスタン女性と同じなのに、男のＹ染色体は入れ替っている。このような歴史は幾らｍｔＤＮＡを調べても分かりません。これがｍｔＤＮＡは母系のルーツを探る手段に過ぎない理由です。

その為に男性から男性へと受け継がれるＹ染色体の分析が望まれたのですが、何しろ塩基対が六千万にも及び、この壁は高かったのです。

Ｙ染色体分析が明かす真実

二十一世紀になると分子人類学は長足の進歩を遂げ、かつて困難といわれた男性のＹ染色体分析が出来るようになりました。

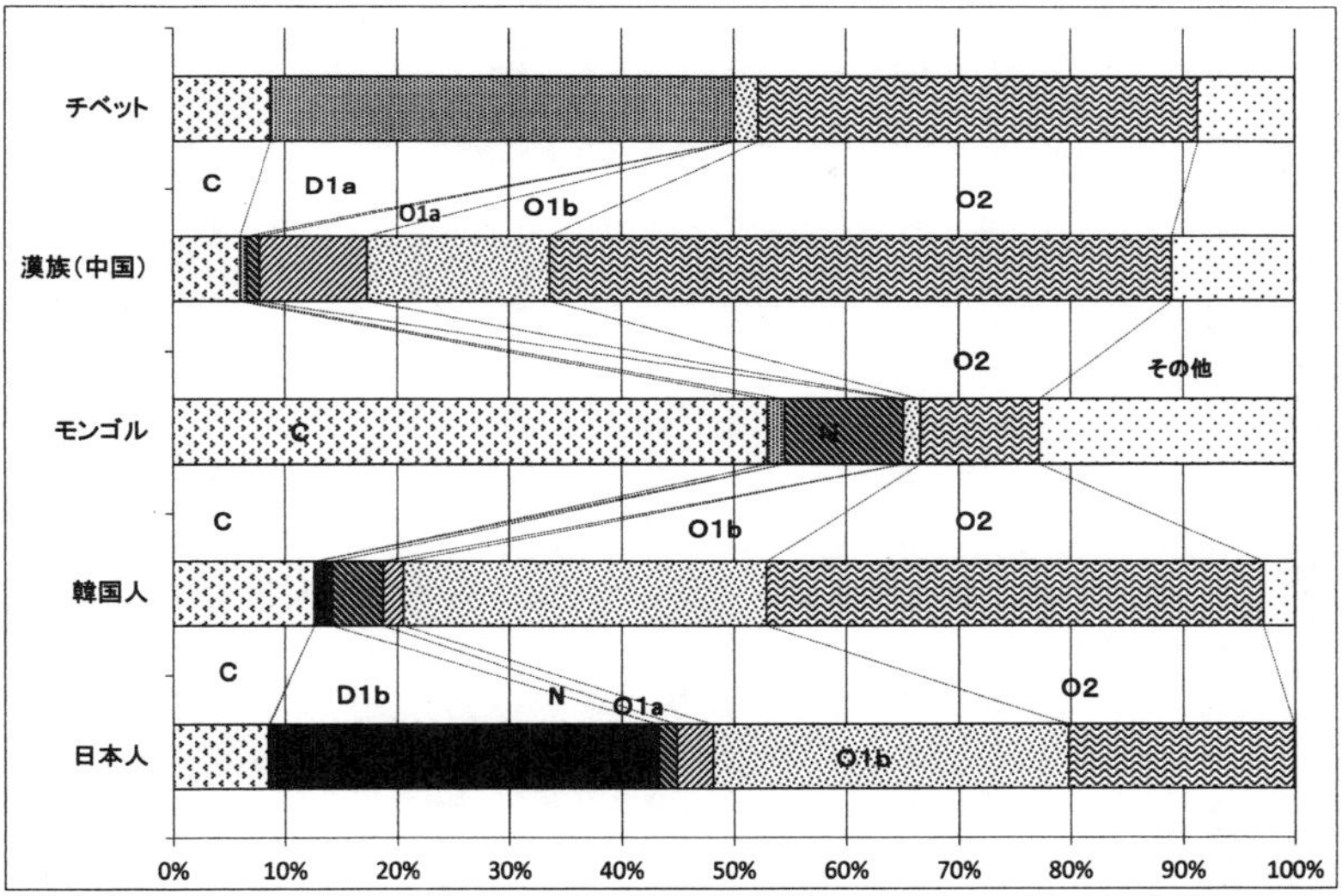

ハプロタイプ	C	D		N	O			他	n	論文作成者・年
サブグループ		D1a	D1b		O1a	O1b	O2			
日本人	8.5	0.1	34.7	1.6	3.2	31.7	20.1	0.1	259	Hammer 2005
韓国人	12.6	0.0	1.6	4.5	1.8	32.4	44.3	2.8	506	Kim 2011
モンゴル	53.0	1.5	0.0	10.6	0.0	1.5	10.6	22.8	65	Xue 2006
漢族（中国）	6.0	0.6	0.0	1.1	9.6	16.3	55.4	11.0	166	Karafet 2005
チベット	8.7	41.3	0.0	0.0	0.0	2.2	39.1	8.7	46	Wen 2004

図１　日本及び周辺地域のＹ染色体のハプログループの頻度
（出典：フリー百科事典『ウィキペディア』から文献根拠の明快なデータを基に作成）

近年、Y染色体ハプログループ（亜型）の解析は詳細を究め、そのデータが公表されるに至っています。それらを使って私が新たに作成したのが図1です。

この図を見ると、仮に日本人男性の祖先の多くが『日本人の起源』にあるように、〝韓半島を通って大陸から波状的にやって来た〟のなら、日本人のパターンは韓国人や中国人に似て然るべきです。しかし日本人は彼らと全く異なるパターンを持っており、それはD1bにあることは明らかです。そして、このような図の意味するところを国立遺伝学研究所教授・斎藤成也氏は次のように解説していました。

「（D1bのように）日本列島ではかなりの頻度で存在しているが、その周辺ではほとんど見つからない遺伝子が存在することは、三〇〇〇年以降という人類進化の時間スケールでは『最近』に属するころに、縄文時代の人々から弥生時代の人々に集団が置換したという考えを否定するものだ。何故なら、この様な置換を仮定すると、日本列島に特異なタイプは置換した後に生じたと考えなくてはならないからだ。しかしこれはほとんど不可能である」（『DNAから見た日本人』ちくま新書 105）

即ち、氏は〝紀元前十世紀以降に大陸から渡来人がやってきて、今の日本人の主たる祖先を形成した〟という見方を論理的に否定したのです。同時に、日本人の主な祖先は〝縄文時代以前から日本列島に住んでいた人々だった〟となることを示していました。
さらに、図1は、篠田謙一氏が自著『日本人になった祖先たち』（ＮＨＫブックス）で記した次なる見方も否定したのです。

「このハプログループ（Ｄ）は日本と並んでチベットで人口の三〇％程度を占めていることも知られています。この分布は、元々北東アジアに広く分布していたこのハプログループが、その後中国を中心とした地域で勢力を伸ばしたハプログループＯの系統によって、周辺に押しやられてしまった結果を見ているように思えます」（196）

なぜ、篠田氏の見方が間違いなのか。それは、Ｙ染色体のハプログループＤを掘下げると、日本人はＤ１ｂ、チベット人はＤ１ａ、と異なっているからです。仮に氏の仮説が正しいとするなら、日本人とチベット人のサブグループは同じでなければならないからです。
こうしてＹ染色体の解析は、〝日本人男性の祖先は、今から三千年前に半島や大陸からやって来た人々ではなかった〟が正しく、司馬史観、〝韓国は日本人の祖先の国〟は誤りであることが証明されたのです。また、別民族なのだから日本語と韓国語や中国語に類似性がないのは当たり前となり、長らく解けなかった疑念も氷解したのです。

『サイエンスZERO』と篠田謙一氏のウソ

平成三十年十二月二十三日、NHKの『サイエンスZERO』で、「日本人成立の謎。弥生人のDNA分析から意外な事実が判明」が放映されました。主役は鳥取県東部の青谷上寺地《あおやかみじち》遺跡の弥生人であり、それを使って視聴者に〝日本人の祖先は大陸からやってきた渡来人だ〟と誤認させる様々なウソが述べられていました。これを主導したのがNHKと国立科学博物館副館長・篠田謙一氏です。

先ず、この番組でいう弥生時代とは、従来の時代区分とは異なり、紀元前十世紀から三世紀までの約千二百年間を指し、縄文土器を使っていた人々も弥生人に分類されていることに注意が必要です。その上でナレーターは世の定説をなぞり、次のように話を進めました。

「元々日本列島には縄文人が暮らしていましたが、弥生時代になると九州北部に大陸から渡来人がやって来ました。この時代に日本列島にいた人々のことを弥生人といいます。

九州北部に上陸した渡来系の人々が東に広がっていく過程で縄文系の人々と交わり現代日本人が成立したと考えられてきました。そのプロセスを科学的に解明するために青谷で発掘された三十七体の骨でDNAを分析することにしました。遺伝情報を記録するDNAは細胞内の核

（＝核ゲノム）とミトコンドリアの中に存在しています。篠田さんたちは先ずｍｔＤＮＡを調べることにしました。

・・ｍｔＤＮＡは母から子へと受け継がれる遺伝子、母系の祖先が何時、何処で生まれたのかルーツを辿ることができます・・・・・・・・・・・・・・・・・・・・・・・・・・・・・・・・

「当初篠田さんがたてた予想では、九州北部に上陸した人たちが山陰に来るまでには縄文系の人たちとの交わりが進んでいたはずです。そのため渡来系と縄文系の割合は七対三位になると予想していました。しかし分析の結果は篠田さんの予想と大きく違っていました。

母系のルーツが明らかになった三十二体の内、縄文系は一体だけで他は全て大陸にルーツを持つ渡来系でした。このことから大陸から直接、青谷に渡来してきた人たちがいたことが浮かび上がって来たのです」

この時点で篠田氏は、「渡来人は北部九州だけではなく、想定より広い範囲で渡来系の人々がやって来た、と考えざるを得ない、というのが今回の結果だと思います」と解説し、番組に登場した女性に「科学の力で私たちが何処からやって来たか、そういう所まで見えてきているんですね」と言わせ、登場する男性コメンテーターに「何処からやって来たかも分かって来た」と言わせる、このシナリオが〝ウソ〟で〝ペテン〟なのです。

ウソの〝カラクリ〟を明かす

なぜなら、既述のとおり、またこの番組でも「ｍｔＤＮＡとは母系のルーツを表す」と説明していたように、仮に篠田氏の縄文系、渡来系の分類が正しいとしても、この分類結果は青谷の〝ほとんどの女性のルーツは大陸にあることが分かった〟と言っているに過ぎないからです。

然るに、この番組は〝渡来してきた人たち〟にすり替え、それを〝私たち（日本人）〟へと拡大解釈していたのです。〝人たち〟や〝私たち〟なる言いようには〝男性〟も含まれますが、それは誤りです。ｍｔＤＮＡによるルーツの話は、学問的には〝女性〟に限定されるのです。素人ならいざ知らず、氏は専門家とのことなのでウソつきでなければ専門家失格です。

また篠田氏は、ｍｔＤＮＡの亜型を見て、Ｍ７ａ（１体）を縄文系とし、他の全て、即ち、Ｇ（１体）、Ｃ（１体）、Ｄ４（15体）、Ｄ５（１体）、Ｎ９ａ（４体）、Ｍ７ｂ（４体）、Ｂ４（２体）、Ｂ５（２体）、他（１体）の計31体を渡来系とし、この渡来系なる31体が主にシナ大陸からやって来た、と東アジアの地図上でプロットしていたのですが、この番組でいう〝弥生時代〟にやって来た、なる単純な決めつけがそもそも正しくないのです。

それに続く篠田氏の言いようは、〝弥生時代、紀元前十世紀から三世紀の間に、渡来人は中国から朝鮮半島を通って日本各地にやってきて、今の日本人の祖先になったのだ〟と視聴者に誤認させるに十分な内容とシナリオになっていました。

Y染色体からの解析を避けたわけ

私はこの番組を観ながら、次に父系のルーツを示すY染色体に話が移るのだろうと思っていました。父系に言及しなければ日本人のルーツは語れないからです。

ところが篠田氏は避けたのです。それは既述のとおり、日本人男性のY染色体のハプログループは中国人とは別物であり、日本人男性の祖先はシナ大陸にあったのではなく、彼らの祖先と異なることを証明しているからです。視聴者にこれを知られては困るからでしょう（31頁、図1）。

Y染色体の分析結果を公表してしまうと、〝日本人男性の祖先の国〟は中国や韓国でないのに、〝日本人女性の祖先の国〟が中国や韓国となる。即ち、弥生時代以降に〝彼の地から多くの女性だけが日本を目指して各地にやって来た〟というおかしな話になるからです。

その結果、この番組が誘導しようとした、〝想定より広い範囲で渡来系の人々がやって来た、日本人のほとんどが中国からやって来た渡来人だ〟なるウソがバレるからです。

それを隠蔽するため、〝縄文人から弥生人へと入れ替わっていた可能性がある〟という話にすり替えた。つまり二世紀頃に、縄文人が暮らしていた青谷を渡来人が襲い、男も女もほぼ皆殺しにしてそれが今の青谷の人々の祖先となったと臭わせたのですが、これもウソです。

仮に縄文系の男女がシナからやって来た渡来人により皆殺しにされ、日本人が縄文系から渡来系に入れ替ったなら、日本人男性のY染色体のパターンは中国人や韓国人に酷似しているはずです。しかし、日本人男性のY染色体のハプログループは彼らと大きく異なっているからです（31頁、図1）。


このNHKの番組は、Y染色体に触れぬまま論点が核DNAへと移っていきますが、日本人のルーツについて、視聴者がウソを信じるようなシナリオに終始し、それに篠田氏が加担していたのです。では、次に核DNAの解析は何を語るのかを明らかにしたいと思います。

核DNAのゲノム解析・中韓とは明らかに違う日本人

ここでは、『DNAで分かった日本人のルーツ』（斎藤成也監修／別冊宝島、二〇一六年）は如何なる判断をしたのか、を参考に述べることにします。

ＮＨＫの『サイエンスＺＥＲＯ』を見た人は、何となく〝日本人の多くは弥生時代に中国や朝鮮からやって来た人々が祖先だった〟なる思いを強くしたはずです。

それどころか、この番組は〝弥生時代になると渡来人がやってきて縄文人と混血したのみならず、直接各地にやってきて山陰ではその人口の九五％以上が渡来系になっていた、二世紀頃には日本人は、縄文人から大陸からやって来た渡来人に入れ替ったのではないか〟としていたのです。

これが正しければ中国人と日本人は同じルーツを持つことになり、核ＤＮＡの解析結果も〝両者は近縁関係にある〟となるはずです。

ところが、主成分分析を行うと、本土日本人と中国人の核ＤＮＡは遠く離れており、全く重なっていない、即ち、異なる遺伝的形質を持っていたのです。それは両者の祖先が異なっていることを意味しています。また歴史が示すとおり、韓国人は日本人と中国人の混血民族であることが分かります（図２ａ）。

核ＤＮＡを解析した名古屋大学大学院医学系研究科准教授・山本敏充氏は、遺伝的系統の目印となるマイクロサテライト（詳細は割愛）を指標に遺伝子解析ソフト（ＧＥＮＥＴＩＸ）を使って各地のヒトの核ＤＮＡ解析を行った結果から次のように述べています（図２ｂ）。

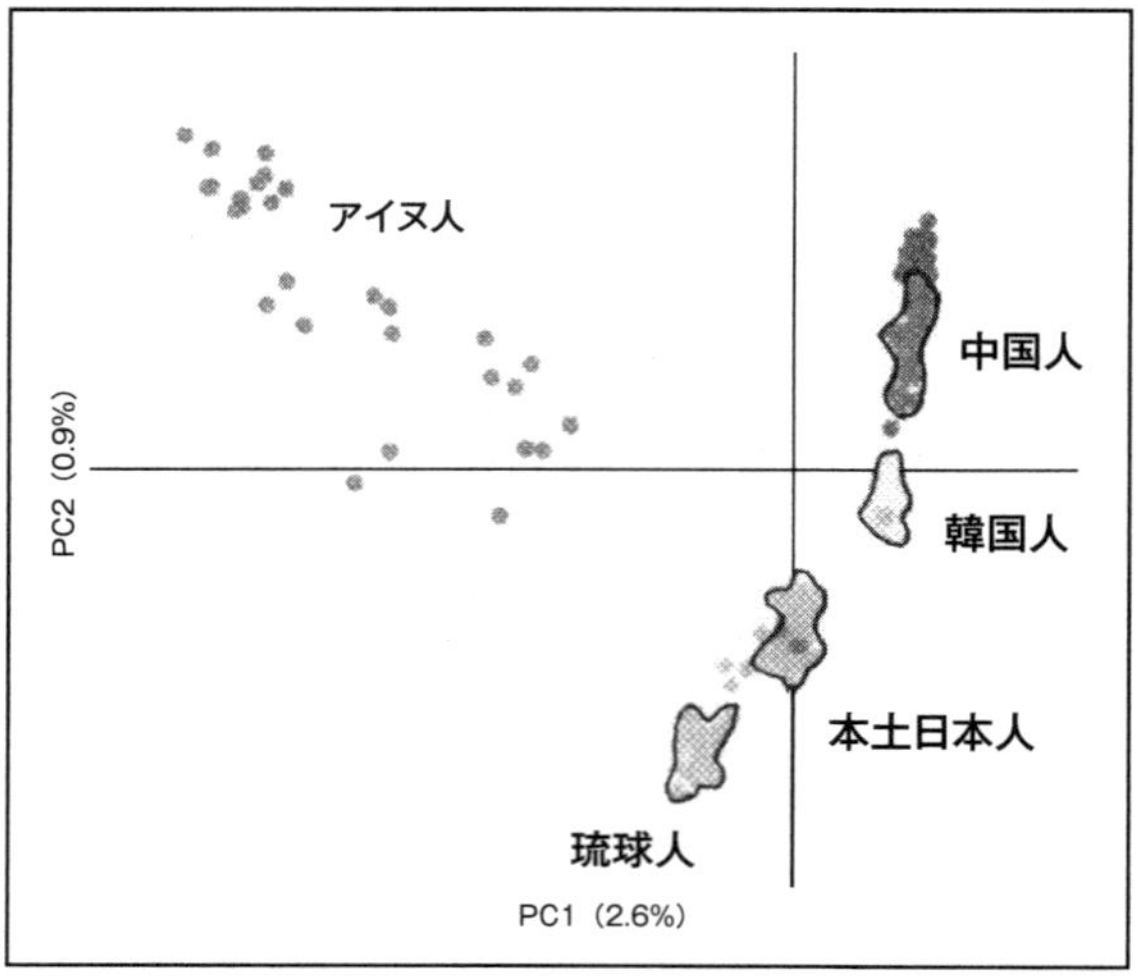

図2a　日本と中国・韓国人のDNA構成比較
（別冊宝島「DNAでわかった日本人のルーツ」p.11　図4を一部改変）

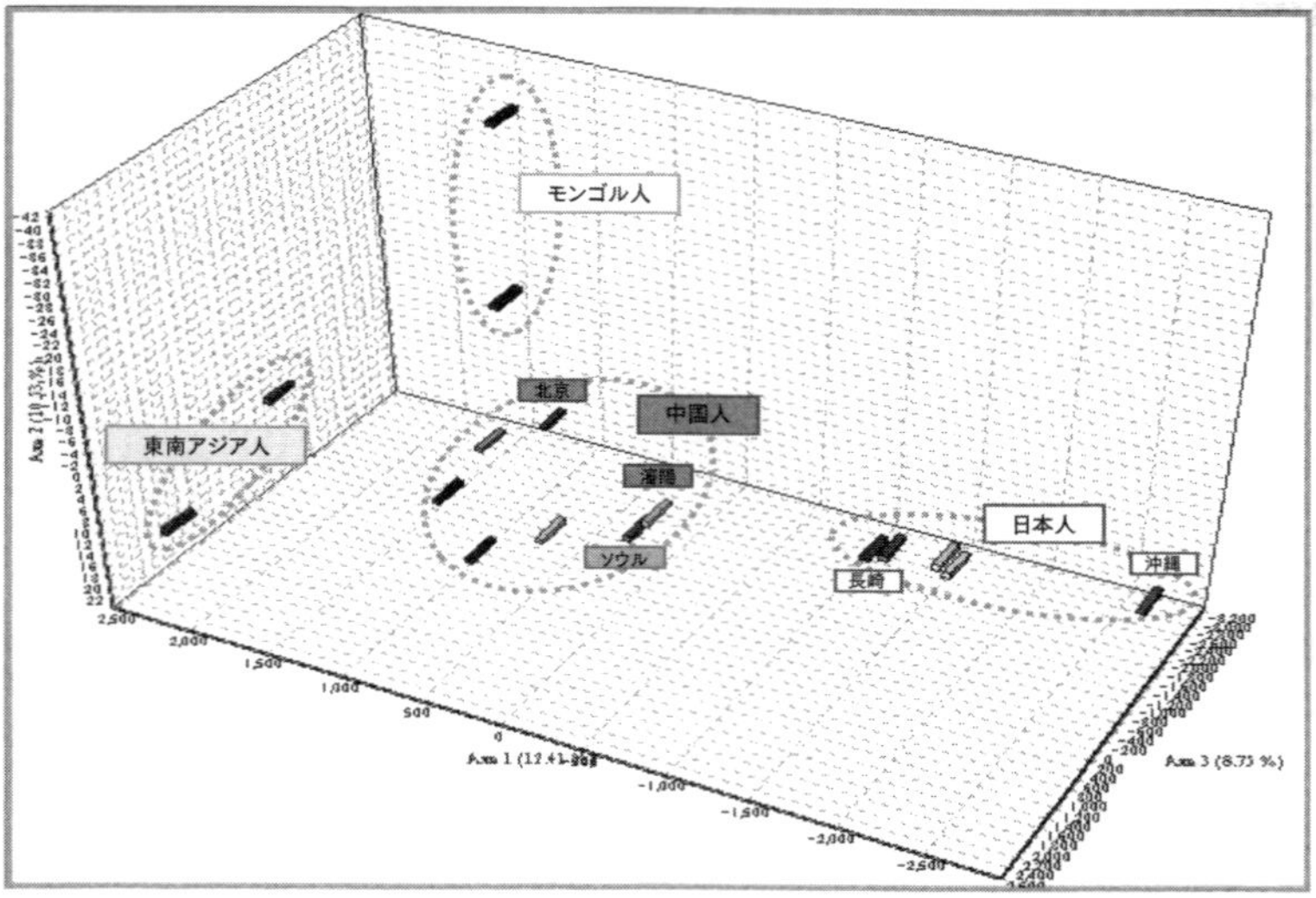

図2b　GENETIXによる各集団の3次元プロット（山本敏充ら、未発表）
（別冊宝島「DNAでわかった日本人のルーツ」p.20）

「日本人はアジアの他の地域とは明らかに違った、日本人としての遺伝的特徴を持っている、ということを示しています」(20)

「これらのデータを元に遺伝的特徴を判別式で表現した場合、日本人の九七％が日本人らしいと数値に現れる、という結果が出ています。遺伝的に見た場合、日本列島人の特徴はかなり顕著です。地理的にも近く、少なからず交流のあった中国や朝鮮の人々と、かなり異なった特徴を持っているのは、日本列島が大陸・半島から隔絶しているという地理的条件によるものでしょう。

そしてその遺伝的差異を形成したものは、旧石器時代に日本列島に渡来し、そして後に縄文人になった人々の影響も少なからずあるのではないかと類推することが可能です」(21)

即ち、核DNAの解析結果は、〝NHKのあの番組が振りまいた印象はウソだった〟、篠田氏がmtDNA分析結果から下した、〝青谷上寺地遺跡の人々のほとんどが弥生時代以降に大陸からやって来た渡来系になっていた〟なる判断が間違っていたことを示していたのです。

核DNAのゲノム解析・沖縄のルーツは日本由来

平成二十六年九月一日、英国に拠点のある分子人類学の国際専門誌『モレキュラーバイオロジーアンドエボリューション』の電子版に、琉球大学大学院医学研究科の佐藤丈寛博士と准教授・木村亮介氏らを中心とする北里大学との共同研究チームが行った〝沖縄の人々のルーツ〟に関する研究結果が載っていました。

この研究では、沖縄本島、八重山、宮古の各所から三五〇人の核DNAを採取し、一人当たり五〇万カ所以上の塩基配列の違いを分析しました。その結果、沖縄の人々は、台湾や大陸の集団とは直接の遺伝的繋がりはなく、日本本土に由来することが明らかにされました。かつて、沖縄の人々は東南アジアや台湾などに由来するという説もありましたが、八重山・宮古を含め、台湾先住民や広東などの南方中国人とも遺伝的な繋がりはないことが明らかにされたのです。このことは図2a、図2bからも明らかです。

この研究結果は、考古学、言語学、Y染色体やmtDNAの分析結果とも齟齬《そご》がなく、沖縄の人々のルーツは日本、特に南九州にあることが確定したのです。

序《ついで》ながら、〝アイヌは縄文人の子孫〟といわれているのですが、アイヌは縄文人の子孫ではありません。図2aからも日本人や琉球人とは別民族であることが分かります。決定的なのは、アイヌ語は日本語と系統が全く異なるからです（言語学者・崎山理《さきやまおさむ》氏による）。さらにアイヌは、漆の文化を持っていません。土器文化も貧弱、鉄は造れませんでした。文字文化もありません。

分かっていることは、彼らは元々アムール川河口や樺太に住んでおり、日本の歴史から見ればつい最近、モンゴルに服属した民族を攻撃、略奪し、その民族がモンゴルに訴えたため、十三世紀頃に樺太から追われて北海道へと逃れてきたということです。

またアイヌは、トリカブトの根の毒を塗った〝毒矢〟を使ったため恐れられ、北日本で勢力を拡大していったのですが、それが縄文人の子孫と衝突することになったのです。

北海道や東北にある縄文遺跡はアイヌの遺跡ではありません。それは土器と漆の圧倒的な文化を持った日本人の祖先の遺跡なのです。

古代史は多方面から検討を加える

『サイエンスZERO』の番組が虚偽番組となったのは、分子人類学者だけに番組を任せたことにあります。

例えば、日本人の祖先が、高々一八〇〇年前にシナからやって来た人々なら、〝なぜ日本語とシナ語は別系統の言語なのか〟という矛盾が説明できないのです。

即ち、日本人のルーツや古代史を理解するには、文化人類学的に多くの斬口から検討を加える必要があります。文字文献の希薄な時代、一専門分野からの見解は一本の補助線に過ぎず、多くの観点から検討を加え、相互矛盾のない交点に真実が宿る確率が高いのです（図3）。
では、如何なる分野から追究したらよいかを見てみましょう。

第一　古代史を知るには日本の古典、取り分け古事記、日本書紀（以下、記紀）が欠かせません。神社のご由緒や社伝も参考になります。これらを無視しては一歩も進みません。
しかし戦後の古代史学者は、占領軍の指令に従い、大学から在野に至るまで〝記紀はウソだ〟から始まり、特に日本書紀は徹底的に忌避されました。彼らは記紀のある部分は無条件で無視し或いは勝手に読み替え、それが戦後の主流をなしたのです。そして新たな古代史の〝創作〟を試みたのですが、それらは破綻していることを後ほど示します。

第二　戦後はシナ文献、例えば魏志倭人伝が脚光を浴びました。そして邪馬台国論争が華やかになっても、日本建国に関する疑念は解消できませんでした。
なぜなら各論者には持論があり、それにあわない記述は〝シナ文献が間違っている〟とご都合主義で読み替えてきたからです。その結果、一時期盛んだった邪馬台国論争は単なる穀潰しであり、古代史ファンから呆れられ見捨てられ、今や見る影もありません。

第三　戦後になると、韓国・朝鮮人も己の正史・三国史記を捨て去りました。拙著『韓国人

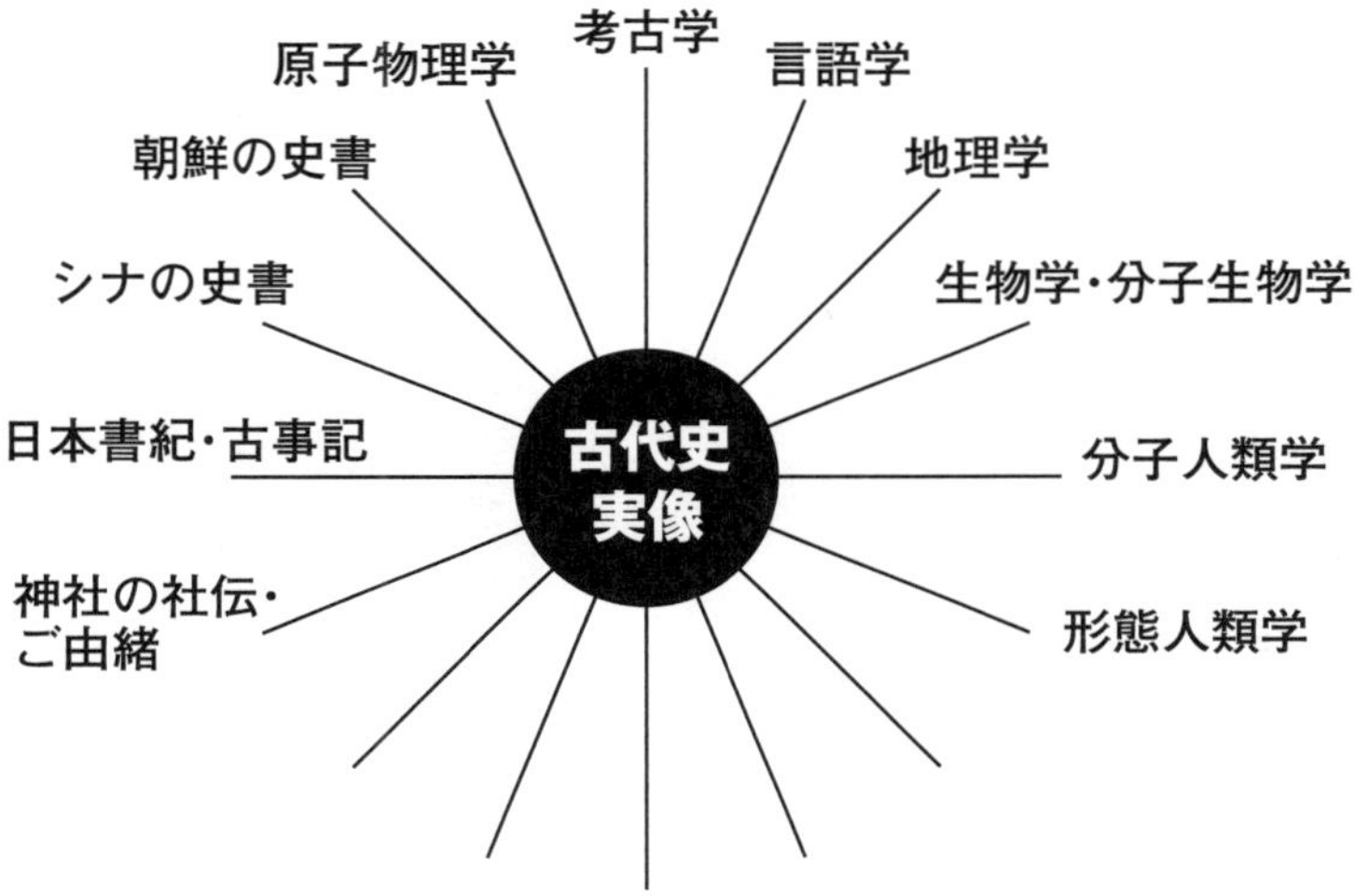

図３　古代は多方面から検証する

は何処から来たか』で明らかにしたように、そこには彼らにとって〝不都合な真実〟が書いてあるからでしょうか。歴史の真実に背を向けてはいけない、それは彼らの常套句《じょうとうく》ですが、近現代史はもとより、古代史についても正史に背を向けてはいけません。漢字を学び、自分の祖先が何を書いていたのかを知るために、自国の正史を読むことをお勧めします。

第四　原子物理学も〝年代特定〟ツールとして欠かせません。今までは実年代が分からず、土器編年による相対年代で古代史を論じてきたのですが、これでは本当のことは分かりません。わが国でこの年代測定法が公認されたのは最近のことであり、土器編年と較正炭素14年代の違い（『日本人ルーツの謎を解く』64）を理解しておく必要があります。

第五　考古学的視点から古代史を論じた方もいました。しかし考古学者も、記紀、シナや朝鮮の史書に無知、或いは無視しています。例えば、〝奈良県纒向《まきむく》遺跡は邪馬台国の遺跡〟なる論がありますが、日本書紀には纒向がどのようにして出来たかが書いてあります。わが国の正史を無視しては考古学は死んだも同然、生気を取り戻すことはないでしょう。

第六　〝生ける考古学〟ともいえる言語年代学や系統言語学も大いに進歩しました。服部四郎氏の死後、明らかになった専門家の見解を拙著『日本人ルーツの謎を解く』から引用すると次のようになります。

1.「(日本語が）日本語以外の現存する他の言語、例えば朝鮮語やタミル語から分岐して生じたというのは、比較言語の常識からしてあり得ない」(286)

2.「現代の日本語は、遙か縄文時代から現代に至る言語を一貫して継承する言語であるということ、即ち、弥生時代には現代語の原型がほぼできあがっていた、ということである」(287)

3.「縄文時代以降、日本列島に於いて大きな民族的、言語的交替はなかった、ということである。つまり外部から言語の交替を強いるような支配者集団が渡来したことがなかっ

たことは、日本語の言語系統によっても知られる」(287)

これらの見解は、戦後に誕生した古代史論には不都合であり、戦後の古代史論や日本人のルーツに関する書物は無視し、載せません。こういう偏りがいけないのです。

第七　地理学の知識も必要です。それは、神武東征の描写そのものの地形が大阪・河内平野に出現していたからです。ところが古地理図を読めない方々が古代史を書き、その誤りに気付かぬまま論ずるのですから、結論は〝誤〟あるいは〝偽〟とならざるを得ません。彼らの建国論や古代史論は地理学から学び直す必要があります。

第八　分子人類学も先史時代解明の強力な手段となっています。ＤＮＡの研究は一本の補助線を提供する意味で貴重なのですが、この分野だけでは全体像はつかめません。

第九　形態人類学は日本人のルーツを探るための主要な手段と考えられてきましたが、その結論は〝日本人の主なルーツは渡来人だ〟でした。しかし、実際には渡来人はほとんど渡って来なかったことは北部九州の考古調査で明らかです。

それでも〝日本人の主なルーツは渡来人だ〟に固執する彼らは、中橋孝博氏の立てた仮説に頼ってきました。

それは、渡来人の人口が〝二十五年ごとに倍になる〟ような増加率で幾何級数《きかきゅうすう》的に増え続けると、七十六人の渡来人が三百年後には四十万人近くまで増加し、日本人の八〇％を占めるに至る、という説です。その後も、立派な肩書をもつ方々から、私たちを欺《あざむ》く様々な手練手管を用いた珍説が出版されているので、注意が必要です。

例えば、国立科学博物館人類研究部長の溝口優司氏は『アフリカで誕生した人類が日本人になるまで』（ＳＢ新書）で次のように記しています。

「日本人は、南方起源の縄文人の後に、北方起源の弥生人が入ってきて、置換に近い混血をした結果、現在のような姿形になったのです」（179）

しかし、中橋氏や溝口氏の論は、図１や図２ａ、図２ｂにより否定されており、一本の補助線に過ぎない彼らの研究だけでは真理に至れません。

このように、先史時代や古代史を論ずるには多くの斬口からデータを集め、分析・統合し、データをして語らしめ、文化人類学的に解き明かす必要がある、ということなのです。

第二章

韓国國立中央博物館
〝古代史年表〟の衝撃

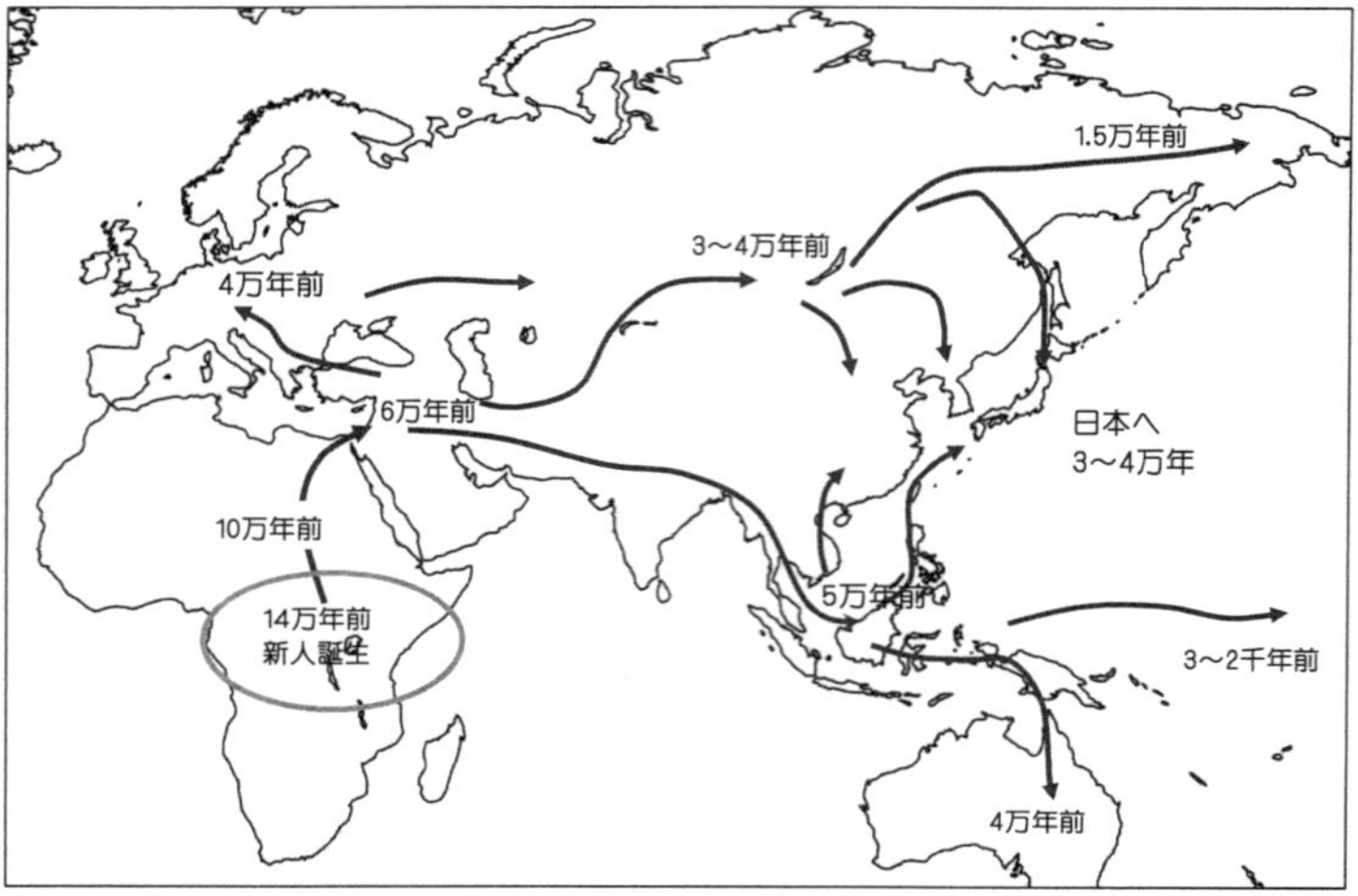

図４　新人の発生と拡散・移動

旧石器時代、韓半島からヒトは来なかった

日本の古代史・建国史を知るには、私たちの直接の祖先である新人が誕生し、各地へ拡散していった時代から辿る必要があります。現在、地球上にいる人々の祖先は、およそ十四万年前、Y染色体からは九万年前後と推定されていますが、アフリカを南北に縦断する大地溝帯辺りで誕生し、約十万年前に一部はその地を離れて移動し、パレスチナの地に至りました。そして各地に広がっていったのです（図４）。

南ルートを選んだ人々は、約五万年前、中東、西アジア、インドを経由して東南アジアに到着し、そこから北上した集団がいたことは、種子島の約三万年前の大津保畑遺跡や鹿児島の二万四千年前の耳取《みみとり》遺跡、沖縄・石垣島の

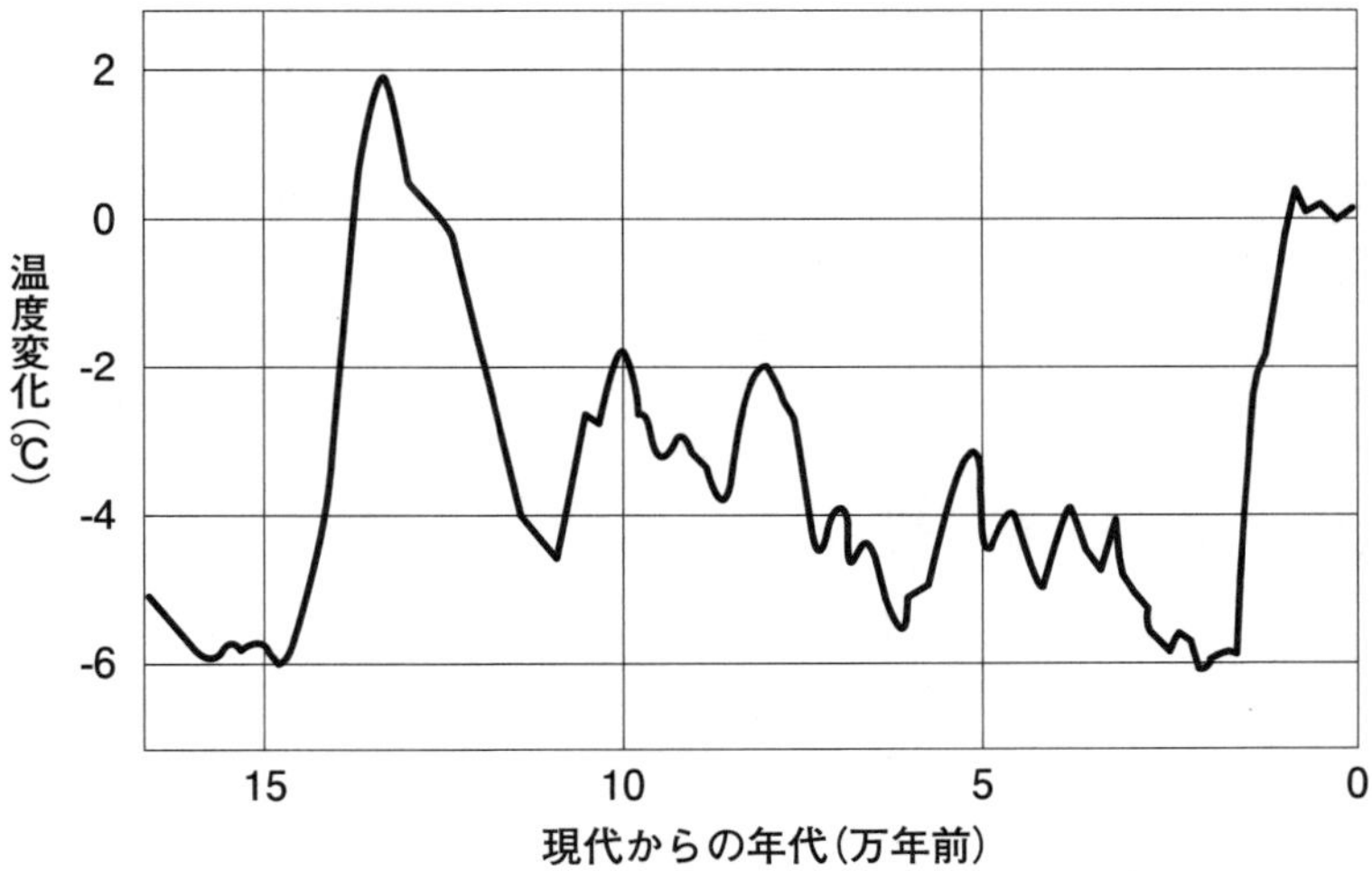

図5　南極ボストーク氷床コアから得られた気温の記録

二万七千年前の白保竿根田原《しらほさおねたばる》洞穴遺跡などから知ることができます。

その後、地球の寒冷化が進み、二万年前になると気温は現在より六度も低くなり(図5)、ウルム氷期といわれる氷河期に突入、海面は今より一〇〇メートル以上低く、インドネシアはアジア大陸とつながるスンダランドを形成するに至りました。日本では瀬戸内海や大阪湾が陸地になり、そこをナウマン象などが徘徊していた時代です。

その後もスンダランド辺りから琉球列島伝いに九州へやって来る人々がおり、沖縄で発見された約一万八千年前の港川人骨《みなとがわじんこつ》がその証《あかし》となっています。

北ルートを選んだ人々は約四万年前にヨーロッパに現れ、その彼らがヨーロッパ人の祖先を形成し、長らくネアンデルタール人とも共生していました。

パレスチナの地から北廻りで移動した人々もいました。彼らは約三～四万年前にバイカル湖付近に達し、動物が草を求めて移動するにつれ南下、北部シナ、満洲へと移動し、モンゴル人、北部シナ人、韓国・朝鮮人などのアジア系祖先を構成していきます。

その後、彼らは半島を経由して日本へやって来たと考えられてきましたが、考古学（後述）やY染色体分析結果から分かるように、日本へは主に樺太経由でやって来たのです。

つまりアフリカを旅立った人々は、あらゆる方面から日本へやって来た。その結果、日本人の遺伝子は世界でも類例を見ない多様性を持つようになり、私たちが様々な顔をしており、身長もまちまちなのは、このような事情に拠るのです。

岩宿・旧石器遺跡発見が意味するもの

明治以来、考古学の常識は〝日本の歴史は縄文時代から始まった〟でした。ですから一万数千年前の関東ローム層が出てくるとそこで発掘は終了、その下に遺跡はないとされてきたのです。

この常識を覆したのが在野の考古学者・相澤忠洋氏です。昭和二十一年、彼は群馬県笠懸《かさかけ》村の丘陵部の切り通し道路に露出した関東ローム層から石器を発見しました。その後、わが国では旧石器遺跡の発見が相次ぎ、その数は一万カ所を超え、今も増え続けています。

例えば、一九九八年、青森県の旧石器遺跡・大平山元《おおだいやまもと》Ⅰ遺跡から土器片が発見されました。その内部に付着した炭素から得られた年代は一万六千年前、つまり世界最古の土器が日本で作られていたのです（注：二〇一二年六月、中国江西省洞窟遺跡で二万年前の土器発見、なるニュースが共同通信社から流されました。しかし、この年代は土器の炭素から確定されたのではなく、洞窟・・・・・・年代の推定値でした。戦後誕生した共同通信社は、科学や技術に弱い要注意な通信社です）。

また一九六〇年夏、佐世保の福井洞穴遺跡の発掘調査が芹沢長介らによって行われました。最上層の下部・第二層から細石刃《さいせきじん》とともに爪形文《つめがたもん》土器が発掘され、年代は炭素14年代で一万二千四百年前頃、縄文早期より古い時代の土器でした。その下の第三層（炭素14年代で約一万二千七百年前）からは流線文《りゅうせんもん》土器と大量の細石刃が発掘され、第十五層（炭素14年代で約三万一千九百年前）からはサヌカイトの石器が発見されました。

二〇一二年、同遺跡の再発掘の結果、最下層から石の集積遺構が発見され、その上部の一万六千年～一万八千年前の地層からは炉跡や黒曜石が発見されています。

同じく佐世保の泉福寺《せんぷくじ》洞窟では、旧石器時代から人々が住み続けてきた証拠が発見されています。第十層下部からは一万二千年以前の豆粒文《とうりゅうもん》土器が、中央部からは豆粒文と隆起線文《りゅうきせんもん》併用土器が、上部では隆起線文土器が発掘されました。世界最古の土器文明は約八～九千年前とのことでしたから、日本では遙かに早くから土器文化が広まっていたことが分かります。

このように日本には無数ともいえる旧石器遺跡や縄文遺跡があり、旧石器時代、縄文時代、弥生時代、古墳時代へと歴史は途切れることなく続き、今日に至っています。そして日本に旧石器時代があったことが、半島との関係を論ずるにあたり重大な意味を持っているのです。

では、司馬遼太郎が〝日本人の祖先の国〟とした半島の先史時代はどうだったのでしょう。

韓半島人は絶滅・五千年間無人地帯だった

日本統治時代に建てられた朝鮮総督府の改修が終わり、韓国国立中央博物館は一九八六年に開館しました。ここが発行した展示物紹介書籍の日本語版（一九九三年）の最終ページに日中韓の年表があります（表1）。

この年表には、日本の紀元前九〇〇〇年以前を先土器時代とありますが、既述のとおり、この部分は修正が必要です。しかし半島の歴史はよく書かれています。

韓半島でも前一万年以前の旧石器遺跡が発見されており、ヒトが住んでいたことが分かっています。しかしその数は五〇カ所程度に過ぎず、日本で発見された一万カ所以上と比べると無きに等しかったのです。その時代、日本では旧石器文化が花開き、遺跡数から推定すると、半島に比べ桁違いに多くの人々が暮らしていたことになります。

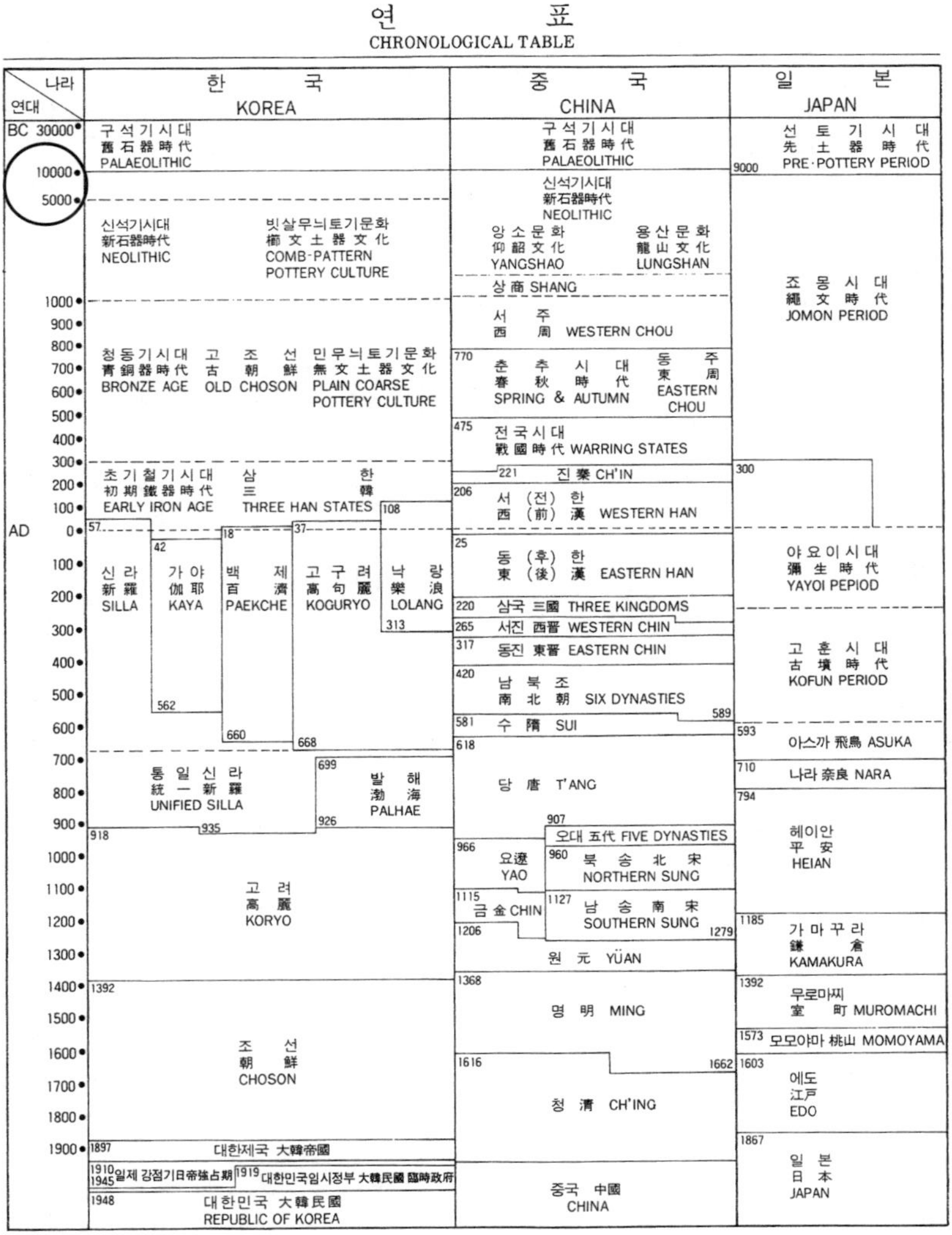
연　　　표
CHRONOLOGICAL TABLE
나라
연대
한　　국
KOREA
중　　국
CHINA
일　　본
JAPAN
BC 30000
10000
5000
1000
900
800
700
600
500
400
300
200
100
AD 0
100
200
300
400
500
600
700
800
900
1000
1100
1200
1300
1400
1500
1600
1700
1800
1900
구석기시대
舊石器時代
PALAEOLITHIC
신석기시대
新石器時代
NEOLITHIC
빗살무늬토기문화
櫛文土器文化
COMB-PATTERN
POTTERY CULTURE
청동기시대
青銅器時代
BRONZE AGE
고　조　선
古　朝　鮮
OLD CHOSON
민무늬토기문화
無文土器文化
PLAIN COARSE
POTTERY CULTURE
초기철기시대
初期鐵器時代
EARLY IRON AGE
삼　　한
三　　韓
THREE HAN STATES
108
57
42
18
37
신라
新羅
SILLA
가야
伽耶
KAYA
백　제
百　濟
PAEKCHE
고구려
高句麗
KOGURYO
낙　랑
樂　浪
LOLANG
313
562
660
668
통일신라
統一新羅
UNIFIED SILLA
699
발　해
渤　海
PALHAE
926
918
935
고　려
高　麗
KORYO
1392
조　선
朝　鮮
CHOSON
1897
대한제국 大韓帝國
1910
1945
일제 강점기日帝強占期
1919
대한민국임시정부 大韓民國臨時政府
1948
대한민국 大韓民國
REPUBLIC OF KOREA
구석기시대
舊石器時代
PALAEOLITHIC
신석기시대
新石器時代
NEOLITHIC
앙소문화
仰韶文化
YANGSHAO
용산문화
龍山文化
LUNGSHAN
상 商 SHANG
서　주
西　周　WESTERN CHOU
770
춘추시대
春秋時代
SPRING & AUTUMN
동　주
東　周
EASTERN
CHOU
475
전국시대
戰國時代 WARRING STATES
221
진 秦 CH'IN
206
서 (전) 한
西 (前) 漢　WESTERN HAN
25
동 (후) 한
東 (後) 漢　EASTERN HAN
220
삼국 三國 THREE KINGDOMS
265
서진 西晋 WESTERN CHIN
317
동진 東晋 EASTERN CHIN
420
남북조
南北朝　SIX DYNASTIES
589
581
수 隋 SUI
618
당 唐 T'ANG
907
오대 五代 FIVE DYNASTIES
966
요遼
YAO
960
북송 北宋
NORTHERN SUNG
1115
금 金 CHIN
1127
남송 南宋
SOUTHERN SUNG
1206
1279
원 元 YÜAN
1368
명 明 MING
1616
1662
청 清 CH'ING
중국 中國
CHINA
선토기시대
先土器時代
9000
PRE·POTTERY PERIOD
조몽시대
繩文時代
JOMON PERIOD
300
야요이시대
彌生時代
YAYOI PEPIOD
고훈시대
古墳時代
KOFUN PERIOD
593
아스까 飛鳥 ASUKA
710
나라 奈良 NARA
794
헤이안
平安
HEIAN
1185
가마꾸라
鎌倉
KAMAKURA
1392
무로마찌
室町 MUROMACHI
1573
모모야마 桃山 MOMOYAMA
1603
에도
江戸
EDO
1867
일본
日本
JAPAN

表１　韓国國立中央博物館の年表（韓半島はBC １万年～ BC ５千年は無遺跡）

次の時代はどうか、と思って前一万年以降を見ると、前一万年から前五〇〇〇年までの五千年間、韓半島は空白になっていました。即ち、この間はほとんど遺跡が発見されていないのです。このことを考古学の常識で判断すると、この五千年間は半島から人の気配が消えた、人々が絶滅した、となります。

これは珍しい話ではありません。例えば、一九七〇年に沖縄で約一万八千年前の港川人骨が発見されましたが、次の時代、人骨や遺跡が消え去り、約一万数千年間、人はいなかったと考えられていいます。その後、縄文前期の伊礼原《いれいばる》遺跡が発見され、ここから九州産の黒曜石や土器、糸魚川《いといがわ》のヒスイなどが出土しました。つまり、沖縄の祖先は本土から移り住んできた人々であり、交流が盛んだったことを示しています。

篠田謙一氏も次のように記していました。(『日本人になった祖先たち』NHKブックス)

「沖縄ではその位置関係から、彼らと台湾の先住民の人たちの間に密接な関係があるのではないかと予想されます。しかし、グラフを見ると両者の間に共通する要素は見当たりません(中略)。また台湾の先住民とよく似たハプログループの頻度を持つ中国南部の広州の人たちとも類似性は認められません」(139)

「少なくとも沖縄諸島に関しては貝塚時代以降の基本的な人の流れは台湾などの南方からではなく、本土の側から向かっていたと判断して良いでしょう」(139)

韓半島の人々が絶滅して五千年が過ぎると、この地は新たな時代に突入します。〝新石器時代、櫛文土器文化《せつもん》〟がそれであり、何処からか人々がやって来たことを示しています。

韓半島の歴史は縄文時代から始まった

私は『NHKスペシャル　日本人はるかな旅④』（NHK出版）を読んだ時の驚きを忘れることが出来ません。そこに〝縄文人が韓半島へ移住していった〟という、世の通説とは真逆な話が載っていたからです。

「対馬からほど近いこの慶尚南道《けいしょうなんどう》や釜山広域市で、最近相次いで日本列島から縄文時代の人々が渡っていたことを示す痕跡が見つかっている。東三洞《とうさんどう》貝塚では大量の縄文土器と九州産の黒曜石が出土した。朝鮮半島には独自の土器があり、そこで出土する縄文土器は縄文人がやってきた確かな証拠品といえる」（93）

次いで「実は三〇〇〇年前頃から縄文人たちは、九州辺りを出て朝鮮半島南部までの海を越えていたことが分かってきた」（93）とありますが、これは正しくありません。

表1のKOREA欄に〝櫛文土器文化〟とあるこの土器は九州の曽畑《そばた》式土器（縄文前期）そのものであり、韓半島には日本から縄文人が移り住んでいったのです。これが最古かというとそうではなく、その下層からは豆粒文土器や隆起線文土器が出土していました。

「東山洞貝塚：新石器時代の土器が層位的に発掘された著名な遺跡。櫛目文土器に混じって、九州の縄文土器片や、西北九州型の釣針・黒曜石などが出土し、海峡を越えた交流を裏付けた」（金両基監修『韓国の歴史』河出書房新社、二〇〇二年　5）

「海峡を越えた交流」の意味は、〝韓半島へ進出した日本人が海峡を挟んで往来していた〟ということです。縄文人の移住は南部だけか、というとそうではありません。

私は、縄文時代の専門家である故・西垣内《にしがいと》堅佑《けんすけ》（国際縄文学協会理事長）から「かつて平壌の博物館で多くの縄文土器を見たことがある」との手紙を頂いたことがあります。韓国の博物館でも大量の縄文土器が展示されているのですが、それらは韓国・朝鮮人の祖先が造ったものではなく、日本から渡った縄文人が遺した文化でした。なぜならこの時代、未だ韓民族は誕生していなかったからです。

大阪市立東洋陶磁美術館名誉館長・伊藤郁太郎《いくたろう》もネットで次のように述べていました。

「一九六九年〜七一年にかけて釜山市の東三洞貝塚での櫛目文土器の下層から、尖底《せんてい》・円底無《えんていむ》文《もん》土器や平底流線文《へいていりゅうせんもん》土器が発見された。これら先櫛目文土器と名づけられたものは、東三洞の他、慶尚南道（半島南東部の海浜エリア）真岩里や咸鏡北道《かんきょうほくどう》（北朝鮮北部）西浦項《せいほこう》貝塚などからも発見され、最古の土器文化が広い地域にまたがっていたことが推測される。

そして、それらの中に含まれていた豆粒文《とうりゅうもん》土器が、長崎県泉福寺洞穴や福井洞穴などから発見される日本最古と考えられている豆粒文土器と類似することは、日本と韓半島の交流の歴史を考える上で興味ある問題を提出している」

前述の如く、ここでの〝交流〟とは、〝韓半島各地へ移り住んだ縄文時代の人々が日本との間を往来していた〟ことを意味します。このことは、韓半島南部から発掘された同時代人骨が、縄文人骨に酷似していることからも推定できます（『韓国人は何処から来たか』34）。

縄文時代を通じて、人々は日本から無主の韓半島へ家族で移住し、海峡を挟んで日本との間を往来していたことを半島の縄文土器や人骨が裏付けていたのです。

その後、韓半島に北方民族が侵入して来た

では、韓国・朝鮮人の祖先はどこから来たのでしょう。韓国の学者は、司馬遼太郎の古代史観、

「（韓国は）日本よりも古い時代から堂々たる文明と独立国を営んだ歴史を持つ……」は誤りであることを明らかにしています。

「旧石器時代人は現在の韓（朝鮮）民族の直接の先祖ではなく、直接の先祖は約四〇〇〇年前の新石器時代人からである。そう推定されている」（『韓国の歴史』河出書房新社 2）

彼らの祖先は、縄文人が暮らしていた地に、高々四千年前、即ち紀元前二〇〇〇年頃から徐々にやって来たに過ぎないのです。今日的な言い方をすれば、縄文人の住む韓半島への侵略を開始し、奪い取った侵略者となります。

『韓国の歴史』の奥付を見ると、この本は静岡県立大学教授・金両基氏が監修、姜徳相、鄭早苗、中山清隆氏らが編集、その他、韓国人と日本人からなる計十名の編集協力者陣を得て、韓国文化広報部海外広報館、在日本韓国大使館韓国文化院、韓国の世界日報、韓国の二十五もの博物館が協力し上梓《じようし》されたものでした。

日韓の専門家の他に韓国の国家機関や博物館が総力を結集して完成したこの本に、韓民族の歴史は高々前二〇〇〇年に産声を上げたに過ぎない、とあったのです。

すると前五〇〇〇年頃に住み始め、三千年以上にわたり半島の主人公だった人々のルーツは日本となります。

韓半島に遺された三千年以上にわたる文化は、全て私たち日本人の祖先が伝え、教え、遺したものとなります。文化はそこで断絶するものではなく連続するので、韓民族の文化の基礎は日本から移り住んだ人々が作ったことになります。

そして前二〇〇〇年頃、北方異民族と異文化が流入し始めて人種的混合が始まり、縄文社会は変質し、前一〇〇〇年頃、半島は無紋土器・青銅器時代に移行していきます。

シナ史書に見る半島の歴史と日本

やがて半島も歴史時代に入りますが、韓民族による正史の完成は日本に遅れること四～五百年の十二世紀からであり、半島の歴史を記した文字文献はシナの史書に依るほかありません。前一〇〇〇年から前三〇〇年頃の半島の様子が『山海経《せんがいきょう》』に記されています。

「蓋国《がいこく》は鉅燕《きょえん》の南にあり　それは倭の北であり　また倭は燕《えん》に属している」

燕とは遼東半島から南満洲辺りを指し、その南、蓋国とは北朝鮮辺りと考えられます。北方民族が半島に侵入して千年が過ぎ、彼らとの混血により縄文社会の民族的変容が起き、北部はシナ人から見て蓋国と呼ばれる地域に変質していきました。

それでも前三〇〇年頃まで、今の韓国辺りは倭人の住む地域であり、倭は燕に朝貢《ちょうこう》していたと思われます。この時代、未だ〝韓民族〟は誕生していませんでした。その後、前九一年に完成した『史記』には次のようにあります。

春秋戦国時代を経て、北部シナを統一した秦《しん》は前二二二年に燕を滅ぼします。しかし二十年後の前二〇二年、漢が秦を滅ぼすと燕を復活させました。ところが燕王は恩義ある漢に背《そむ》き、ゆえに前一九五年に漢の攻撃を受け、燕王は北方の匈奴《きょうど》に亡命したのです。

その時、燕の武将・衛満《えいまん》は約一千名の兵を率いて半島北部の箕準《みじゅん》王の元へ亡命し、臣下として仕えたとあります。彼は厚遇を受けたのですが、シナ亡民などを糾合《きゅうごう》することで次第に力を付け、ついに箕準王を追放、王位を簒奪《さんだつ》して〝衛氏《えいし》朝鮮〟を建国しました。

時代は下り、衛満の孫・右準の時代になると漢へ朝貢しないばかりか、周辺諸国が漢へ朝貢するのを妨げるようになりました。その為、漢の武帝《ぶてい》は朝鮮を攻撃し、右準は臣下に裏切られ殺され、前一〇八年に衛氏朝鮮は滅亡したのです。箕準王から衛氏朝鮮の滅亡までを、古朝鮮の時代と呼んでいます。

その後、武帝は植民地支配の出先機関、楽浪《らくろう》など四郡を設け、高句麗に滅ぼされる三一四年までの四〇二年間、北部朝鮮を植民地支配していました。そして前漢の時代に海の向こうにも倭人の国が広がっていることを知ったようで、後漢の班固《はんこ》（三二〜九二）の選んだ『前漢書』地

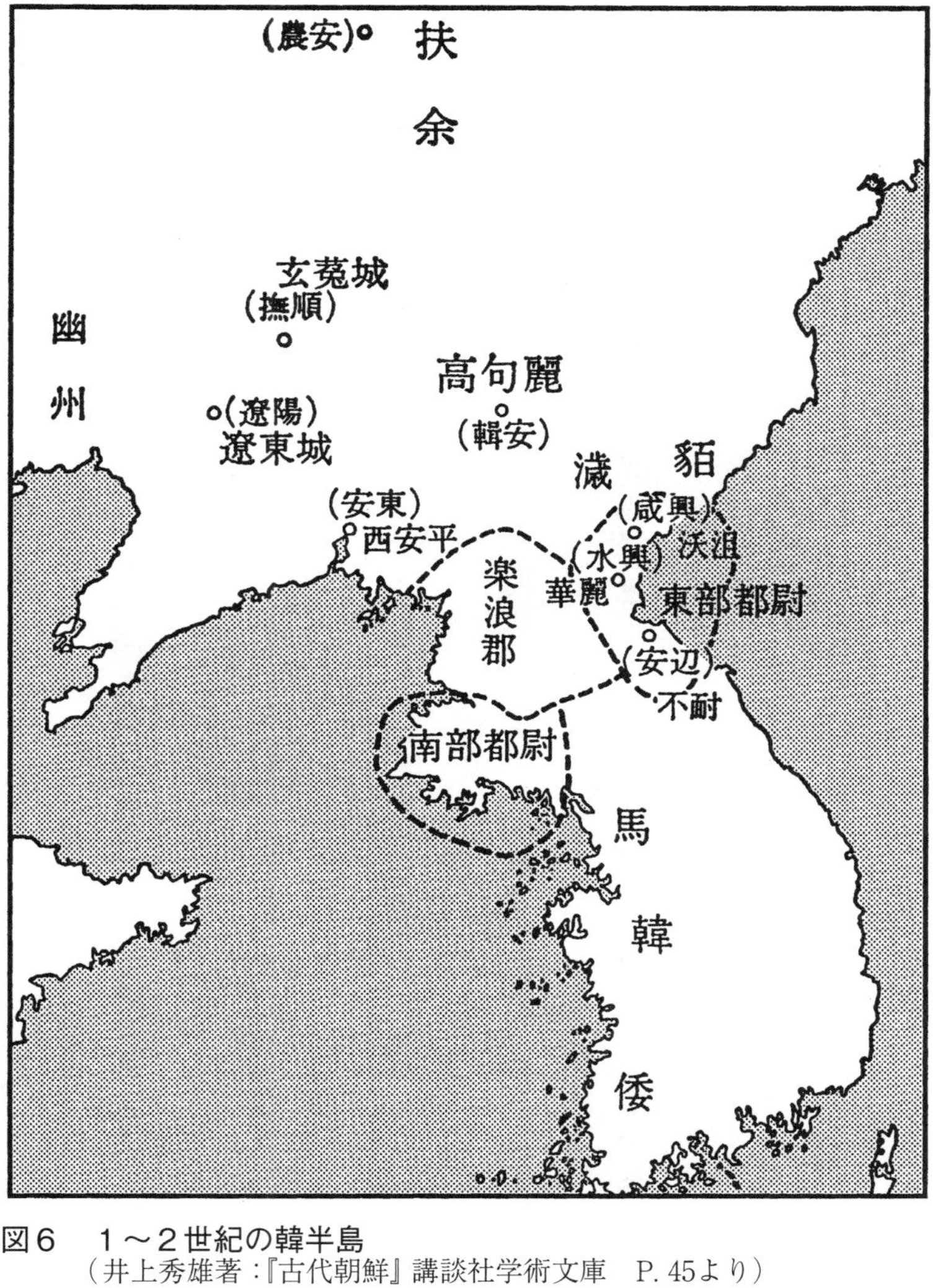

図6　１～２世紀の韓半島
（井上秀雄著：『古代朝鮮』講談社学術文庫　P. 45より）

理志・燕地の条に次のようにあります。

「楽浪の海中に倭人あり、分かれて百余国となる、歳時を以て来り献見すという」

その後もシナ亡民は半島へ流れ込み、『三国志』韓によると、山海経の〝倭〟なるエリアが変質し、この頃に〝韓民族〟なるものが誕生したことを次の一文が表しています（図6）。

「韓は帯方の南にあり　東西は海を以て限りと為し　南は倭と接す」

縄文人の子孫、半島の倭人は北方民族から圧迫され続け、倭の一部がシナ人から見て韓（馬韓）と呼ばれる民族へと変質していったことが分かります。そして平和ぼけの倭人の子孫・馬韓は、次々に領土を蚕食《さんしょく》され弱体化していくのですが、それでもシナ人から見て半島南部には倭人の住む地域が広がっていたのです。

第三章

東アジア『正史』の記す日韓の建国史

高句麗と百済は如何にして建国されたか

次の時代、シナの植民地の楽浪郡《らくろう》・帯方郡《たいほう》、韓、倭からなる半島は、馬韓《ばかん》、弁韓《べんかん》、辰韓《しんかん》からなる三韓時代に移行し、その後に新羅《しらぎ》、百済《くだら》、高句麗《こうくり》が登場するのですが、それらの建国の事情は韓民族の正史、『三国史記』（金富軾《きんふしき》編著／一一四五年完成）に書いてあります（図7）。

高句麗本紀によると、前六一年、満洲の地に北扶余《ふよ》（現在の長春辺りか）が誕生し、やがて都を南に移して国名を扶余（東扶余）としたとあります。この地で〝大卵から生まれた〟とある高句麗の始祖・朱蒙《しゆもう》の才能は抜群で、やがて扶余王から妬《ねた》まれ冷遇され、遂には命を狙われるようになった。そこで朱蒙の母は彼に逃れて国を興《おこ》すよう勧め、それを受けた朱蒙は南下して前三七年に高句麗を開いたとあります。

百済本紀の話はこれとはやや異なっています。

扶余王には三人の娘がいたが男子はなかったので、二番目の娘を朱蒙に嫁《とつ》がせた。二人の間には二人の男子、沸流《ふつりゆう》と温祚《おんそ》が生まれた。やがて扶余王が亡くなり朱蒙が王位に就くと、結婚前に朱蒙がもうけた男子が扶余にやって来て次に王となる太子となった。そこで朱蒙の子・沸流と温祚は身の危険を感じ、わずかな家臣を引き連れて逃れるように南下していった。

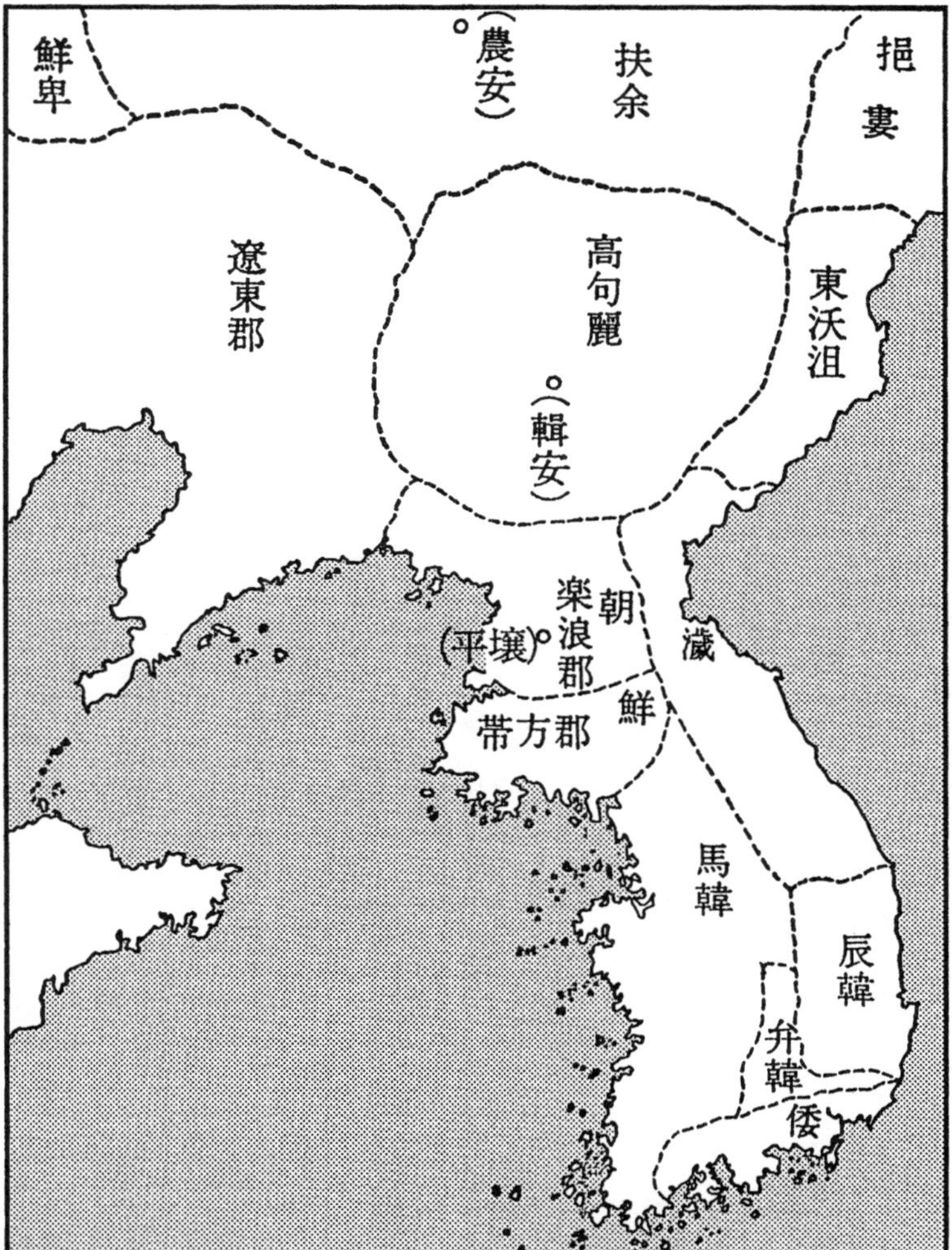

図７　『三国志』の記す韓半島の諸民族
（井上秀雄著：『古代朝鮮』講談社学術文庫　P. 64より）

百済の始祖・温祚王（前一八～後二八）が馬韓の地にやって来ると、困窮した彼らを見た倭人の末流・お人よしの馬韓王は自らの土地を割いて与え、住まわせてあげたのです。このことは馬韓王が温祚王に語った言葉から知ることができます。

「王がむかし河を渡って来たときには、足を踏み入れる場所もなかった。そこで、私が自分の領土の東北部一百里の地をさいて、安住させた。私の王に対する待遇は厚かったといえましょう。当然これに報いる思いがあって良いのではなかろうか。

いま国が完成し、国民が整っていて、自分に匹敵するものがないといって、盛んに城郭を造り、わが領土を侵犯しているのは、どういうつもりなのか、と言ってなじり責めた。（百済）王は恥じてその柵を壊した」（『三国史記2』279）

しかし温祚王は恩義ある馬韓を滅ぼしてしまう。ある日、百済の地で井戸の水があふれ、首が一つで体が二つの子牛が生まれた。そのことを温祚王が占師に尋ねると、占師は「大王が隣国を併呑《へいどん》するしるしです」と答えたという。王はこのことを聞いて喜び、辰韓・馬韓を併呑する気になったのです。

冬十月、王は「田猟《でんりょう》に行くのだ」と偽《いつわ》って出兵し、弱体化した馬韓を襲撃してその都を併せ、遺臣が抵抗するも、翌年（西暦九年）、遂に馬韓を滅した、とあります。

百済とは、民は倭人の子孫であり、トップだけが北方民族にとって代わった国といえます。新羅本紀とは異なり、百済本紀には歴代王の妃の名は記載されていません。ということは、名もなき地元の倭人の女性を王妃としていたと思われます。

やがて百済は大和朝廷の臣民となり、代々人質を送り、朝廷の官家《かんけ》（屯倉《みやけ》）となったのですが、その先に日本の百済への厚遇と軍事援助、滅亡後の亡命者受け入れがあるのです。

では、韓民族の始祖・新羅はどのようにして建国されたのでしょう。

新羅王族の祖先は日本からやって来た

『三国史記1』には、新羅の始祖の姓は朴氏、諱《いみな》は赫居世《かくきょせい》、彼も卵生であり前五七年に建国したとあります。さらに、辰韓は馬韓の一部だったことを示す出来事が記されています。

辰韓は馬韓への朝貢を停止したことで馬韓王から喚問《かんもん》され、赫居世は瓠公《ここう》を派遣したからです。

馬韓王は彼に「辰韓と弁韓は我が属国である。近年貢物を送って来ない。大国に仕える礼儀としてそのようなことで良かろうか」(6) と言ったとあります。

瓠公は「わが国では赫居世が建国してから辰韓の遺民、弁韓、楽浪、倭人に至るまで新羅を畏《おそ》れない者はありません。それにも関らず我が国王は謙虚で国交を開こうとしています」と応じ、馬韓王は辰韓を従わせることができませんでした。やがて馬韓は百済に欺かれ滅ぶのですが、辰韓を代表して馬韓と直談判した瓠公の素性を次のように記しています。

「彼はもともと倭人で、むかし瓢《ひさご》を腰に下げて海を渡って〔新羅に〕来た。そこで瓠公と称したのである」(7)

思えば辰韓住民の祖先は倭人であり、半島南部一帯は倭人の国だったので、瓠公が辰韓に来ても言葉で困ることはなかったようです。その後、赫居世の長男が第二代王として即位。彼は長女を脱解《だつかい》に嫁がせ、脱解を大輔《たいほ》（首相）に任命しました。

次いで第三代の王は、「私の死んだ後、脱解を王位につけなさい」と遺言し、脱解は第四代新羅王（五七〜八〇）になったのですが、金富軾《きんふしき》は彼を「その風格は神のように秀でて明朗で、その知識は人々にぬきんでていた」(16)と評していました。

では彼が絶賛した脱解とは何者なのか。それも三国史記に記されていました。

「脱解はむかし多婆那《たばな》国で生まれた。その国は倭国の北東一千里のところにある」(15)

この時代の地理概念として〝倭国＝日本〟と解すると古代史理解は困難になります。倭国

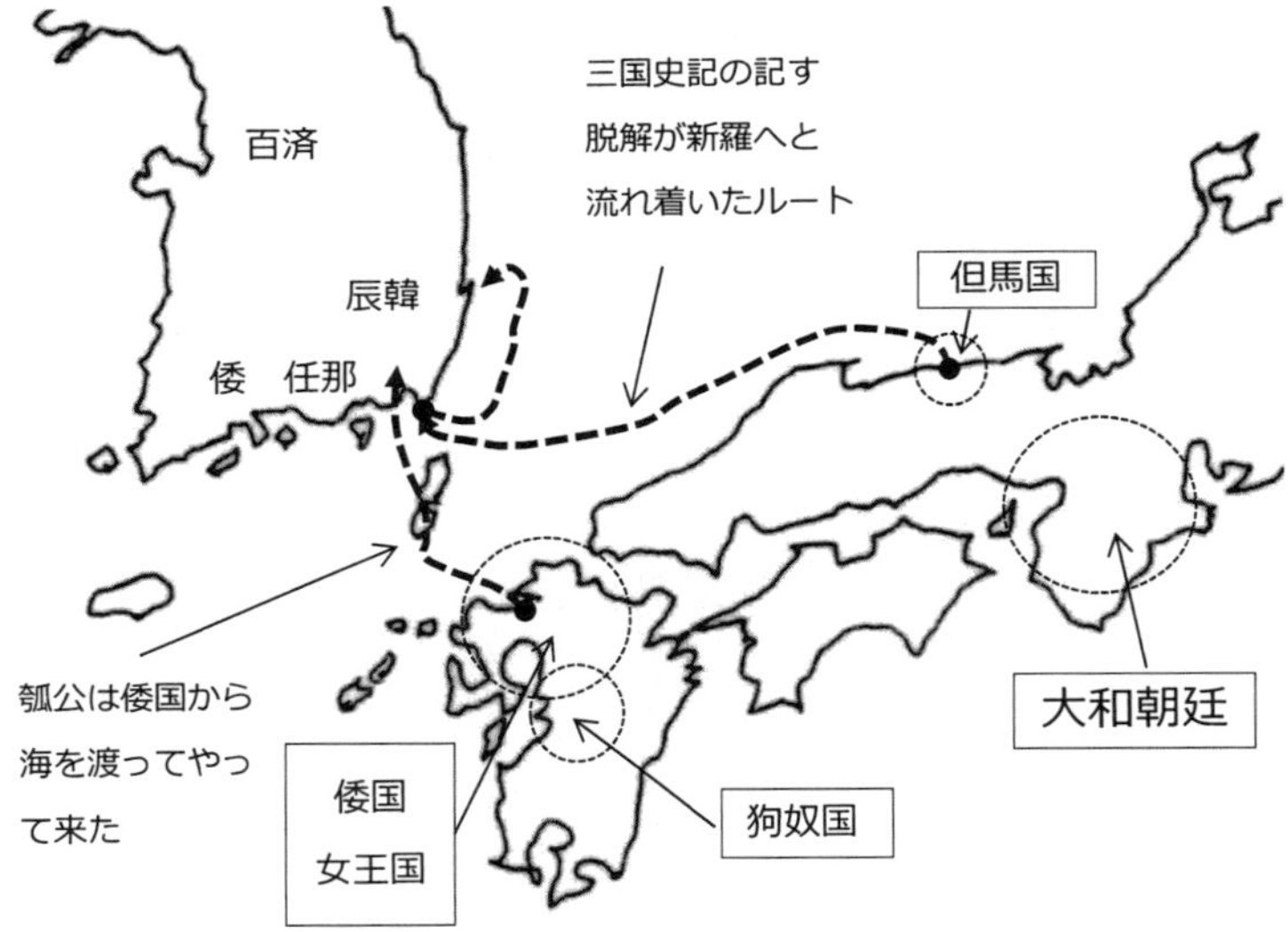

図８　１～２世紀の日本と韓半島

とは北部九州を指し、その東北一千里の多婆那国とは但馬辺りを指すと考えられます（図８）。

第四代の新羅王となった脱解は直ちに瓠公を大輔に任命します。即ち、国王と首相が倭人になった辰韓は、倭人の差配する国になったといえます。それはこのことを歓迎する下地があったからです。

辰韓にはシナ人も流れ込んではいましたが、多くは縄文時代に渡ってきた倭人の血を引いた人々であり、海の向こうから倭人が来ても言葉は通じるし、脱解のように優秀であり、それは日本の文化が進んでいたからでもあり、安心して国を任せることができたからです。

時代は下りますが、このことは『隋書』倭国伝に記された次なる一文から分かります。

「新羅・百済、みな倭を以て大国にして珍物多しとなし、並びにこれを敬い仰ぎ見、常に使いを送り、往来を絶やさないようにしている」

脱解には実子が一人いましたが、次なる話が記されており、隠し子がいたと考えられます。

「林の中の枝に金色の小箱がかかっており、その箱をとって来させ開くと小さな男の子がその中にいた。その姿や容姿が優れて立派だった。王は大変喜んで左右の近臣に

これはきっと天が私に跡継ぎとして下されたのに違いない

と言ってこの子を養育した。彼が金の箱から出てきたので姓を金氏とした」(18)

近親婚により、やがて朴氏、昔氏の血統が絶え、金氏が代々新羅王を独占していくのですが、韓民族の正史を読むと、私たちに染みついている司馬史観〝韓国は日本人の祖先の地〟は誤りであることがよく分かります。話は逆で、〝韓国人の祖先の地は日本〟であり、〝新羅王族の祖先の地も日本〟だったのです。

日本人は如何にして根無し草になりしか

では日本はどのようにして建国されたのか。その頃の日本とシナの関係を書いた『後漢書』倭伝には次のようにあるのみです。

「倭は韓の東南海にあり、山島に依りて居をなす、およそ百余国あり。武帝、朝鮮を滅ぼしてより、使訳、漢に通ずる者、三十許《ばか》りの国なり」

漢が〝衛氏朝鮮〟を滅ぼす前一〇八年以前、新羅、高句麗、百済が建国される百年以上前から、シナ人は倭国に百余国があったことを知っていました。そして『隋書』東夷には、三韓の王の出自が書かれています。

「高句麗の先祖は、扶余から出ている」
「百済王の先祖は、高句麗国から出ている」
「新羅王の祖先は百済人で、百済を逃れて海路新羅に来てそのまま新羅の国王となった」

これは赫居世のことを指していますが、彼は温祚王に追われた倭人と考えられます。だからこそ、海の向こうの倭国からやって来た瓠公と話が出来たのです。

しかし〝天皇は何処から来たか、日本がどのようにして建国されたか〟については何も書かれていません。即ち、分からなかったということです。これは〝外部から言語の交替を強いるような支配者集団が渡来したことがなかった〟とした言語学者の見解やY染色体分析の結果と一致しています。そして終戦直後、歴史学者・津田左右吉《つだそうきち》は次のように述べていました。

「日本の国家は日本民族と称し得られる一つの民族によって形づくられた。この日本民族は近いところに親縁のある民族を持たぬ。大陸におけるシナ（支那）民族とは、もとより人種が違う。チョウセン（朝鮮）、マンシュウ（満洲）、モウコ（蒙古）方面の諸民族とも違うので、このことは体質からも、言語からも、また生活の仕方からも、知り得られよう」（今井修編『津田左右吉歴史論集』岩波文庫　280）

あの時代、司馬史観的風潮を遮り、このように断言した氏には驚くほかありません。

というのは、今日においても文献根拠も示さず、「大陸から稲作の技術とともに中国人や韓国人と同じ新モンゴロイドという弥生人が渡来し……」（20）、「神武東征は鎌倉時代以降になって創作された話しで……」（42）（八幡和郎『最終解答　日本古代史』PHP文庫）なる珍論をいう人がいるからです。

そして日本の建国については、今も多くの歴史学者が〝神武東征はウソだ、日本書紀はウソだ〟と主張し、科学的根拠なきままに、〝日本人は渡来人と縄文人の混血民族だ〟、〝韓国は日本人の祖先の国だ〟、〝日本人の祖先は江南から来たシナ人だ〟なるウソが公教育の場や司馬遼太郎などの作家、マスコミ業者、歴史学者、識者などを通して流され続けているのです。

では日本はどのように建国されたのか。戦後の日本人は日本の建国、自分が何者か、自らの出自が分からないまま今日に至っている、そのように見受けられるのです。

戦前に教えられていた建国史とは

子供の頃、生家の床の間には〝天照大神〟と大書した掛軸が掛けられていました。しかし、天照大神《あまてらすおおみかみ》とはどのような神様だったのか、当時は知る由もなかったのです。ただ高校教諭だった明治生まれの父が生前、「近頃の子供はテンテルダイジンと読んでいるのには驚いた」と乾いた声で笑っていたのを覚えています。では、戦前、天照大神はどのように教えられてきたのか、生家にあった明治三十三年の『小学内國史　甲種　巻一』の冒頭を次ページに紹介します。

この教科書の根拠が、七二〇年に第四十四代・元正《げんしよう》天皇に奏上されたわが国の正史、日本書紀です。〝正史に沿って自国の歴史を教育する〟は当たり前であり、戦前は誰もが日本建国の由来を知っていました。

「日本は神武天皇が橿原の地に第一代天皇として即位された皇紀前六六〇年二月十一日に建国

神武天皇御肖像(竹内久一氏彫刻ニ依ル)

小學内國史甲種巻一

新保磐次著

第一章　天照大御神

天照大御神ハ天皇陛下ノ御先祖ニマシマス。大御神ノ御徳ノ高キコト太陽ノ輝キ照ラスガ如クナリケレバ、又日ノ神トモ申シ奉ル。伊勢ノ宇治ニ鎮座シ給フ伊勢神宮ハ此ノ大御神ノ御宮ナリ。

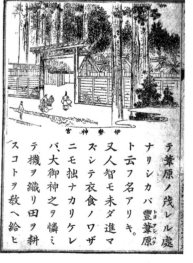

大御神ノ御時ニハ、此ノ國未ダ開ケズシ

伊勢神宮

テ葦原ノ茂レル處ナリシカバ豐《トヨ》葦《アシ》原《ハラ》ト云フ名アリキ。又人智モ未ダ進マズシテ衣食ノワザニモ拙ナカリケレバ、大御神之ヲ憐ミテ機ヲ織リ田ヲ耕スコトヲ教ヘ給ヒキ。サテ稲ヨク實ノリ、美シキ穂ヲ生ジケレバ、瑞《ミヅ》穂《ホノ》國《クニ》トモ云ヘリ。今モ毎年十月十七日ニハ神嘗祭トテ朝廷ヨリ新米ヲ神宮ニ奉リテ、新穀ノ出來タルヲ告ゲ申シ給ヘリ。

大御神皇孫瓊《ニ》瓊《ニ》杵《ギノ》尊《ミコト》ヲシテ此ノ國ヲ治メシメントテ、八《ヤ》咫《タ》鏡《カガミ》、叢《ムラ》雲《クモノ》劍《ツルギ》、八《ヤ》坂《サカ》瓊《ニノ》勾《マガ》玉《タマ》ヲ授ケテ降シ給フ、是三種神器ナリ。詔シテ曰ク『豐葦原ノ瑞穂國ハ吾ガ子孫ノ王タルベキ國ナリ、汝皇孫往キテ治メ給ヘ。又此ノ鏡ヲバ吾ヲ見ルガ如ク祭リ給ヘ。天日嗣《アマツヒツギ》ノ榮エマサンコトハ天地ト共ニ限リナカルベシト。』皇孫乃チ日向ノ高千穗峯ニ降リ給フ、瓊瓊杵尊ノ御曾孫ヲ神武天皇ト申ス。天皇ノ前ノ時代ヲ神代ト云フ。

第二章　神武天皇

神武天皇ハ初メ日向國ニ都シ給ヘリ。此ノ時本州ハ大抵猶《ナホ》未ダ開ケズ、猛ク強キ者ドモ相爭ヒテ天下大ニ亂レタリ。天皇之ヲ打チ平ゲテ天下ヲ太平ニセント思召シ、兵ヲ率ヰテ九州ヨリ山陽道ニ渡リ、其ヨリ御舟ニテ浪速《ナニハ》ニ上陸シ給ヒキ。然ルニ大和ニ長髓彦《ナガスネヒコ》ト云フ者アリテ勢甚ダ強ク山路ニヨリテ防ギ戰ヒケレバ、天皇路ヲカヘテ紀伊ヨリ大和ニ打入リ給ヒキ。天皇長髓彦ト戰ヒ給フ時、或ル日、天暗クシテ夜ノ如ク、氷ノ如キ雨フリテ戰甚ダ難儀ナリシニ、金色ノ鵄《トビ》飛ビ來リテ天皇ノ御弓ノ弭《ハズ》ニ止マレリ。敵兵其ノ光リヲ見テ驚キ恐レ、軍遂ニ敗ル。今武功ノ軍人ニ賜ハル所ノ金鵄勲章ハ此ノ鵄ニカタドレルナリ。サテ長髓彦ヲ初メ諸ノ強賊ヲ打チ平ゲテ天皇大和ノ橿原《カシハラ》宮ニ卽位シ給ヒキ。此ノ年ヲ紀元第一年トシ、天皇ヲ第一代ト數ヘ奉ル。

二月十一日紀元節ハ神武天皇御卽位ノ日ナリ、四月三日神武天皇祭ハ崩御ノ日ナリ。御陵ハ大和ノ畝傍《ウネビ》山ノ東北ニアリ。橿原宮ノ跡モ同ジ山ノ麓ニアリテ今橿原神宮アリ。天皇日本帝國ノ基ヲ開キ給ヒ、皇統連綿トシテ今上天皇ハ第百二十一代ニ當ラセ給ヒ、明治三十三年ハ紀元二千五百六十年ニ當レリ。

『國史』より

されました。それが今上陛下の御先祖様であり、私たち日本人には神武天皇の血が入っており、皇室は私たちの祖先なのです。そして皇室のご先祖様は天照大神です」と。

日本書紀の特徴は神武天皇以後を歴史時代とし、その前を〝神代《かみよ》〟としたことです。神代には不可解な話も多いのですが、その時代の学者はそれを〝神話〟として区別する賢さと理性を持っていたことが分かります。古代史は今の自分と関係ないと思う方もいますが、木に喩《たと》えればそれは私たちの根です。根がしっかりしていればこそ、幹が太く高くなり、枝葉を伸ばし、花や実をつけることができるのです。

日本書紀の記す神武東征の物語

では古代史の核心、神武天皇の東征から即位までの話とは如何なるものか、日本書紀で確認したいと思います。

「巻第三　神武天皇　神日本磐余彦天皇《かむやまといわれびこのすめらみこと》

東征出発　神日本磐余彦天皇《かむやまといわれびこのすめらみこと》の諱《ただのみな》（実名）は、彦火火出見《ひこほほでみ》という。鸕鷀草葺不合尊《うがやふきあえず》の第四子である。母は玉依姫《たまよりひめ》といい、海神豊玉彦《わたつみとよたまひこ》の二番目の娘である。天皇は生まれながらにして賢い人で、気性がしっかりしておられた。十五歳で皇太子となられた。成長されて日向国吾田邑《ひむかのくにあたむら》の吾平津媛《あひらつひめ》を娶《めと》って妃《きさき》とされた。手研耳命《たぎしみみ》を生まれた」（『日本書紀（上）』）

そして、「四十五歳の時に東征を決意、諸皇子の賛同を得て東征に向かった」とあります。なぜ、彼らは故郷を離れたのか。そこには磐余彦命が語った言葉が書き遺されていました。

「瓊瓊杵尊《ににぎ》は天の戸を押し開き、道を押し分け先払いを走らせておいでになった。その暗い中にありながら正しい道を開き、この西のほとりを治められた。代々父祖の神々は善政《ぜんせい》を敷き、恩沢《おんたく》がゆき渡った。天孫《てんそん》が降臨《こうりん》されてから百七十九万二千四百七十余年になる。

しかし遠い所の国では、まだ王の恵みが及ばず、村々はそれぞれの長があって、境を設けて相争っている。さてまた塩土《しおつつ》の翁《おじ》に聞くと〈東の方に良い土地があり、青い山脈が取り巻いている。その中へ天の磐船《いわふね》に乗ってとび降ってきた者がおる〉と。その土地は大業を広め天下を治めるに良いであろう。きっとこの国の中心地だろう。その飛び降ってきたものは饒速日《にぎはやひ》と云うものだろう。そこに行って都をつくるにかぎる、と。諸皇子たちも〈そのとおりです。私たちもそう思うところです。速やかに実行しましょう〉と申された」

それが目指すヤマトでした。その年の冬十月五日、磐余彦命は三人の兄と長子・手研耳命、それに南九州の男たちを加えた遠征軍を編成し、日向から出立したのです。おそらく宮崎神宮の辺りから美々津に向かったのですが、途中の都農《つの》村に大己貴《おおなむち》神を祀《まつ》って東征成功を祈願し、耳川の河口、美々津から出立した彼らは遂に故郷に戻ることはありませんでした。

手漕ぎの軍船には限りがあり、乗船したのは選ばれた男たちだけでした。家督《かとく》を継ぐべき末子・岐須美美《きすみみ》命が日向に残ったのは、万一この遠征が失敗すると、天孫族が滅亡する恐れがあったからと思われます。美々津を出港した乗員の中に情報通の塩土の翁がいました。彼は東征ルートの先々で協力者を探し出しており、天孫族と友好関係を築いていたと考えられます。速吸之《はやすいの》門《と》（豊予海峡）で水先案内人・珍彦《うずひこ》を得て、一行は次の目的地に向かいました。

「筑紫の国の宇佐《うさ》についた。すると宇佐の国造の先祖で宇佐津彦《うさつひこ》・宇佐津姫《うさつひめ》という者があった。宇佐の川のほとりに、足一つあがりの宮を造っておもてなしをした」

「十一月九日、天皇は筑紫の国の岡水門《おかのみなと》につかれた」

なぜ神武天皇はわざわざ遠回りしてここに来たのか、それには訳があったのです（図9）。岡水門《おかのみなと》は遠賀川《おんがかわ》河口の港であり、その西、三郡山地の西方に広がる倭国《わこく》連合の情報を入手し、この地の豪族との絆を深めるために立ち寄ったと考えられます。現在の岡田宮の御祭神は神武天皇ですが、元々その地方を治めていた熊族の先祖を祀った社であり、その元宮の一宮神社に

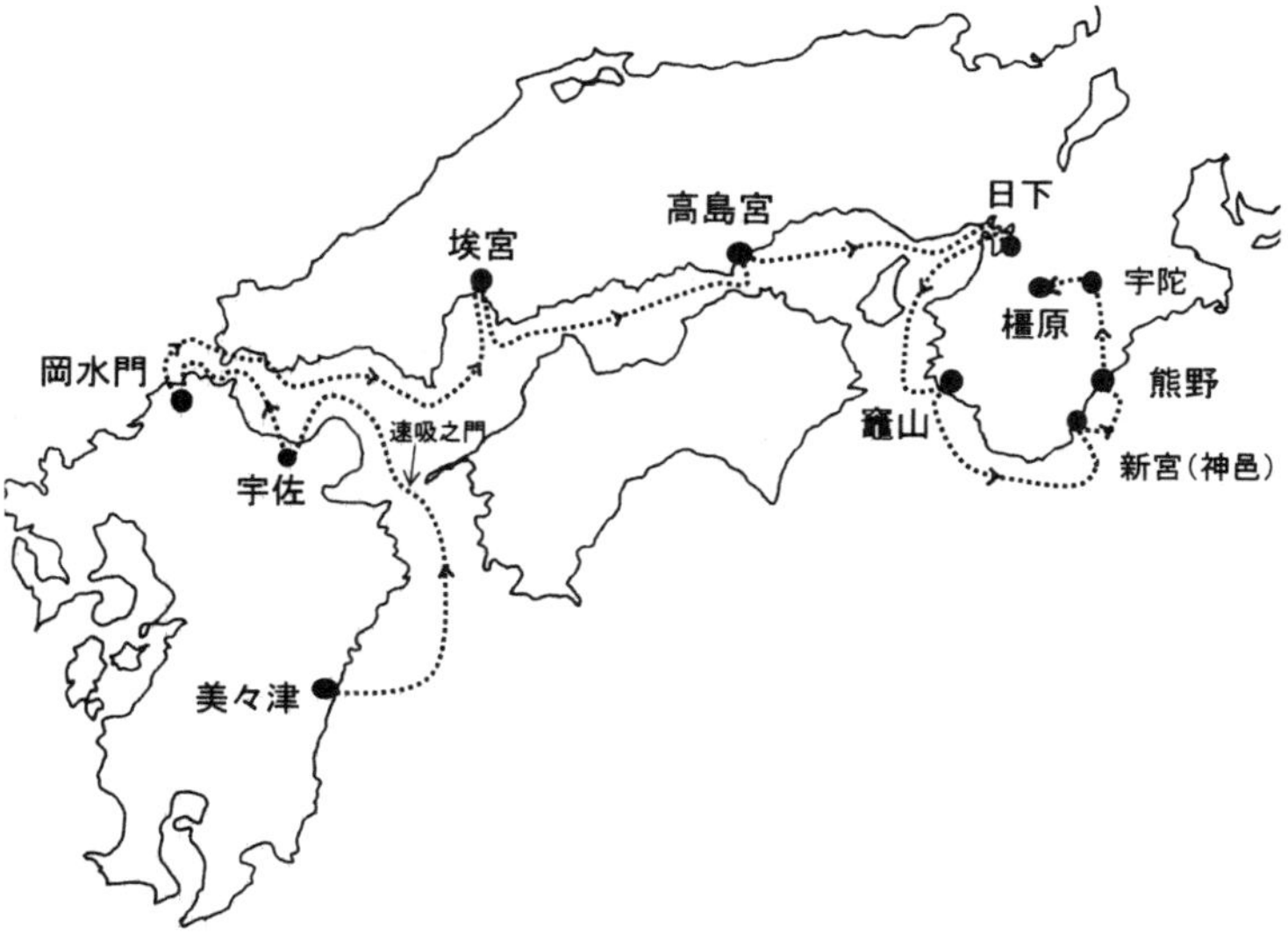

図９　『日本書紀』の記す神武東征ルート

は神武天皇が祭祀《さいし》を行った〝磐境《いわさか》〟が残っているといいます。

「『熊族の地で、イワレビコが祭祀を行ったことに意味がある』と、同宮の波多野直之宮《ぐう》司《じ》は言う。遠賀地方を支配する豪族が、イワレビコに従ったことを象徴するからである」（産経新聞取材班『神武天皇は確かに存在した』82）

当時、北部九州から半島南部を領域としていた所謂《いわゆる》邪馬台国は、シナに朝貢しており、一大勢力を形成していました。また、新羅本紀には、「一七三年、夏五月、倭の女王卑彌呼《ひみこ》が使者を送って来訪させた」とあり、倭国が新羅とも通じていたことを書き記しています。その目的は〝鉄〟にあったと推測される記述が新羅本紀や『三国志』韓にあります。
実は、天孫族は邪馬台国と価値観が異なり、やがて衝突することになるのですが、倭国連合はシナに朝貢し、天孫族が抗し得ない一大勢力を形成していたのです。その遠大な計画を実現するため、熊族との絆を深めた神武一行は東に向かって出航して行きました。

「十二月二十七日、安芸国《あきのくに》について埃宮《えのみや》においでになった」
「翌年乙卯《きのとう》春三月六日に、吉備国に移られ、行宮《かりのみや》を造っておはいりになった。これを高島宮という。三年の間に船舶を揃え兵器や糧食を蓄えて、一挙に天下を平定しようと思われた」

おそらくは兵の休養と補給のため、かねてより協力関係にあった安芸国の埃宮《えのみや》（広島県府中町辺り）に立ち寄り、次いで岡山県玉野市辺りに上陸し、三年間戦《いくさ》の準備を整え、吉備の兵力も加えた神武一行は自信に溢れ、最短ルートでヤマトへ攻め入ったのです。

「戊午《つちのえうま》の年、春二月十一日に、天皇の軍はついに東に向かった。舳艫《じくろ》相つぎ、まさに難波碕に着こうとするとき、速い潮流があって大変速く着いた。よって名づけて波速国《なみはやのくに》とした。また浪花《なみはな》ともいう。今難波《なにわ》というのはなまったものである。三月十日、川をさかのぼって、河内国草香村《くさかむら》（日下村《くさかむら》）の青雲《あおくも》の白肩津に着いた」

草香に上陸し、長髄彦《ながすねひこ》との戦いに臨んだが苦戦。磐余彦《いわれびこ》命の兄・五瀬《いつせ》命の肘脛《ひじはぎ》に流れ矢が当たり天皇の軍は進めなくなった。止むなく退却し、大阪湾へ逃れ出たのです。船上で亡くなった五瀬命は和歌山県、紀ノ川の河口付近の竈山《かまやま》神社に葬《ほうむ》られています。

「古事記」の記す神武東征の物語

古事記は次のように書き記しています。

「磐余彦命が日向におられた時、阿多《あた》の小椅君《おばしのきみ》の妹の阿比良比売《あひらひめ》を娶《めと》って生みし子、多芸志美《たぎしみ》美《み》命、次に岐須美美《きすみみ》命の二柱座《いま》しき」（『古事記（中）』）

〝阿多〟とは薩摩半島南部の古称であり、阿多隼人《あたはやと》の本拠地でした。磐余彦命は阿多隼人の豪族の娘を娶《めと》り、阿多隼人と姻戚関係を深め、二人の子をもうけたのです。

「神倭伊波礼毘古《かむやまといはれびこ》命、そのいろ兄五瀬《えいつせ》命と二柱、高千穂宮にいて、はかりて云《の》りたまわく。『何れの地にいまさば、平らけく天の下の政《まつりごと》をきこしめさむ。なお東にいかむと思う』とのりたまいて、ただちに日向から出発して筑紫国にいでましき。かれ豊国の宇沙に到りましし時、その国人、名をウサツヒコ・ウサツヒメの二人、足一騰宮《あしひとつあがりのみや》を作りて大御饗献《おおみあえたてまつ》りき。そこより遷《うつ》りまして、竺紫《つくし》の岡田宮に一年坐《ひととせいま》しき。またその国より上りいでまして、阿岐《あき》国の多祁理宮《たけりのみや》に七年坐《ななとせいま》しき。またその国よりお遷りいでまして、吉備の高島宮に八《や》年坐しき。（中略）かれ、その国より上りいでましし時、浪速《なみはや》の渡《わたり》を経て、青雲の白肩津に泊《は》てたまひき」

〝渡〟とは大阪湾と上町台地の向こうに広がる水域を結ぶ狭隘《きょうあい》な開口部であり、神武一行はそこを通って白肩津、今の日下に着いたのです。白肩津に上陸した神武一行は長髄彦《ながすねひこ》と戦ったものの苦戦、神武天皇の兄、五瀬命の腕に流れ矢が中《あた》り、やむなく大阪湾へと退却したルートを次のように記していました。

「南の方《かた》より廻《まわ》り幸《い》でましし時、血沼海《ちぬのうみ》に至りて、その御手の血を洗ひたまいき」

南の方《かた》、即ち阪急京都線の〝南方駅《みなみかた》〟辺りにあった〝渡《わたり》〟を目指して漕ぎ進み、大阪湾へ逃れ出た、とあります。

「そこより廻り幸でまして、紀国《きのくに》の男之水門《おのみなと》に至りて詔《の》りたまはく、賤《いや》しき奴《やつこ》が手を負いてや死なむ、とおたけびして崩《かむあが》りましき。かれ、その水門をなづけて男の水門といふ。陵《みはか》は紀国の竈山《かまやま》にあり」

記紀を総合的に理解すると、吉備の高島宮から出発した神武天皇の軍は大阪湾に漕ぎ進み、上げ潮に乗って南方辺りの〝渡《わたり》〟を通って大阪城辺りにある難波碕に着き、さらに川を遡上して生駒山の麓《ふもと》にある河内国草香《くさか》村の白肩津に到着し上陸。そこから進軍して長髄彦《ながすねひこ》と戦うも敗れ、南方の渡を通って大阪湾に逃れ出た、となります。

大阪湾に逃れ出た神武一行は、紀ノ國の竈山《かまやま》に兄を葬り、熊野の神邑《かみむら》や熊野の荒坂の津に上陸、山中を進軍し、かろうじて勝利し、宇陀《うだ》から橿原《かしはら》の地に至り、第一代天皇として即位された。これが即位までの話となっています。この物語は、写生の言葉と云われる日本語の特徴をいかんなく発揮し、そこに記載された地名は今日《こんにち》まで引き継がれています。

然るに戦後になると、この話は日本中の大学・研究機関、古代史学者、歴史学会、歴史教師から〝ウソ〟と断定され、彼らの手によって石棺に押し込められ封印されたのです。そして、二度と日の目を見ることはないと思われたこの話が息を吹き返し甦《よみがえ》るとは、一体誰が予想し得たでしょうか。

第四章

神武東征を裏付けた「大阪平野の発達史」

生國魂神社・神武天皇が祀られたのが始まり

卒業後、私は日建設計という設計事務所に入りました。入社後は空調・衛生の設備設計を仰せつかり、新人研修は大阪本社で行われました。この会社は〝死ぬほど忙しい〟と聞いていたのですが、当時はオイルショックで仕事も少なく休日には時間がとれたのです。そこで大阪の観光名所、大阪城見物に行ってみました。

環状線森ノ宮駅で電車を降り、大阪城公園に入ると遠方に天守閣が見えました。立派な石垣に感心しながら本丸に入ると、それは鉄筋コンクリート造、ちょっと興ざめでしたが、エレベーターと階段で天守閣に上るとそこからの景色は抜群でした（写真5）。

写真５　大阪城天守閣から見る河内・生駒山

この写真の奥に見える山が生駒山、その向こうが奈良です。生駒山の手前、ビルが建ち並ぶエリアは河内《かわち》と呼ばれ、手前の流れを地元の人は大川と呼んでいます。日本書紀には仁徳《にんとく》天皇の御代に開削《かいさく》されたとあり、その川が眼下を流れているのです。

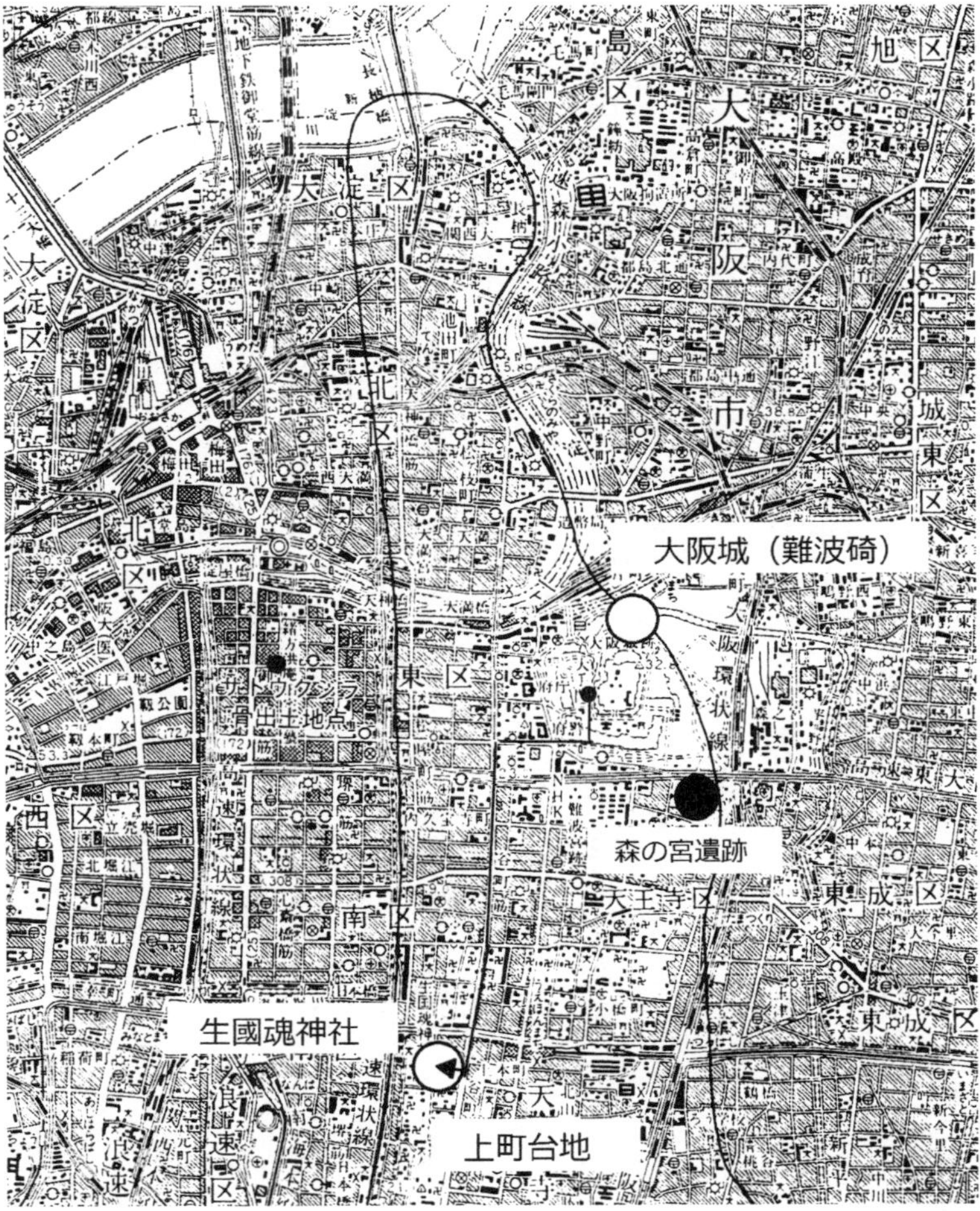

図10　生國魂神社と上町台地
（財団法人大阪市文化財協会「森の宮遺跡」パンフレットに加筆）

帰りは別ルートをとり、大手門を出て左に曲がると小さな公園の片隅に古風な掲示板がありました。何が書いてあるのか近づいて読んでみると、「ここはかつて難波碕《なにわのみさき》と呼ばれ、生國魂神社が鎮座しておられたが、豊臣秀吉公が大阪城築城に際し天王寺の方へ移させられた」とあり、ここが神社が旅立った〝お旅所どころ〟だというのです。

奇妙な話につられ、行って見ようと思ったものです。そこから西に向かい、坂を上って谷町筋に出て、谷町四丁目交差点を左折し、天王寺方面へしばらく行くと右手に生國魂《いくくにたま》神社がありました(図10)。

お参りを済ませ、どのような神社なのかと【いくたまさん】なるパンフレットを読むと次のようにあったのです。

御由緒　難波《なにわ》(浪速)と呼ばれた古代の大阪は、南北に連なる台地より成り、三方を海に囲まれた奔流《ほんりゅう》の打ち寄せるところであった。現在の上町《うえまち》台地である。この上町台地周辺の海上には、大小さまざまな島が浮かんでいた。大和《やまと》川と淀《よど》川が上町台地の北端で交わって一筋の大河となし、上流より運ぶ砂礫《されき》が堆積《たいせき》して砂州となって、次第に島々(島嶼《とうしょ》)を形成したのである。いわゆる難波の「八十《やそ》島」である。

これらの島々がやがて陸地と化し、現在の大阪の地形が形づくられた。今も市内に残る堂島、福島、弁天島などの「島」のつく地名が、古代を物語っている。斯《か》く、大地生成の壮大かつ神秘に満ちた大自然の営みは、「八十島神」と称えられ、『古語拾遺』に「大八洲の霊―日本列島の御神霊」（国土全体の国魂の神）と記された生島《いくしま》大神・足島《たるしま》大神（生國魂大神）の御神徳によるものであり、万物創造・生成発展の御神威《ごしんい》の発揚《はつよう》に他ならない。

古代の大阪は上町台地が中心であり、沖積《ちゅうせき》作用により海が埋め立てられ、多くの島々ができ、今日の大阪平野が出来上がったというのです。次いで〝創祀《そうし》〟を読んでみました。

創　祀　社伝によれば、神倭《かむやまと》伊《い》波《は》礼《れい》毘《び》古《こ》命（第一代・神武《じんむ》天皇）が御東征の砌《みぎり》、大阪の起源ともいえる上町台地の北端の地（難波之碕―現在の大阪城一帯）に、天皇御親祭により、国土の平定・安泰を願い、大八洲（日本列島）の御神霊であり国土の守護神である生島大神・足島大神をお祀《まつ》りされたのが、生國魂神社の創始と伝わる。当神社が大阪最古にして、大阪の総鎮守《そうちんじゅ》と称される所以である。その後、大物主《おおものぬし》大神を相殿神《あいどのしん》としてお祀りする。

何と神武天皇が東征の砌、ここに生島大神・足島大神を祀ったのがこの神社の始まりだ、という話が大昔から語り継がれ、今日に至っているのです。

記紀には、神武天皇は船で難波碕に上陸したと記されており、生國魂神社の社伝にも神武天皇がやって来たとあります。近くに大阪湾や淀川はあるのですが、大阪城から生駒山の麓《ふもと》まで、河内といわれる地域は見渡す限りの陸地です。如何に大昔のこととはいえ、本当にこの辺りが海か湖だったのか、どのような地形だったのか、見当もつきませんでした。

また関西には多くの大学や研究機関があるのですが、この社伝を信じ、古代史を研究した方はいないようであり、研究機関、大学、古代史家、歴史教師、マスコミから作家まで、押しなべて神武東征を否定し、好意的な人も〝それは神話だ〟と見向きもしなかったのです。

「大阪平野の発達史」の研究目的とは

当時、会社の新人研修には現場見学がつきものでした。高層建築を建てるには、先ず建物を支える地盤を探すことから始まります。地中深く刳《く》り貫き、採取した地盤サンプルの耐圧試験を行い、地盤強度を確認します。その円柱状のボーリングサンプルが現場に置いてあるのですが、それを見ると何と貝殻が混ざっているではありませんか。

それは、かつてこの辺りは海か湖だったことを意味し、生國魂神社の御由緒や社伝がにわかに現実味を帯びてきたのです。

一年間の研修が終わると東京配属になりました。大手設計事務所ということもあってか、勤務先には様々な会社から社内報や技報が寄せられていました。

私は最新の技術動向を知るため、常に目を通していたのですが、「大阪平野は海だった」、そんなことを書いた季刊誌があったことを思い出しました。それが一九七八年に発行された『アーバンクボタ十六号』であり、取り寄せると、特集【淀川と大阪・河内平野】が載っていました。

そこに地質学者・大阪市立大学教授・市原実氏と都市調査会専務理事・藤野良幸氏との対談があり、それは一九七二年の研究論文（日本地質学会刊・地質学論集第七号海岸平野特集、著：梶山彦太郎・市原実〈大阪平野の発達史─炭素14年代データから見た─〉一九七二年十二月）を巡ってでした。

関連資料を調べると、昭和六十（一九八五）年、古文物研究会発行の『續大阪平野の発達史』（著：梶山彦太郎・市原実）があり、両氏により一九八六年に『大阪平野のおいたち』（青木書店）が出版されていました。私はこれらを参考に「大阪平野の発達史」を追っていったのですが、この研究目的も『大阪平野のおいたち』に書いてありました。

「大阪市立大学に地学教室が開設されたのは一九五〇年のことです。当時、教室主催で月一回、大阪地学懇談会が開かれていました。私たちは（中略）日本で最も早くから開かれて、最初の都がおかれたといわれている大阪平野のおいたちを明らかにしようと話しあいました」（1）

この研究は、約二万年前のウルム氷期から縄文時代を経て、現在の大阪平野が出来上がるまでの形成過程を調べることを目的としていました。

戦後の復興期、大阪でも多くの高層建物が建設され、戦後数十年に亘り隈なく掘られた地盤の調査資料から、大阪の地下構造と形成過程が明らかになっていったのです。この研究の優れた点は、採取されたサンプル年代を〝炭素14年代〟により確定したことにあります。なぜ、こんなに早くから先進的な年代測定が可能だったのか、その訳も書いてありました。

「日本では、シカゴ大学に留学された木越邦彦先生が、一九五九年（昭和三十四年）に学習院大学に炭素14年代測定装置を設置して、測定を始められました。

市原は、早速、大阪駅の地下二六・九メートルの沖積層底部にふくまれていた炭化材の年代測定を、学習院大学に依頼しました。その炭素14年代値は約九三六〇年B．P（B．Pとは一九五〇年より何年前のことかを意味しています）で、縄文時代早期初頭であることがわかりました。この年代値は、大阪平野の研究にすばらしい見通しを与えてくれました」(2)

一九五〇年、シカゴ大学のリビー教授が炭素14年代計測法を確立し、その九年後にこの手法を日本に導入した木越氏の慧眼《けいがん》に敬意を表します。市原氏らは学習院大学の協力を得て年代測定を繰り返し、大阪平野の発達過程を七つに区分しました。

古大阪平野の時代　約二万年前
古河内平野の時代　約九〇〇〇年前
河内湾Ⅰの時代　約七〇〇〇年〜六〇〇〇年前
河内湾Ⅱの時代　約五〇〇〇年〜四〇〇〇年前
河内潟の時代　約三〇〇〇年〜二〇〇〇年前（西暦紀元前一〇五〇年〜前五〇年）
河内湖Ⅰの時代　約一八〇〇年〜一六〇〇年前（西暦一五〇年〜三五〇年）
河内湖Ⅱの時代〜大阪平野Ⅰ・Ⅱの時代　約一六〇〇年前以降

そして、この研究がわが国の建国史を明らかにする手掛かりを与えてくれたのです。

〝炭素14年代〟と〝較正炭素14年代〟の相違について

ここで炭素14年代についての基本的な考え方について説明しておきます。

地球には宇宙線が絶えず降り注いでいます。その宇宙線が一定割合で大気中の窒素分子に衝突することで窒素は放射性炭素14（以下、炭素14）に変わり、直ちに大気中に拡散していくと同時に、ベータ線を放出しながら崩壊し、窒素に戻っていくのですが、生成と崩壊のバランスの中で、大気中の炭素14は概ね炭素12の一兆個に一個程度存在しています。

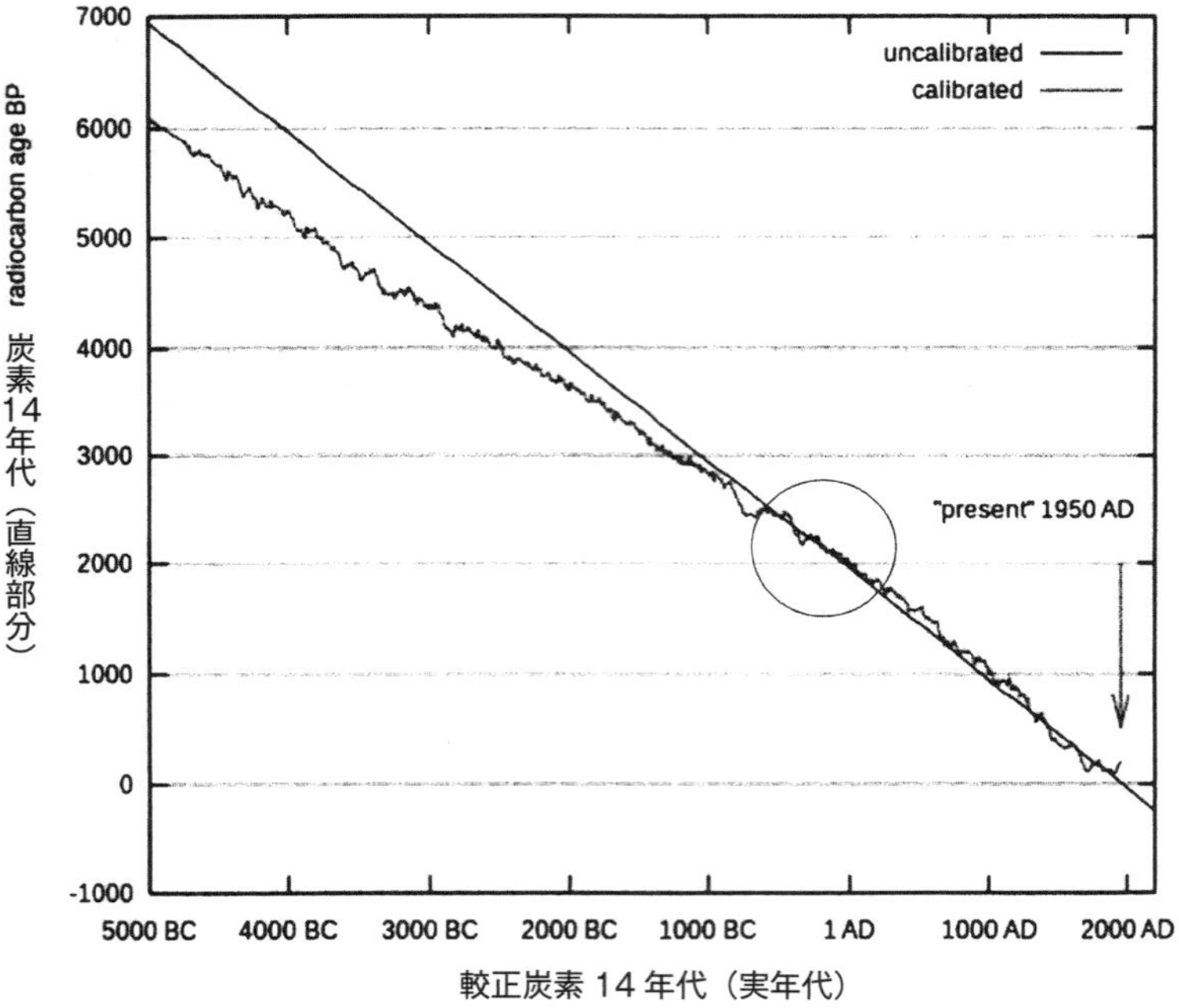

図11　炭素14年代と較正炭素14年代の関係

そして樹木は空気中の二酸化炭素を取り入れ、年輪にその年代の炭素を蓄積しながら成長し、その木に取り込まれた炭素はベータ線を放出しながら崩壊を続けます。即ち、年輪に蓄積された炭素14は減り続けるということです。そして炭素14の濃度が半分になる半減期は五七〇〇年程度と考えられており、年輪に含まれる炭素14の濃度が半分になっていれば、それは五七〇〇年前の試料と推定されるのです。

但し、〝地球上の炭素14の濃度は一定〟というのが炭素14年代の前提条件なのですが、実際の濃度は様々な要因により変動しており、年輪などから確定された年代と実際の炭素14

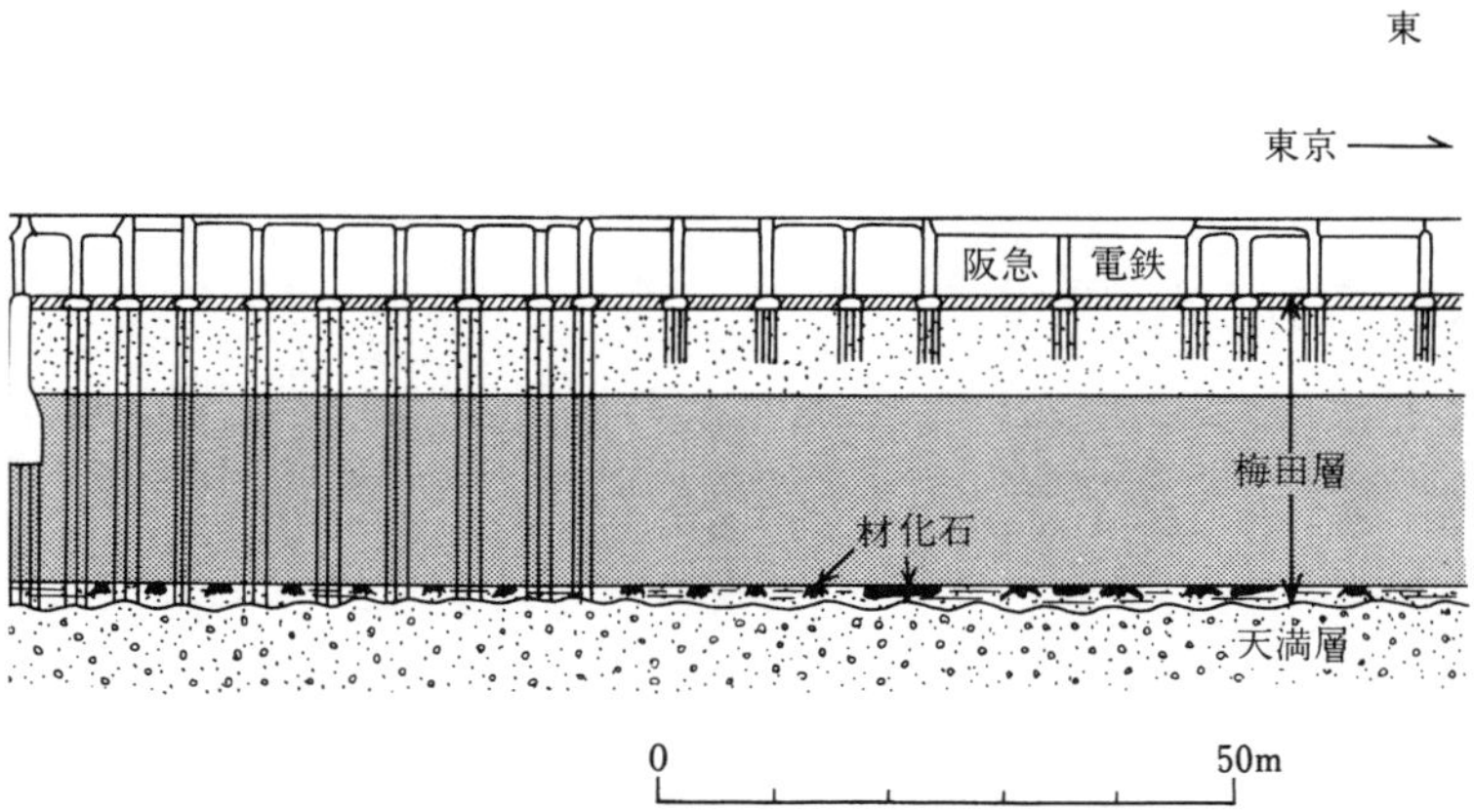

図12　大阪駅地下断面図（『大阪平野のおいたち』より）

の濃度を比べて年代を決めていったのが、〃較正炭素14年代＝実年代〃なのです。

両者の関係を図11に示します。

この図の横軸は実年代、縦軸は炭素14年代を表しています。年代が古くなるにつれ両者の乖離は大きくなっていきますが、注意すべきは、これから論じようとする紀元前六〇〇年以降（図中の○で囲んだ範囲）は、両者の差異はほとんどないということです。

即ち、炭素14年代で測定したデータであっても、神武東征年代は実年代として扱えるということです。

大阪駅の地下断面が物語るもの

図12は大阪駅付近の地下断面図です。地下約三十m以下には天満《てんま》層と呼ばれる硬い砂礫層があり、その上部にクヌギの炭化材がころがっています。そこに海成粘土層があり、その上部に梅田層と呼ばれる

沖積層が堆積しています。

この断面から地盤の形成過程を推定すると、今から約二万年前はウルム氷期の最盛期（51頁、図5）で海水面は現在より一〇〇m以上低く、大阪湾から瀬戸内海は陸地でした。そこに流れ込む川は紀伊水道を通って太平洋に注ぎ、大阪駅付近は現在の地表面より約二十七m以上低く、そこにクヌギ林が広がっていました。そして上町台地の東側、河内平野には淀川、大和川などの古大阪川水系が流れ、その東部・生駒山の麓には沼沢地が広がっていたこの時代を「古大阪平野の時代」と呼んでいます。

その後、地球の気温は上昇し、氷が溶けて海水面が上昇していきました。そして炭素14年代では約九千三百六十年前、実年代では約一万一千年前、大阪駅の地下二十六mのクヌギ林は海面下となり、新大阪駅の地下二十m辺りまで海水が流入して来ました。しかし未だ河内平野に海水が浸入していない時代を、「古河内平野の時代」と呼んでいます。

さらに気温が上昇し、氷が溶けて海水面が上昇し、北海道と樺太が切り離され、暖流が日本海から北太平洋に流れ込むようになると、冬の海水温は上昇し、大量の蒸発が起こり、日本の山々には大雪が降るようになりました。同時に大気中の水蒸気も多くなり、日本列島に大雨も降るようになったのです。

この気候変動により、大阪湾に流れ込む淀川水系と大和川水系の河川水が増大し、大量の土砂が大阪湾に流れ込み、やがて水域が土砂で埋めつくされ、写真5（88頁）のような地盤が形成されるに至ったのです。では、大阪平野はどのような過程を経て今日のような姿になったのか、追ってみたいと思います。

【注記】ここでは上町台地から生駒山までの部分を「河内平野」、上町台地の西側を包含した全体を「大阪平野」と呼ぶことにします。

「河内湾Ⅰの時代」（七千〜六千年前）

その後も海面上昇は続き、六〇〇〇年くらい前になると海水面は現在よりも一〜二m位高くなり、これを縄文海進《かいしん》といいますが、海水は生駒山の麓まで押し寄せていました（図13）。

それは、柱状図（地盤を縦に掘ったデータ）を調べ、貝化石の境界を辿《たど》り、海岸線を特定することで得られた知見でした。大阪中央部・茨田《まんだ》諸口からは鯨の骨が出土しており、河内平野を鯨が泳いでいた時代を「河内湾Ⅰの時代」と呼んでいます。この時代を市原氏は『アーバンクボタ』誌上で次のように解説していました。

藤野　この古地理図の海岸線は、貝化石が決め手になって描かれているのですか。

市原　そうなんです。大阪地盤図の中には柱状図がたくさん出てきます。これらを全部チェッ

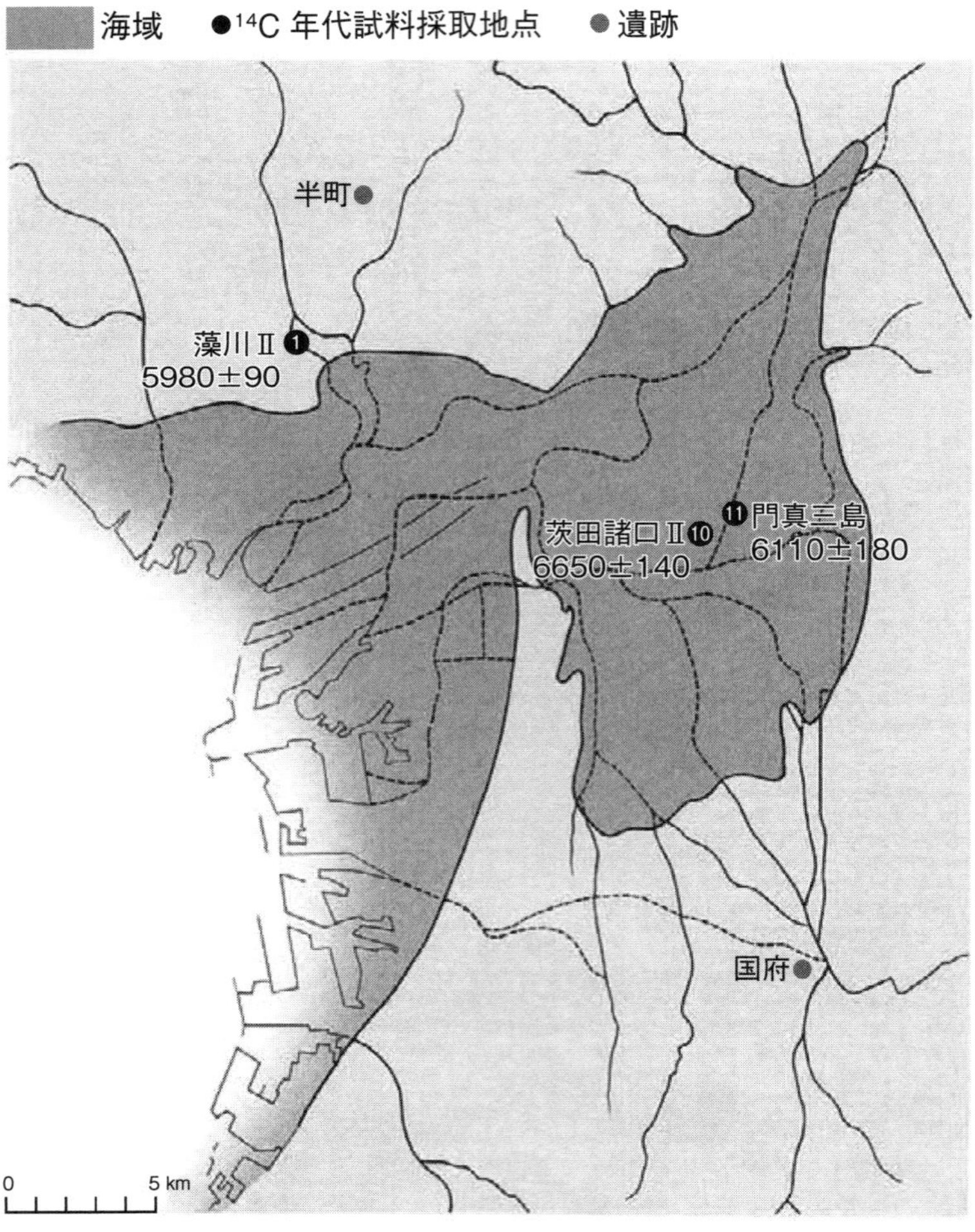

図13　河内湾Ⅰの時代（『アーバンクボタNo. 16』より地名を一部修筆）

※地名下の数値は、B.P（炭素14年代）を示す。
B.Pは西暦1950年を基準年0B.Pとする。年代表記にあたっては、試料の測定年代に幅があることを考慮している（例：茨田諸口❿の「6650」は「1950年の6650年前の試料」を、「±140」は「その前後140年ずつの280年間に収まる確率が約67％であること」を意味する）

クして貝化石の分布の境界を辿りますと、この線が引けるということです。

編集　縄文海進というのは、わずか二千〜三千年位の間に、海水面がものすごい勢いで上昇していますが、大体どの位のレベルで上がっているのですか。

市原　海水面の上昇速度は二千〜三千年間に約二十m以上、つまり一年に六・七〜十ミリメートルということになります。

編集　この現象は世界的にもデータとして出ているわけですか。

市原　それらは世界各国で調べられています。沖積層の波打ち際を示す地層からとって来た貝化石の埋没深度と絶対年代（炭素14年代）から、当時の海水準がどの辺りにあったかというデータは世界各国で集まっています。

編集　この時代の地理的特徴を、「河内平野を覆った海は、東は生駒山脈、南は八尾付近、北は高槻付近にまで達した。上町台地西縁・千里丘陵西縁には海食崖《かいしょくがい》が形成され、偏西風の影響のもとに、現在の松屋町筋付近に砂浜が続き、その浜の延長として、上町台地北方の天満付近に砂州が発達した」とありますが、この砂州が北へのびるというのは……。

市原　大阪では大阪湾を吹き渡ってくる冬の偏西風が一番強いんです。そのため泉南の浜辺を見ても、河口のデルタの先端にできた州がみんな北へ曲がってのびるんです。

上町台地の場合には、その西縁に出来た海食崖の波打ち際に打ち上げられた砂が、崖に沿って砂浜を造り、その砂礫が偏西風による波浪の影響で、みな南西から北東に向かってのびてゆく。それで上町台地の先端に砂州がのびていったに違いない、ということなんです。

「河内湾Ⅱの時代」（五千〜四千年前）

大阪駅から環状線に乗ると、すぐに森ノ宮駅に着きます。その近くにある森ノ宮ピロティホールの地下に、縄文時代から弥生時代に至る重層的な遺跡があり、展示されています。

当時は金曜日に限って見学可能であり、奈良・大阪調査の最終日に鍵を開けていただき、地下三階に降りると展示室がありました。ここからは縄文人骨も発見されており、確か分厚い貝塚断面もあり、この地は河川により運ばれる土砂で次第に埋め立てられ、最上部は淡水貝・セタシジミで終わっていました。

この地に人が住み始めた五〜四千年前、そこは海でしたが、やがて汽水域となり、淡水化し、陸地化していったことがよく分かります。それは沖積作用《ちゆうせき》（河川により運ばれた土砂が堆積する現象）により河内湾が埋め立てられていったことを意味します（図14）。

編集　よく縄文海進期以降に海退《かいたい》《ママ》という言葉が使われていますね。ですから、私などは、この海の埋まっていく古地理図を始めてみたとき、海退というイメージをすぐに持ったんですが、本文を読んでみると違っていて、海水準はほぼ同じで、沖積作用によってこの海が埋まってい

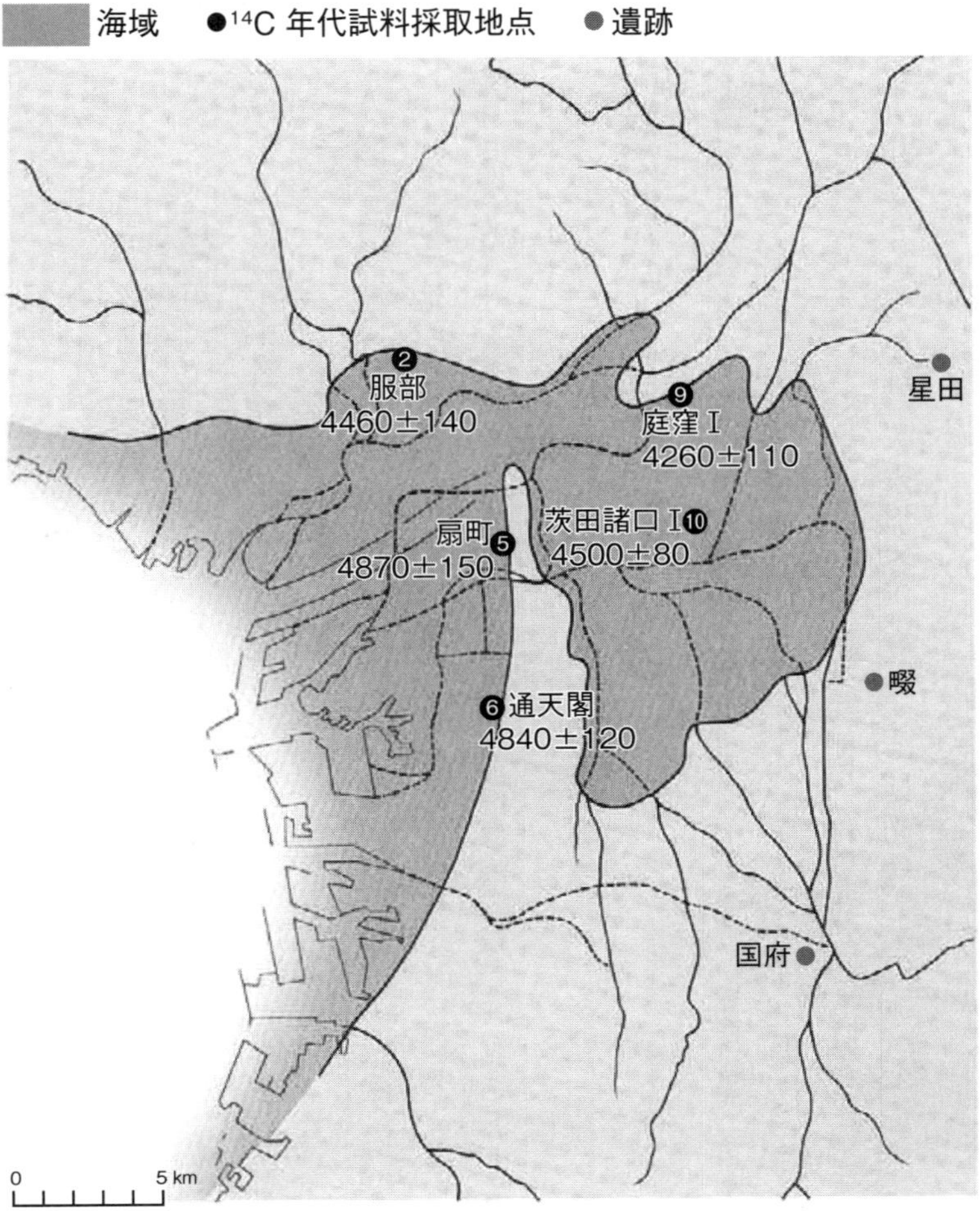

図14　河内湾Ⅱの時代
（『アーバンクボタNo. 16』より地名を一部修筆）

※地名下の数値については、100頁を参照のこと。

くのですね。

藤野　しかし海退もあるんでしょう。

市原　もちろん海退もあるんですけれども、そんなに大きいものではない。

編集　むしろ沖積作用によって埋められていくと考える方がいいんでしょうね。

市原　そうなんです。日本では沖積作用の方が大きいんです。

三千年の間に河内湾は埋め立てられ、浅く狭くなり、茨田諸口の水深は三〜四mになっていました。また上町台地の砂州は北方にのび続け、開口部は狭まっていきましたが、その地層の貝化石がオオノガイやハマグリ等であることから、湾は海水域だったことが分かります。

「河内潟の時代」の理解が要となる

さらに二千年が過ぎ、縄文晩期から弥生中期前葉（約三千〜二千年前）、即ち、前一〇五〇年（1950－3000＝－1050）から前五〇年（1950－2000＝－50）頃になると、河内湾はさらに埋め立てられ、海から潟へと変わっていきました。これを「河内潟の時代」と呼んでいます。

一九七八年に刊行された『大阪府史第一巻』（13）に図15が載っています。これは「河内潟の時代」（一九七二年）の図であり、この時代、上町台地からのびる砂州はさらに北進し、開口部

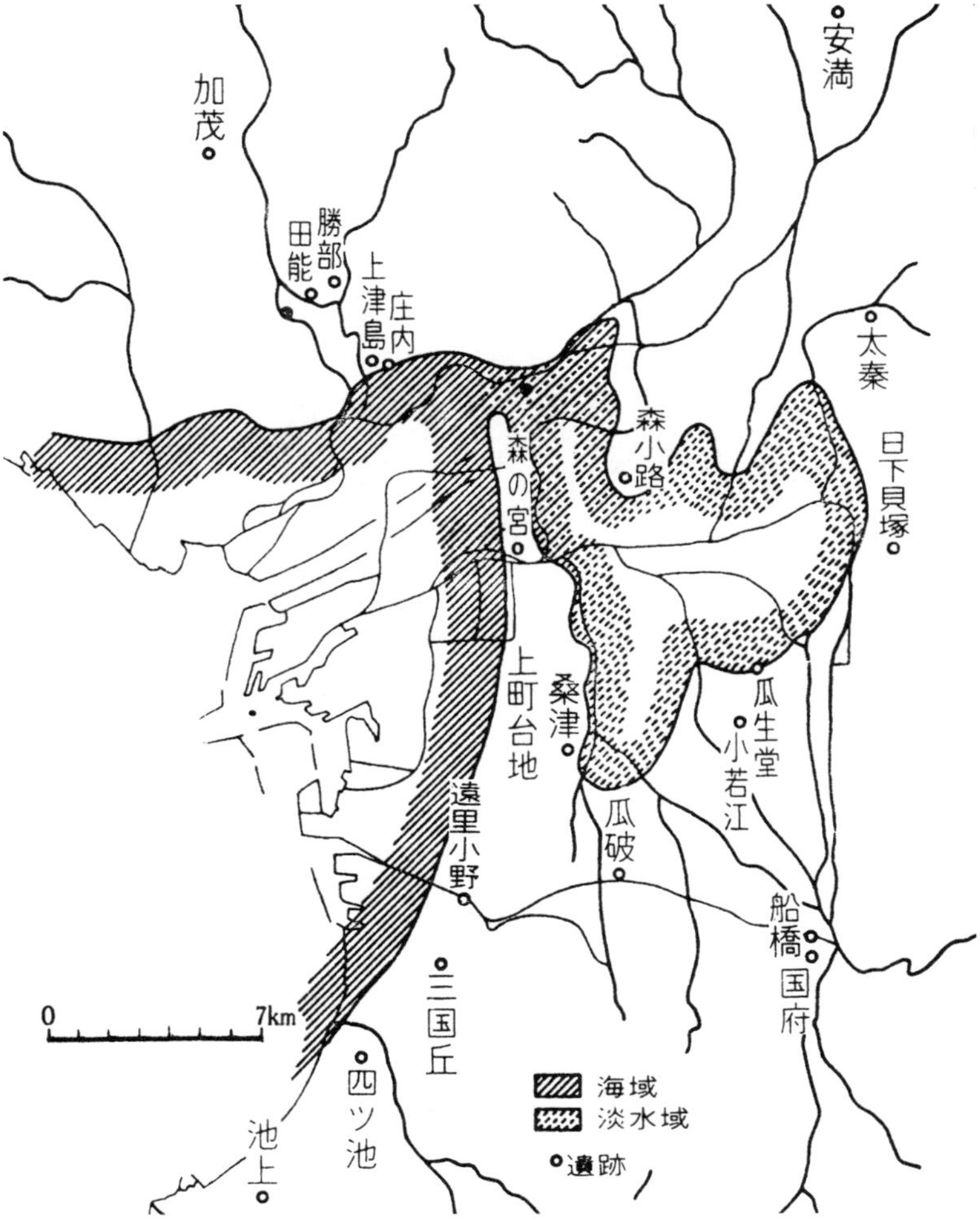

図15　河内潟の時代の古地理図
（『大阪府史第一巻』より）

は狭まり、河内潟に流れ込む河川水はここから大阪湾へと流れ出ていました。
大阪湾の干満差は約二mと大きく、上げ潮になると海水が狭まった開口部から潟内部へ流入し、四～五キロ奥の大阪城の辺りまで達していました。そして引き潮になると潟に流入した海水は、河川水といっしょに開口部から大阪湾へと勢いよく流れ出ていたのです。

図16は一九八五年の図です。この図の外形部分を示す実線は満潮時の汀線《みぎわ》を表しています。上町台地から北へのびる開口部の東側、淡路新町辺り（②）の約二二六〇年前の地層から、チリメンユキガイが出土しました。この貝は汽水域に生息することから、この辺りは潟になっていたことが分かります。では全てが汽水域だったかというとそうではありません。

森ノ宮貝塚の上層部や日下貝塚では淡水貝・セタシジミに変わっていたことから、南森町から森小路に至るラインの奥は淡水域（図の破線部）になっていたと考えられます。この図には川筋が描かれていませんが、干潮時、この川筋が淡水域に現れるのです。

そして干潮時、河内潟から海水が流れ出たときの様子を表したのが図17です。これは図16に図15の川筋を書き加えたものです。河内潟開口部から森小路―大阪城辺りは水域を保っており、その奥の地形を梶山彦太郎氏は次のように説明していました。

「先に、河内潟の潮間帯（満潮と干潮の間：引用者注）は、有明の干潟のように、泥の深いとこ

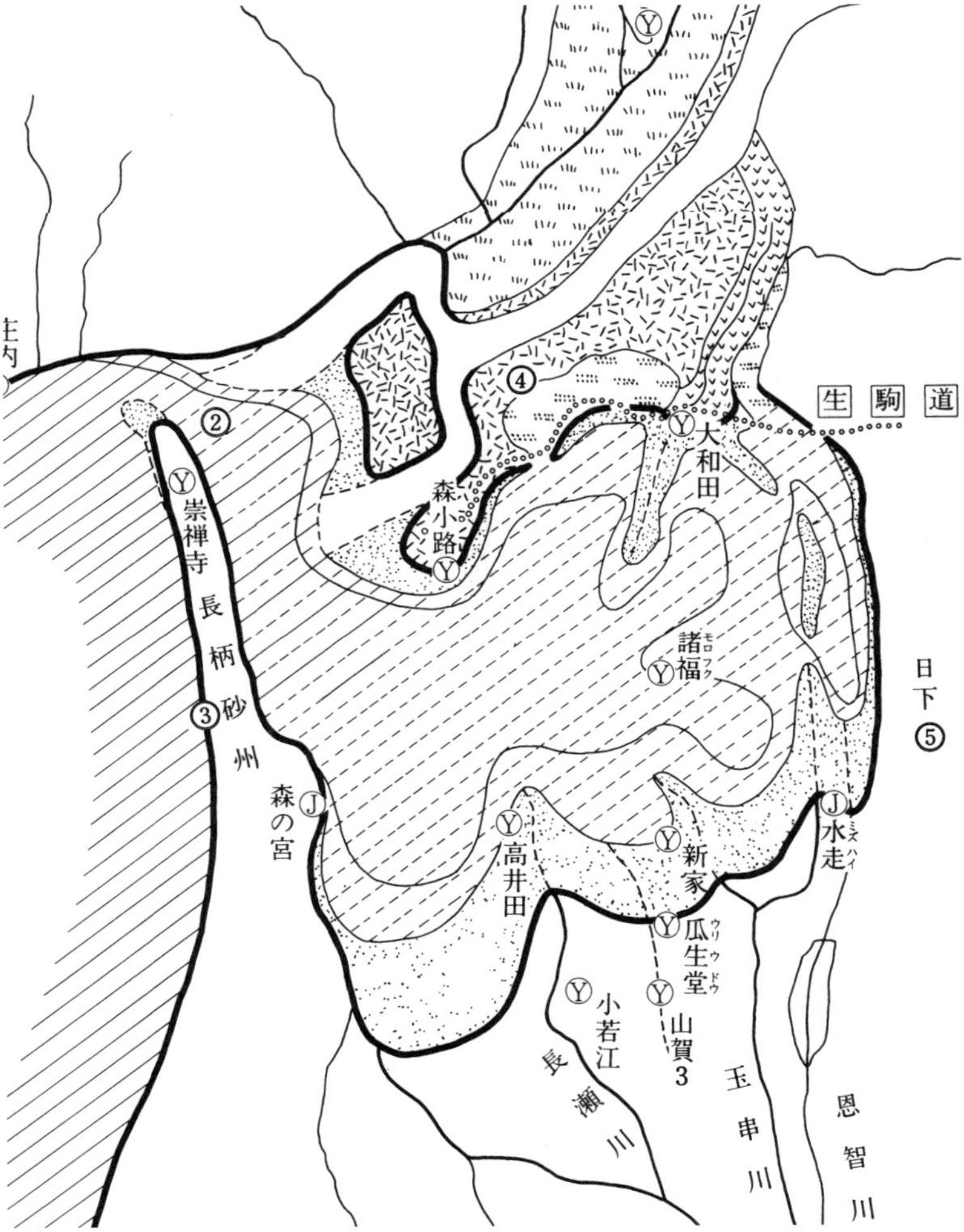

図16　河内潟の時代
（『大阪平野のおいたち』より）

ろであると書きました。しかし川の流れる筋のみは、上流から流されてきた土砂が積もってシルト（砂と粘土の間：引用者注）または砂地となって、干潮時に、川底づたいに川の末端まで容易に行くことが出来ます」（『大坂平野のおいたち』86）

ここに至り、私の脳裏から消えることのなかった疑念、日本書紀の記述が生き生きとよみがえり、永久に分からないと思っていた次なる描写は「河内潟Iの時代」の地形に則って描かれていたことに気づいたのです。

「浪速《なみはや》の渡《わたり》を経て……」、「まさに難波碕に着こうとするとき、速《はや》い潮流があって大変速く着いた」、「川をさかのぼって、河内国草香《くさか》村（日下《くさか》村）の青雲の白肩津に着いた」、「南の方《かた》より廻《まわ》り幸《い》でましし時……」

〝そうか、生國魂神社の社伝どおり、神武天皇はこの時代に船でやって来たのだ。上げ潮に乗り、浪速《なみはや》の渡《わたり》を経て、河内潟内部に漕ぎ進み、干潮時に川を遡上し日下に着いたのだ〟と確信したのです。そして次の時代の古地理図との違いを正しく理解することが、古代史理解の成否を分けることになるのです。

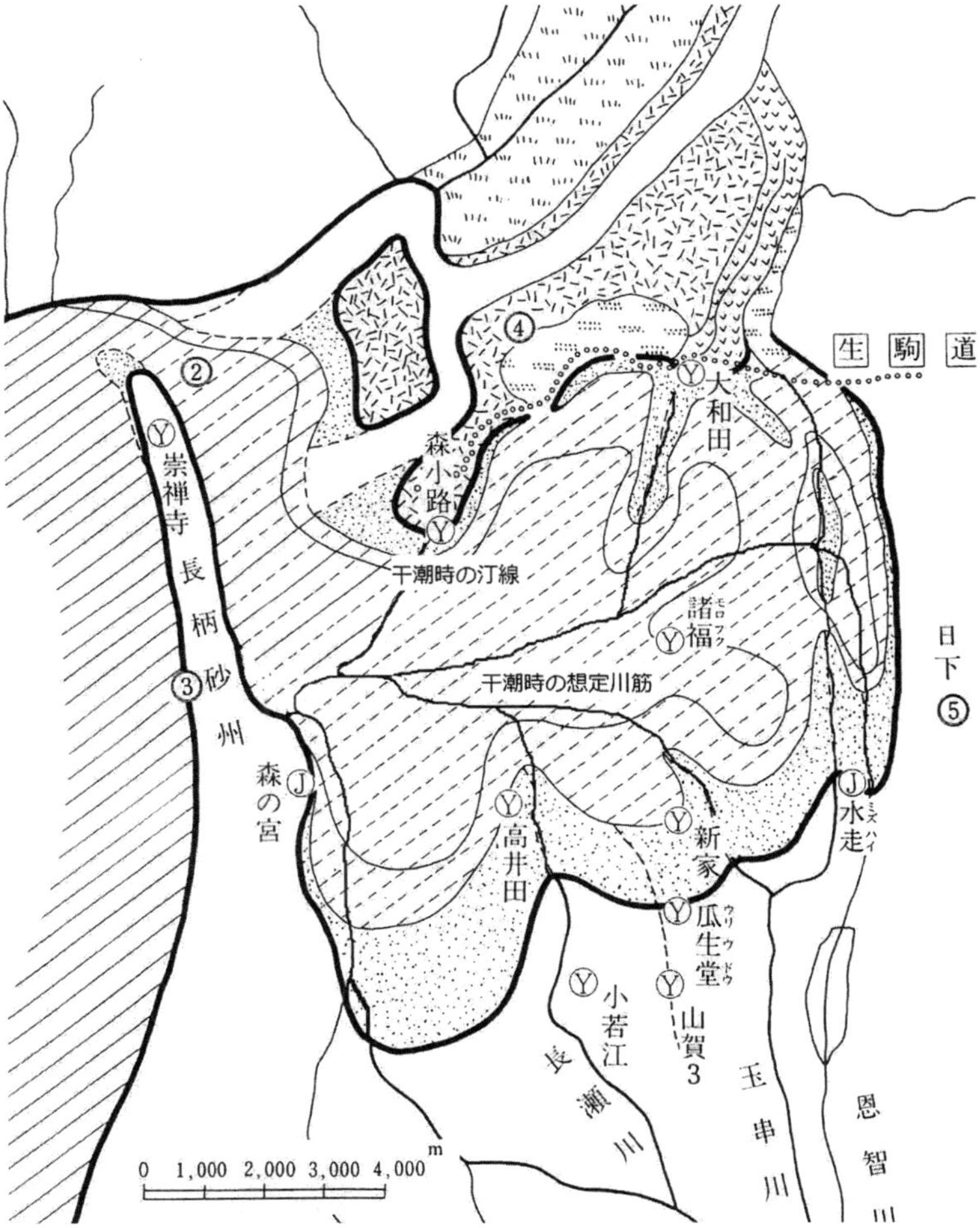

図17　河内潟の時代――干潮時
（『大阪平野のおいたち』の図に加筆・修正）

「河内湖Ｉの時代」もはや東征はあり得ない

図18は『大阪府史第一巻』(89)にある「河内湖Ｉの時代」(一九七二年)の図です。

この本は、今から約一八〇〇～一六〇〇年前、即ち、西暦一五〇年(1950－1800=150)から三五〇年(1950－1600=350)の時代を次のように解説していました。

「河内湖Ｉの時代というのは、弥生後期から古墳時代前期に相当する。(中略)この時代の自然史については、梶山・市原両氏は次のように述べている。淡路新町－2のデータは、約一六〇〇年前にはすでに河内平野側の水域が完全な淡水湖に移り変わっていたことを示している。天満・長柄から北方に伸びる砂州は北にのびきって、河内の湖への海水の浸入をさえぎった。淀川と大和川の水をあわせた河内の湖の水は、庄内の東方で現在の神崎川ぞいの水路をとって大阪湾に流入していたと推定される」(88)

この時代、満潮時であっても〝河内湖からは大阪湾へと流れ出ていただけ〟でした。また干潮時には開口部から四キロに及ぶ砂州が姿を現したのです。

大阪湾の干満差は約二ｍですから、満潮時でも湖と海の接続部の二キロ沖合で水深約一ｍと

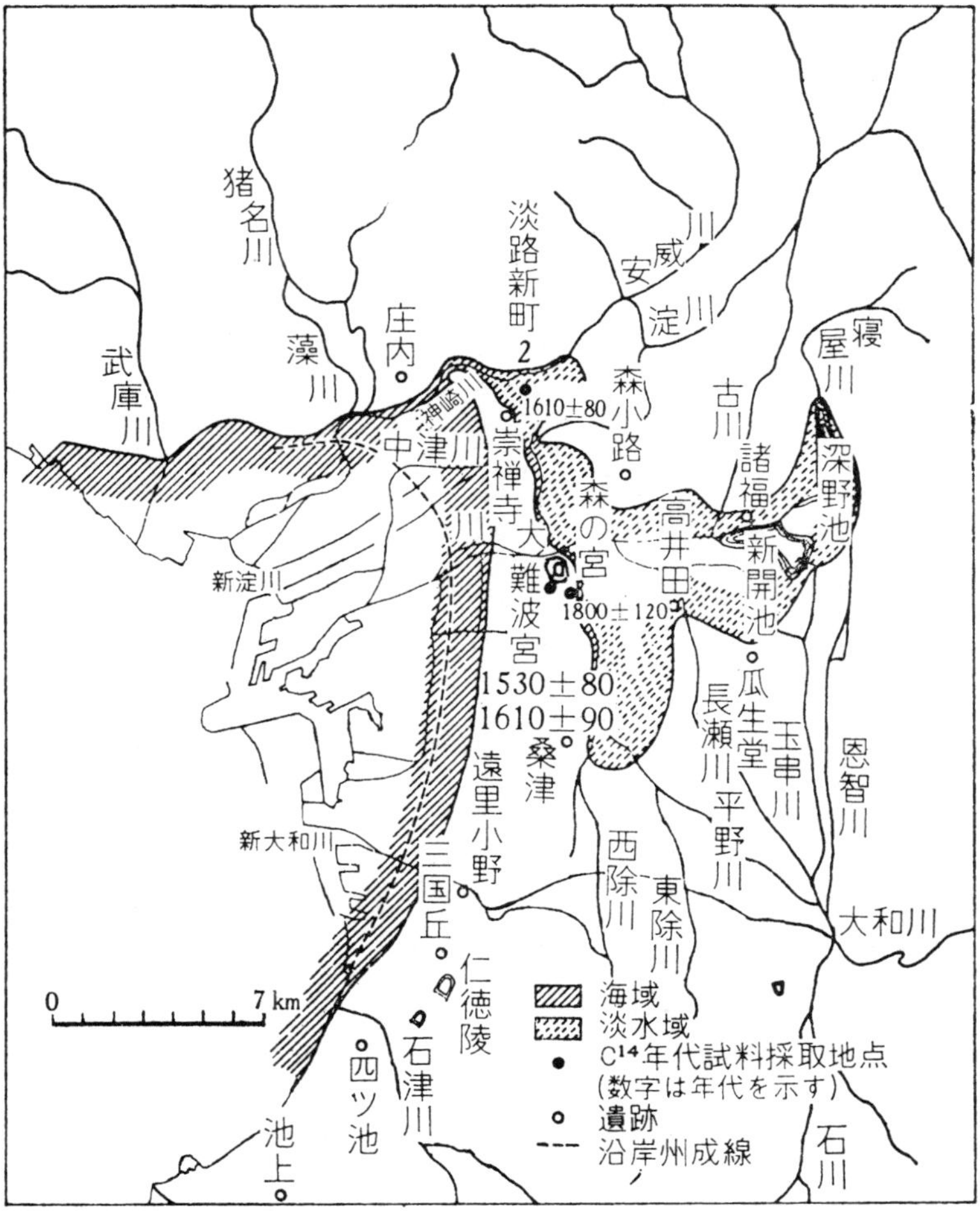

図18　河内湖Ⅰの時代の古地理図
（『大阪府史第一巻』より）

推定され、仮にこの時代に神武東征が行われたなら、そこを進む船は、兵士と武具、武器、石鏃、食料を載せた軍船であり、河内湖入口到達半ばにして座礁したと思われます。満潮を逸すればみるみる砂浜が広がり、河内湖から流れ出る河川水によって座礁したまま押し戻される恐れすらあったでしょう。

ですからこの時代、「速い潮流があって大変速く着いた」はあり得ないのです。

その後、新たに公表されたのが図19であり、それは次のような地形でした。

「河内湖Iの時代には、淡路新町で琵琶湖と同じ、淡水貝が発見され、炭素14年代測定値がその時代を示していたので、この図を復元したわけです。

その場合、海面の満潮線に近い高さに、河内湖の湖面は固定され、多雨期にそれ以上に増水することはあっても、水面が干潮線近くまで、降下するようなことはまずあり得ないことになります。もし湖面が下がるようなことがあれば、干潮から満潮になるまでの約六時間の間に、上流から流れてくる川の水によって、水位を上げねばなりません。(中略)

しかし、河内湖Iの時代の湖の水位を、満潮線まで上げる水量は、淀川、大和川を合してもとても無理です。その水域が淡水であるとすれば、これは河口部の排水が悪く、満潮線近くに河内湖の水面があったことになります」(『大阪平野のおいたち』104)

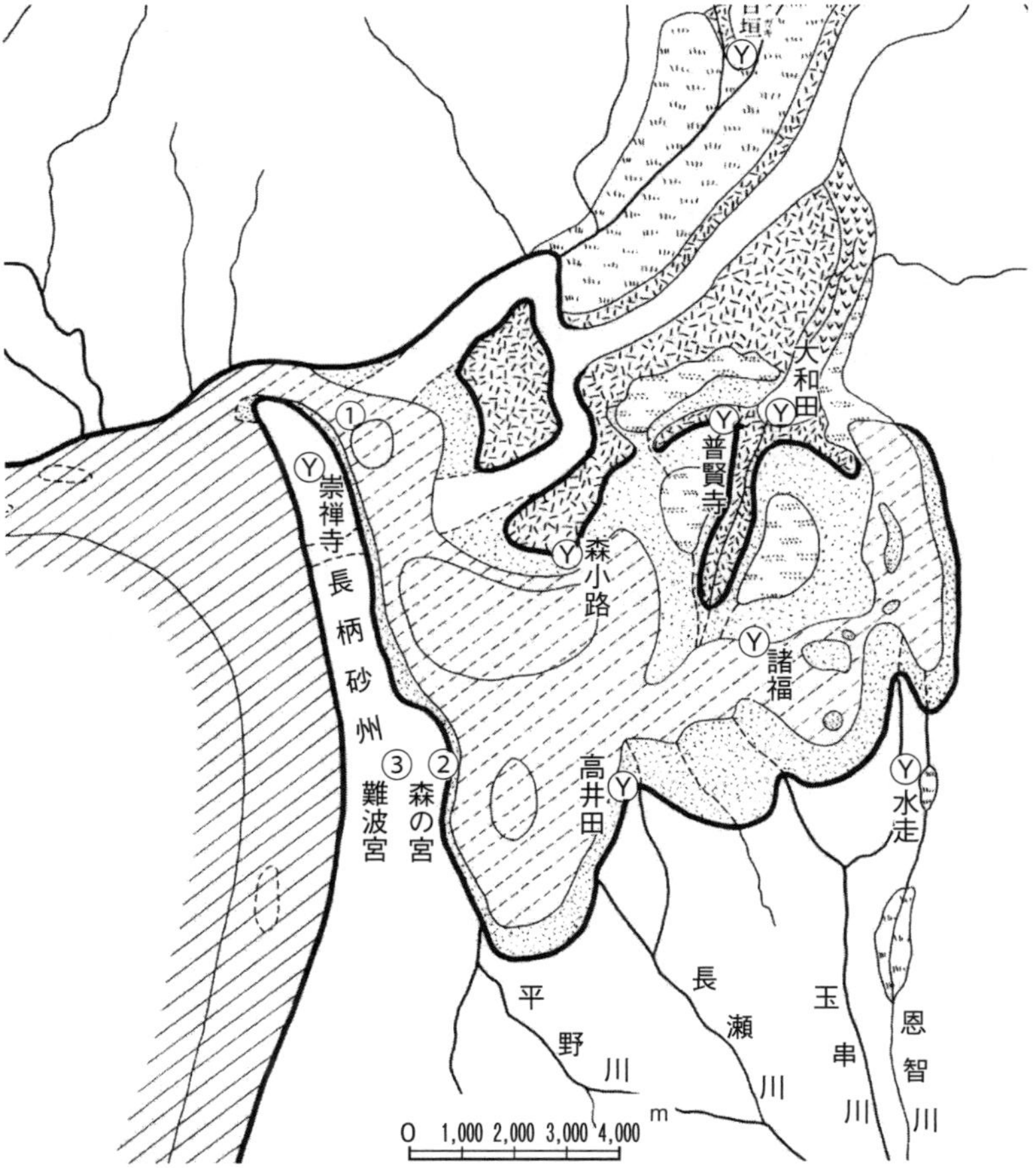

図19　河内湖Ⅰの時代
（『大阪平野のおいたち』より一部修筆）

図19は地盤面を表しています。破線で水面を表していますが、分かりづらいので私は水面を表現してみました。それが図20です。

この時代、仮に船が河内湖に入れたとしても、そこは生駒山の麓まで湖面であり川はありません。ですから、この時代に神武東征があったなら〝川を遡って〟なる描写もあり得ません。即ち、神武東征はこの時代ではない、ということです。

そして、市原実、梶山彦太郎の両氏が、干潮時と満潮時の水面を古地理図に表さなかったことが古代史家の読み違いを招き、神武東征年代を誤認させる結果となってしまったのです。

「河内湖Ⅱの時代」・仁徳天皇の大川開削

次の時代（五世紀頃）、生駒山の麓には深野池や新開池は残っていたものの、地形はすっかり変わっていました（図21）。

藤野　河内湖Ⅱの時代というのは、どういった特徴から分けられたのですか。
市原　大川の堀江が開削されてから後の時代を河内湖Ⅱの時代とよんでいるのです。というのは、この開削によって川の流路が変わり、河内湖の水域の状況も変わってくるからです。（中略）淀川のデルタが発達して、上町台地から北方に長くのびた砂州に近づきます。そして遂に

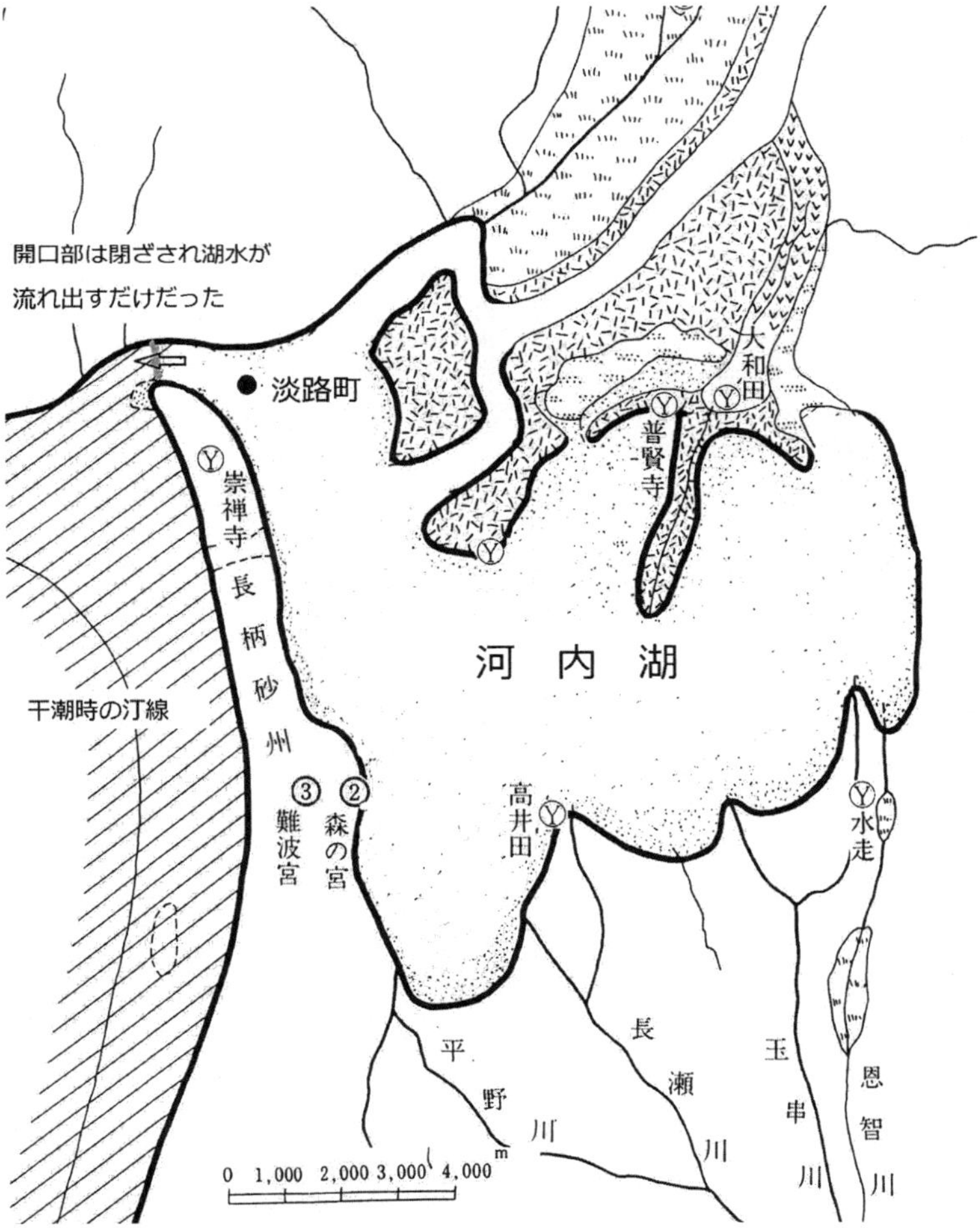

図20　河内湖Ⅰの時代――水面表示
（『大阪平野のおいたち』の図に加筆・修正）

は、淀川はこの砂州を横断し、新しい水路を開いて大阪湾に流れ出します。（中略）しかし一方で淀川のデルタの発達はやみませんから、しばしば流末が停滞することもあったでしょう。このような状況では、おそらく洪水時には河内湖の水はこの北にのびた砂州のうちで最も低いところを求め、そこから自然に西方の大阪湾へ溢れでていただろうと思います。その低いところというのが砂州のつけ根のところ、大阪城の北の個所です。

ですから当時の人々が（中略）溢水個所をさらに掘りさげて、流れをよくしようとしたことはきわめて自然のことと思われます。このようにしていわゆる難波の堀江（現在の大川）が開削されると、（中略）河内湖の水と一緒になって、大川を通って西の海に流れだします。その結果、この大川の開削部付近から北方の河内湖の水域は、穏やかな安定した水域となって、奈良時代くらいまでは船舶のよい碇泊地となったことと思います。いわゆる、長柄《ながら》の船瀬です。

『大阪平野の発達史』を読むと、著者らは如何にして大川が出来たのかを決めかねていたことが分かります。そこに私は戦後古代史の〝日本書紀・否定〟なるドグマの影を感じたのですが、日本書紀には仁徳《にんとく》天皇が堀江の開削を命じたと書かれています。それは、推定西暦（以下、実年）で四一一～四二八年、五世紀初頭のことでした。

「十一年夏四月十七日、群臣に詔《みことのり》して、〈いまこの国を眺めると土地は広いが田圃《たんぼ》は少ない。

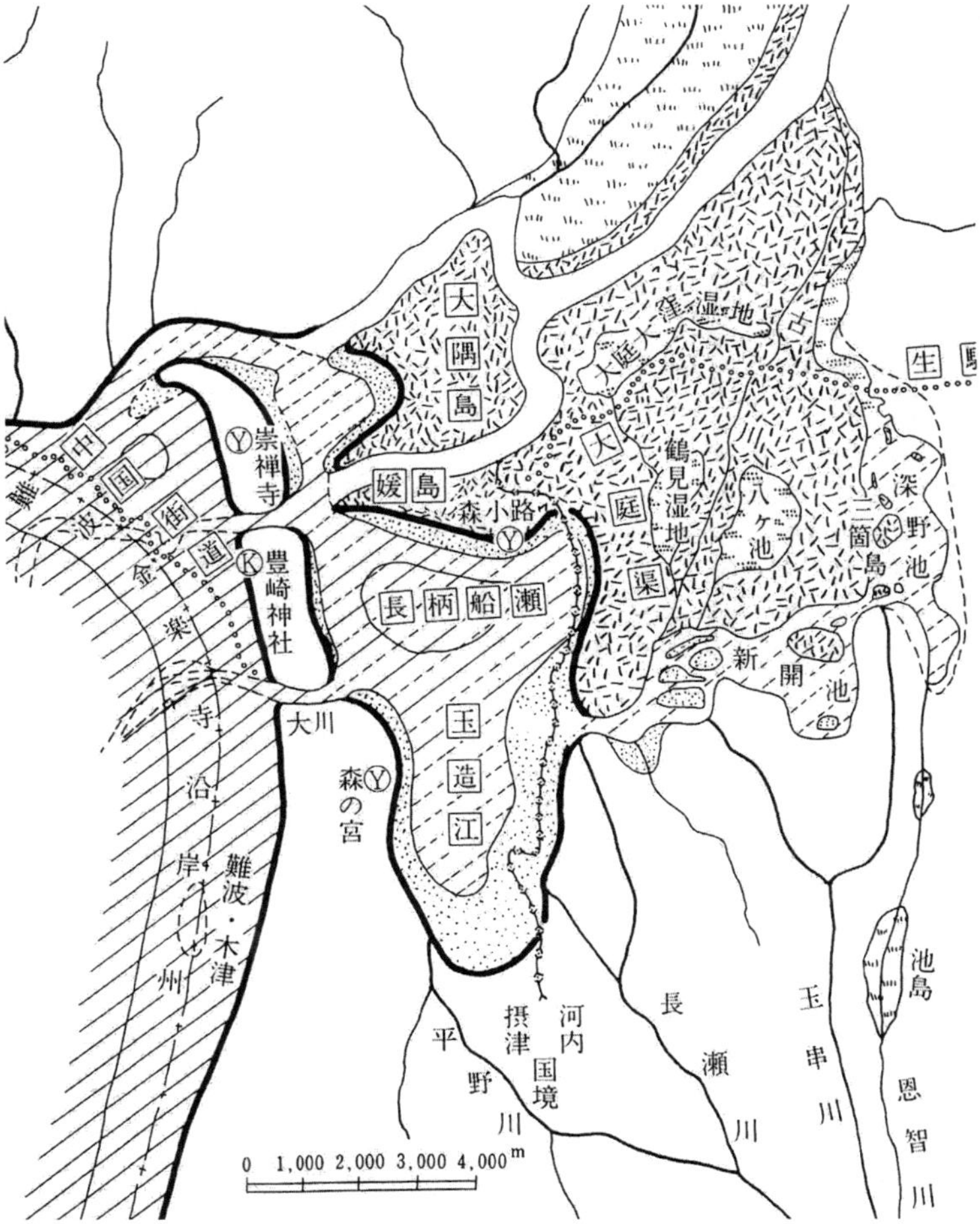

図21　河内湖Ⅱの時代
（『大阪平野のおいたち』より）

また河の水は氾濫し、長雨にあうと潮流は陸に上がり、村人は船に頼り、道路は泥に埋まる。群臣はこれを良く見て、溢《あふ》れた水は海に通じさせ、逆流は防いで田や家を浸さないようにせよ〉といわれた。

冬、十一月、宮の北部の野を掘って、南の水を導いて、西の海（大阪湾）に入れた。その水を名付けて堀江といった」

『古事記（中）』（次田真幸／講談社学術文庫）によると、この地形は長らく残ったとあります。

「往時は、現在の東大阪市のあたりまで水路が通じており、大阪市から東大阪市にかけて草香《くさか》江と呼ばれる広大な入江が広がっていた。大伴旅人《おおとものたびと》（六六五〜七三一）の歌にも、〈草香江の入江にあさる葦鶴《あしたづ》の……〉と歌われており、日下町には日下貝塚の遺跡がある」（24）

その後も河内平野は埋め立てられていったのですが、ルートは異なるとはいえ、大阪湾から深野池の畔《ほとり》にある日下江への水路は健在であり、日本書紀の記述、神武東征時の「川を遡りて草香（日下）村についた」にはリアリティがあったのです。

しかし、江戸時代に大和川の放流先が堺方面へと付け替えられるに及び、川筋も消え、現在の河内平野が形成されることで神武東征のあの表現も忘れ去られていったのです。

そして日本書紀、古事記だけが残った

こうして、神武東征年代は「河内潟の時代」以外はあり得ない、となったのですが、この事実は神武東征を否定する方々にとって、まことに〝不都合な真実〟となったのです。

なぜなら、記紀に記された神武東征描写そのものの地形が、大阪平野に現れる時代があったことが証明され、それが生國魂神社の社伝とも一致し、神武東征を疑う理由が消えたからです。

同時に、記紀を意識しつつ〝邪馬台国が東遷した〟や〝邪馬台国を滅ぼした狗奴国が東征した〟も崩壊した。なぜなら、魏志倭人伝に拠れば、卑弥呼の死は二四七〜八年頃であり、女王国はこの頃まで確実に存在していました。それは「河内湖Ⅰの時代」であり、この時代に東征があったなら記紀に記されたあのような描写が人々の記憶に残り、語り継がれるはずがないからです。

また、「神功皇后六十六年」に次なる記述があります。

「晋の武帝の泰初二年（二六六年：引用者注）、晋の天子の言行などを記した起居注に、武帝の泰初二年十月、倭の女王が訳を重ねて貢献した、と記している」

この倭の女王が、卑弥呼の宗女《そうじょ》・壱与《いよ》（台与《とよ》）だとすると、その頃まで邪馬台国は存続して

いたことになります。この頃に東遷したとしてもそれは「河内湖Iの時代」であり、卑弥呼であれ壱与であれ、〝邪馬台国東遷論〟は「大阪平野の発達史」によって否定されたのです。

同時代の文献に目を転じると、記紀はいうに及ばず、三国志、後漢書や三国史記にも〝邪馬台国・倭国が北部九州からヤマトへ東遷した〟などとは何処にも書かれていません。

それらは、戦後に創作された根も葉もない〝お話〟に過ぎず、〝邪馬台国東遷論者〟の和辻哲郎、白鳥庫吉、井上光貞、田中卓、古田武彦、森浩一、安本美典、井沢元彦などの建国論は全て崩壊したのです。

また武光誠氏は『邪馬台国と大和朝廷』（平凡社新書）で「二五〇年頃吉備の集団が大和に移住し、大和川支流の纒向川に行き着いた」としていましたが、記紀や「大阪平野の発達史」を知らなかったようです。

八木荘司氏は、『古代天皇は何故殺されたのか』（角川文庫）で神武東征を「瀬戸内海各地に攻撃を加えながら」、「軍船を連ねて今の大阪市の東部にあった河内の内海に突入する。そして、草香の海岸から上陸して」、「神武天皇は一八一年に即位した」と記していましたが、氏も記紀や「大阪平野の発達史」を知らなかったようです。

要するに、〝神武東征否定論〟、〝邪馬台国東遷論〟、〝邪馬台国大和論〟は悉《ことごと》く瓦解したということです。では、神武東征は前一〇五〇年〜前五〇年のいつ頃起きたのかを次に明らかにしたいと思います。

第五章

神武天皇はいつ即位されたか

崩御年・在位年から分かること

日本書紀の篇著者が帝紀にある年紀をそのまま採録したことが、私たちに疑念を抱かせることになったのですが、同時に年紀解明の手がかりを与えてくれたのです。

「神日本磐余彦天皇《かむやまといわれびこのすめらみこと》の諱《ただのみな》（実名）は、彦火火出見《ひこほほでみ》という。鸕鷀草葺不合尊《うがやふきあえず》の第四子である。母は玉依姫《たまよりひめ》といい、海神豊玉彦《わたつみとよたまひこ》の二番目の娘である」

「四十三年春一月三日、皇子神渟名川耳命《かむぬなかわみみ》を立てて、皇太子とされた。七十六年春三月十一日、天皇は橿原宮《かしはらのみや》で崩御《ほうぎょ》された。年百二十七歳であった」

これは神武天皇の系譜《けいふ》ですが、日本書紀をベースに推古天皇までの系譜の要点を記すと次のようになります。但し、〝在位年〟や〝在位年数〟は皇紀であり、前代の天皇崩御年の翌年を起点としたので、実際の在位年数とは誤差が生ずることをご承知おき願います。

		皇紀在位年	皇紀在位年数
第一代	神武《じんむ》天皇は四人兄弟の末子	BC六六〇～五八五	七十六年

第二代	綏靖《すいぜい》天皇は神武天皇の第三子	BC五八一〜五四九	三十六年
第三代	安寧《あんねい》天皇は綏靖天皇の嫡子	BC五四九〜五一一	三十八年
第四代	懿徳《いとく》天皇は安寧天皇の第二子	BC五一〇〜四七七	三十四年
第五代	孝昭《こうしょう》天皇は懿徳天皇の太子	BC四七五〜三九三	八十四年
第六代	孝安《こうあん》天皇は孝昭天皇の第二子	BC三九二〜二九一	一〇二年
第七代	孝霊《こうれい》天皇は孝安天皇の太子	BC二九〇〜二一五	七十六年
第八代	孝元《こうげん》天皇王は孝霊天皇の太子	BC二一四〜一五八	五十七年
第九代	開化《かいか》天皇は孝元天皇の第二子	BC一五八〜九八	六十年
第十代	崇神《すじん》天皇は開化天皇の第二子	BC九七〜三〇	六十八年
第十一代	垂仁《すいにん》天皇は崇神天皇の第三子	BC二九〜AD七〇	九十九年
第十二代	景行《けいこう》天皇は垂仁天皇の第三子	AD七一〜一三〇	六十年
第十三代	成務《せいむ》天皇は景行天皇の第四子	一三一〜一九〇	六十年
第十四代	仲哀《ちゅうあい》天皇はヤマトタケルの第二子	一九二〜二〇〇	九年
	神功《じんぐう》皇后（摂政）	二〇一〜二六九	六十九年
第十五代	応神《おうじん》天皇は仲哀天皇の第四子	二七〇〜三一〇	四十一年
第十六代	仁徳《にんとく》天皇は応神天皇の第四子	三一三〜三九九	八十七年
第十七代	履中《りちゅう》天皇は仁徳天皇の第一皇子	四〇〇〜四〇五	六年

第十八代	反正《はんぜい》天皇は履中天皇の同母・弟	四〇六〜四一〇	五年
第十九代	允恭《いんぎょう》天皇は反正天皇の同母・弟	四一二〜四五三	四十二年
第二十代	安康《あんこう》天皇は允恭天皇の第二子	四五三〜四五六	四年
第二十一代	雄略《ゆうりゃく》天皇は允恭天皇の第五子	四五六〜四七九	二十三年
第二十二代	清寧《せいねい》天皇は雄略天皇の第三子	四八〇〜四八四	五年
第二十三代	顕宗《けんそう》天皇は履中天皇の孫	四八五〜四八七	三年
第二十四代	仁賢《にんけん》天皇は顕宗天皇の同母兄	四八八〜四九八	十一年
第二十五代	武烈《ぶれつ》天皇は仁賢天皇の皇太子	四九八〜五〇六	九年
第二十六代	継体《けいたい》天皇は応神天皇の五世の孫	五〇七〜五三一	二十五年
第二十七代	安閑《あんかん》天皇は継体天皇の長子	五三一〜五三五	四年
第二十八代	宣化《せんか》天皇は継体天皇の第二子	五三五〜五三九	五年
第二十九代	欽明《きんめい》天皇は継体天皇の嫡子	五三九〜五七一	三十二年
第三十代	敏達《びたつ》天皇は欽明天皇の第二子	五七二〜五八五	十四年
第三十一代	用明《ようめい》天皇は欽明天皇の第四子	五八五〜五八七	二年
第三十二代	崇峻《すしゅん》天皇は欽明天皇の第十二子	五八七〜五九二	五年
第三十三代	推古《すいこ》天皇は欽明天皇の第二女	五九二〜六二八	三十六年

こうして神武天皇の即位年は前六六〇年となったのですが、この年紀を西暦と同一視する方がおります。それが誤りであることは、在位年数が一〇二年とか九九年とか、あり得ない年数が書かれていることからも明らかです。ではこの年紀は無意味かというとそうではなく、このデータから分かることがあります。

第十四代・仲哀天皇を除き、第十七代・履中天皇以降に在位年数の短い天皇が出現するようになり、原因の一つが、神武天皇以来の原則であった末子相続が崩れたことと関係します。時代が下り、皇族が増え、兄から弟へ践祚《せんそ》するような場合、在位年数が短くなります。

ですから、歴代天皇の実年（推定西暦）を知るには安本美典氏や八木荘司氏などが行った〝単純平均〟ではなく、日本書紀を読んで判断する必要があるのです。

なぜ天皇は斯《か》くも長寿だったか

戦後、記紀に疑いの眼差《まなざ》しが注がれた原因の一つに天皇の長寿があります。次なる百歳以上の天皇の宝算《ほうさん》（寿命）を見て、これを実年とすれば疑念を抱くのは自然なことです。

	古事記	日本書紀
神武《じんむ》（初代）	一三七歳	一二七歳

孝安《こうあん》（第六代）	一二三歳	記載なし
孝霊《こうれい》（第七代）	一〇六歳	記載なし
開化《かいか》（第九代）	六三歳	一一五歳
崇神《すじん》（第十代）	一六八歳	一二〇歳
垂仁《すいにん》（第十一代）	一五三歳	一四〇歳
景行《けいこう》（第十二代）	一三七歳	一〇六歳
成務《せいむ》（第十三代）	九五歳	一〇七歳
応神《おうじん》（第十五代）	一三〇歳	一一〇歳
雄略《ゆうりやく》（第二十一代）	一二四歳	記載なし

百歳以上の天皇がこれだけおり、日本書紀と古事記の崩年も一致していません。医学的に見てこの様な長寿はあるべくもなく、医師などは〝だから日本書紀はデタラメだ〟と断言していました。この不思議さを解こうとした倉西裕子氏の試みはありますが（『日本書紀の真実　紀年論を解く』講談社選書メチエ）解決にはほど遠い結果となっています。

その時代、なぜ斯くも長寿であったのか、記紀の編纂に携わった歴史家も疑問を持ちながら採録したと思われますが彼らには慎みがあり、戦後の古代史家のように〝ああ思う〟〝こう思う〟〝こう考えるのである〟などと賢《さか》しらに振る舞ったりしませんでした。いい伝えられたことを忠実に再現したと思われます。

ある講演会で私が「この長寿はあり得ない」と発言したところ、講演後の質疑応答時にある方が、

「皇族は近親婚、近親相姦を繰り返してきたから長寿であっても不思議はない。ヤマトタケルがあんなに立派な体になったのも近親相姦が原因だ」

と自信満々に主張したものです。

私は〝この方は渡部昇一氏の本を読んで信じ切っている〟と直感したのですが、そうとも言えず、次のように話を進めました。

実は古事記と日本書紀では倍半分近い崩年も採録されています。これは古事記を見た日本書紀の篇著者が何らかの理由で訂正したと推定されます。

	古事記	日本書紀
綏靖《すいぜい》天皇（第二代）	四五歳	八四歳
孝元《こうげん》天皇（第八代）	五七歳	一一六歳
開化《かいか》天皇（第九代）	六三歳	一一一歳
継体《けいたい》天皇（第二十六代）	四三歳	八二歳

では、常識的な寿命と思える古事記の宝算を知りながら、なぜ日本書紀の篇著者は敢えて倍近い宝算に書き換えたのでしょう。

干支ではない・カギは「裴松之《はいしょうし》の注」にあり

実は、天皇長寿の謎を解くカギがシナの文献に残されています。三国志はシナ正史のなかでも簡潔な記述で知られており、南朝・宋の歴史家、裴松之《はいしょうし》（三七二〜四五一）は多くの史料を使って三国志に注を書き加え、増補しました。

それが「裴松之の注」であり、魏志倭人伝に載録されていない次のような注記があります。

「其俗　不知正歳四時　但記春耕秋収　為年紀」
（倭人は歳の数え方を知らない。ただ春の耕作と秋の収穫をもって年紀としている）

〝年紀〟とは年の数え方です。私はこの年紀を〝春秋年〟と呼んでいますが、この頃、倭人に接したシナ人は〝倭人は一年を二年に数えていた〟と書き残していたのです。

すると、百歳を超える宝算は〝春秋年〟で数えられていたと考えられ、百歳を超える天皇の御代までは、何らかの形で〝春秋年〟が使われていたと推定できます。

日本書紀に古事記の倍近い宝算が記録されているのは、古事記の宝算を見た日本書紀の篇著者が〝記録はこうだ〟と訂正したと推定されます。同時に、継体天皇の頃まで〝春秋年〟が残っていたことを示唆しており、これらをベースに皇紀を実年に換算する原則を抽出すると次のようになります。

①推古朝など、皇紀と実年が確実に一致する年代を起点に、過去へと遡る。
②〝春秋年〟の適用期間と範囲を見定める。
③歴代天皇の崩御年齢、崩御年、在位年数、即位年齢などに合理性があるかを検討する。
④百済王の没年・即位年と日本書紀の記述を照合する。百済王の年紀はシナの暦、実年で採録されていたからである。
⑤総合的に判断し、歴代天皇の在位年代を確定する。

日本書紀には欽明天皇十四年（五五〇年頃）に暦博士の話があり、その頃にはシナの年紀が用いられていた、と考えられます。つまり、その頃までは〝春秋年〟が生きていた可能性があり、干支《かんし》から西暦を推定するのは危ういのです。

例えば、「辛酉《かのととり》の春一月一日、天皇は橿原宮にご即位になった」という一文を読んで〝辛酉に即位した〟と信じる方がいるのですが、それは誤りです。なぜなら、それを紀元前六六〇年とすると、その時代に〝日本に干支が伝わっていた〟〝漢字が書けた〟はいずれも根拠がないからです。

また、古事記と日本書紀では歴代天皇の宝算が食い違い、倍半分の宝算もあり、〝春秋年〟がまだら模様で使われていたのですから、干支から実年代を追うのは困難です。古事記と日本書紀で一致する崩年干支は、時代が下った四代しかないことからも明らかです（表2）。

では、なぜ記紀に干支が書かれているかというと、それは記紀の篇著者は推古朝のように〝皇紀＝実年〟だった時代から遡り神武天皇即位に至るまで、全て〝皇紀＝実年〟と誤認し、分かる範囲で干支を当てはめていったのです。ですから、神武天皇の即位年を推測するのに〝皇紀＝実年〟として干支から追っていく手法に合理性はありません。

皇紀を〝実年＝西暦〟に換算する

実際の検討は、日本書紀をベースに歴史上明らかな出来事や百済の記録と照合し、記述内容を判断しながら進めました。漢風諡号《かんふうしごう》（例えば神武天皇）の下部にあるカッコ内の数字は〝前の天皇の崩御年の翌年〜当該天皇の崩御年〟を表しています。〝皇紀＝実年〟と判断した御代で、崩御と即位が重なる年は前か後の御代に算入しました。

		古事記		日本書紀		
天皇代位	天皇名	崩年干支	推定西暦	崩年干支	皇紀	干支一致
1	神武			丙子	前585	×
2	綏靖			壬子	549	×
3	安寧			庚寅	511	×
4	懿徳			甲子	477	×
5	考昭			戊子	393	×
6	孝安			庚午	291	×
7	考霊			丙午	215	×
8	孝元			癸未	158	×
9	開化			癸未	98	×
10	崇神	戊寅	318	辛卯	前30	×
11	垂仁			庚午	後70	×
12	景行			庚午	130	×
13	成務	乙卯	355	庚午	190	×
14	仲哀	壬戌	362	庚辰	200	×
	神功			己丑	269	×
15	応神	甲午	394	庚午	310	×
16	仁徳	丁卯	427	己亥	399	×
17	履中	壬申	432	己巳	405	×
18	反正	丁丑	437	庚戌	410	×
19	允恭	甲午	454	癸巳	453	×
20	安康			丙申	456	×
21	雄略	己巳	489	己未	479	×
22	清寧			甲子	484	×
23	顕宗			丁卯	487	×
24	仁賢			戊寅	498	×
25	武烈			丙戌	506	×
26	継体	丁未	527	辛亥	531	×
27	安閑	乙卯	535	乙卯	535	○
28	宣化			己卯	539	×
29	欽明			辛卯	571	×
30	敏達	甲辰	584	乙巳	585	×
31	用明	丁未	587	丁未	587	○
32	崇峻	壬子	592	壬子	592	○
33	推古	戊子	628	戊子	628	○

表２　『古事記』・『日本書紀』の崩御干支比較

◆初代・神武《じんむ》天皇（ＢＣ七〇〜ＢＣ三三）

①前九六年、宮崎県高原町狭野でお生まれになった。ゆえに、狭野命と呼ばれていた。

②前八二年、狭野命は、七・五歳で皇太子になる。その後、十六歳頃に阿多《あた》の吾平津媛《あひらつひめ》と結婚し、手研耳命《たぎしみみ》と岐須美美命《きすみみ》がお生まれになった。

③前七四年、実年齢で二十三歳の時、東征の決意を述べられた（45/2＝22.5）。

④そして、実年で三〜四年間は東征に費やした。日向で生まれた長男・手研耳命の出立時年齢は七歳と推定。岐須美美命は日向に残る。

⑤前七一年、ヤマト盆地の南部を平定し、事代主神の女《むすめ》・姫踏鞴五十鈴媛《ひめたたらいすずひめ》を正妃とされた。

⑥前七〇年、春一月一日、橿原宮《かしはらのみや》に初代天皇として即位された。これが日本の建国元年であり、このとき天皇は二十七歳であった。

⑦前五六年、天皇四十一歳の時、第二代・綏靖天皇となる第三子・神淳名川耳尊《かむぬなかわみみ》がお生まれになった。

⑧前三三年、神武天皇は実年齢、六十四歳（127/2）で崩御された。

◆第二代・綏靖《すいぜい》天皇（ＢＣ三二〜ＢＣ一五）崩御年齢、在位年数とも〝春秋年〟。

◆第三代・安寧《あんねい》天皇（ＢＣ一四〜ＢＣ一）

〝春秋年〟が適用されたとし、日本書紀にあるとおり、二十一歳（実年で十一歳）で皇太子になり、その八年後、実年で四年後の十五歳で即位、三年後、実年で一・五年後の十六歳で皇后を迎え、その後に子を二人成し、二十八・五歳で崩御。

◆第四代・懿徳《いとく》天皇（一～　一七）　崩御年齢、在位年数とも〝春秋年〟。

◆第五代・考昭《こうしょう》天皇（一八～五九）　崩御年齢、在位年数とも〝春秋年〟。

◆第六代・考安《こうあん》天皇（六〇～一一〇）　崩御年齢、在位年数とも〝春秋年〟。

◆第七代・考霊《こうれい》天皇（一一一～一四八）　崩御年齢、在位年数とも〝春秋年〟。

◆第八代・孝元《こうげん》天皇（一四九～一七七）　崩御年齢、在位年数とも〝春秋年〟。

◆第九代・開化《かいか》天皇（一七八～二〇七）　崩御年齢、在位年数とも〝春秋年〟。

◆第十代・崇神《すじん》天皇（二〇八～二四一）　崩御年齢、在位年数とも〝春秋年〟。

◆第十一代・垂仁《すいにん》天皇（二四二～二九〇）　崩御年齢、在位年数とも〝春秋年〟。

◆第十二代・景行《けいこう》天皇（二九一～三二〇）　崩御年齢、在位年数とも〝春秋年〟。

◆第十三代・成務《せいむ》天皇（三二一～三五〇）　崩御年齢、在位年数とも〝春秋年〟。

◆第十四代・仲哀《ちゅうあい》天皇（三五一～三五五）　崩御年齢、在位年数とも〝春秋年〟。

神功《じんぐう》皇后（三五六～三八九）

崩御年齢は〝春秋年〟とし、実年で五十歳とした。

六十九年間の摂政年数を実年で半分の三十四年間とすると、十七歳で摂政となる。

◆第十五代・応神《おうじん》天皇（三九〇～四一〇）　崩御年齢、在位年数とも〝春秋年〟とした。

◆第十六代・仁徳《にんとく》天皇（四一一～四二八）

崩御年齢は古事記の八十三歳を用いた。実年はその半分の約四十二歳となる。

一方、日本書紀の記す在位は八十九年間、実年数をその半分の四十四・五年間とすると、在位年数が崩御年齢を上回るので、あり得ない。仁徳天皇は応神天皇の長子であるから即位年齢を二十五歳、在位年数を十八年間とした。これは、応神三年に起きた百済の辰《しん》斯《し》王の事件から逆算して決めた年紀である。

◆第十七代・履中《りちゅう》天皇（四二九〜四三二）　崩御年齢、在位年数とも〝春秋年〟とした。

◆第十八代・反正《はんぜい》天皇（四三二〜四三三）　崩御年齢、在位年数とも〝春秋年〟とした。

◆第十九代・允恭《いんぎょう》天皇（四三四〜四五四）　崩御年齢、在位年数とも〝春秋年〟とした。

◆第二十代・安康《あんこう》天皇（四五五〜四五七）

崩御年齢は古事記の五十六歳を用いた。これは〝春秋年〟とし、二十八歳を実年とした。日本書紀の在位年数は実年とした。

◆第二十一代・雄略《ゆうりゃく》天皇（四五八〜四八〇）

崩御年齢は古事記の一二四歳を用いた。これは〝春秋年〟とし、実年は六十二歳とした。在位年数を二十三年間の半分の十一・五年とすると即位は五十歳を過ぎてしまう。事績からは考えづらいので、在位年数は日本書紀の二十三年間、即位年齢四十歳とした。

◆第二十二代・清寧《せいねい》天皇（四八一〜四八五）

崩御年齢の記載はないが、在位年数は記載されていた。この年数は実年とした。

◆第二十三代・顕宗《けんそう》天皇（四八六〜四八八）
　崩御年齢は古事記の三十八歳を用いた。日本書紀の在位年数は実年とした。
◆第二十四代・仁賢《にんけん》天皇（四八九〜四九八）
　崩御年齢の記載はないが在位年数は記載されていた。この年数は実年とした。
◆第二十五代・武烈《ぶれつ》天皇（四九九〜五〇六）崩御年齢は〝春秋年〟、在位年数は実年。
◆第二十六代・継体《けいたい》天皇（五〇七〜五三四）崩御年齢は〝春秋年〟、在位年数は実年。
◆第二十七代・安閑《あんかん》天皇（五三五〜五三七）崩御年齢は〝春秋年〟、在位年数は実年。
◆第二十八代・宣化《せんか》天皇（五三八〜五四〇）崩御年齢は〝春秋年〟、在位年数は実年。
◆第二十九代・欽明《きんめい》天皇（五四一〜五七二）崩年および在位年数は実年。
◆第三十代　・敏達《びたつ》天皇（五七三〜五八五）崩年および在位年数は実年。
◆第三十一代・用明《ようめい》天皇（五八六〜五八七）崩年および在位年数は実年。
◆第三十二代・崇峻《すしゅん》天皇（五八八〜五九二）崩年および在位年数は実年。
◆第三十三代・推古《すいこ》天皇（五九三〜六二八）崩年および在位年数は実年。

これらを導き出した諸データが表3であり、崩御年をグラフ化したのが図22です。

注目すべきは、神武天皇の即位年、皇紀前六六〇を実年に換算すると前七〇年になることです。これは「河内潟の時代」であり、古地理図との整合性は保たれています。

	実年(推定西暦)					
	⑨	⑩	⑪	⑫	⑬	⑭
代位	崩御年齢	在位年数	修正在位年数	単純即位年齢	修正即位年齢	推定崩年
	d	e=c/2,c		f=d−e+1		
						−70
1	63.5	38.0	38.0	26.5	26.5	−33
2	42.0	18.0	18.0	25.0	25.0	−15
3	28.5	19.0	14.0	10.5	15.5	−1
4	38.5	17.0	25.0	22.5	14.5	17
5	56.5	42.0	42.0	15.5	15.5	59
6	68.5	51.0	51.0	18.5	18.5	110
7	64.0	38.0	38.0	27.0	27.0	148
8	58.0	28.5	29.0	30.5	30.0	177
9	55.5	30.0	30.0	26.5	26.5	207
10	60.0	34.0	34.0	27.0	27.0	241
11	70.0	49.5	49.0	21.5	21.5	290
12	53.0	30.0	30.0	24.0	24.0	320
13	53.5	30.0	30.0	24.5	24.5	350
14	26.0	5.0	5.0	22.0	22.0	355
	50.0	34.5	34.0	16.5	16.5	389
15	55.0	20.5	21.0	35.5	35.0	410
16	41.5	44.5	18.0	−2.0	24.5	428
17	35.0	3.0	3.0	33.0	33.0	431
18	30.0	2.5	2.0	28.5	28.5	433
19	39.0	21.5	21.0	18.5	19.0	454
20	28.0	3.0	3.0	26.0	26.0	457
21	62.0	23.0	23.0	40.0	40.0	480
22		5.0	5.0			485
23	38.0	3.0	3.0	36.0	36.0	488
24		10.5	10.5			498
25	28.5	8.0	8.0			506
26	41.0	25.0	28.0	17.0	14.5	534
27	35.0	3.0	3.0	33.0	33.0	537
28	36.5	3.0	3.0	34.5	34.5	540
29		32.0	32.0			572
30		13.5	13.5			585
31		2.0	2.0			587
32		5.0	5.0			592
33	75.0	36.0	36.0	40.0	40.0	628

		古事記		日本書紀(皇紀)			
①	②	③	④	⑤	⑥	⑦	⑧
代位	天皇諡号	崩年干支	崩御年齢	崩御年齢	崩御年	即位年	在位年数
			a	b			c
	神武即位						
1	神武		137	127	-585	-660	76
2	綏靖		45	84	-549	-584	36
3	安寧		49	57	-511	-548	38
4	懿徳		45	77	-477	-510	34
5	孝昭		93	113	-393	-476	84
6	孝安		123	137	-291	-392	102
7	孝霊		106	128	-215	-290	76
8	孝元		57	116	-158	-214	57
9	開化		63	111	-98	-157	60
10	崇神	戊 寅	168	120	-30	-97	68
11	垂仁		153	140	70	-29	99
12	景行		137	106	130	71	60
13	成務	乙 卯	95	107	190	131	60
14	仲哀	壬 戌	52	52	200	191	10
	神功皇后		100	100	269	201	69
15	応神	甲 午	130	110	310	270	41
16	仁徳	丁 卯	83		399	311	89
17	履中	壬 申	64	70	405	400	6
18	反正	丁 丑	60		410	406	5
19	允恭	甲 午	78	78	453	411	43
20	安康		56		456	454	3
21	雄略	己 巳	124		479	457	23
22	清寧				484	480	5
23	顕宗		38		487	485	3
24	仁賢				498	488	11
25	武烈			57	506	499	8
26	継体	丁 未	43	82	531	507	25
27	安閑	乙 卯		70	535	532	4
28	宣化			73	539	536	3
29	欽明				571	540	32
30	敏達	甲 辰			585	572	14
31	用明	丁 未			587	586	2
32	崇峻	壬 子			592	588	5
33	推古	戊 子		75	628	593	36

表３　古代天皇実年換算基礎資料

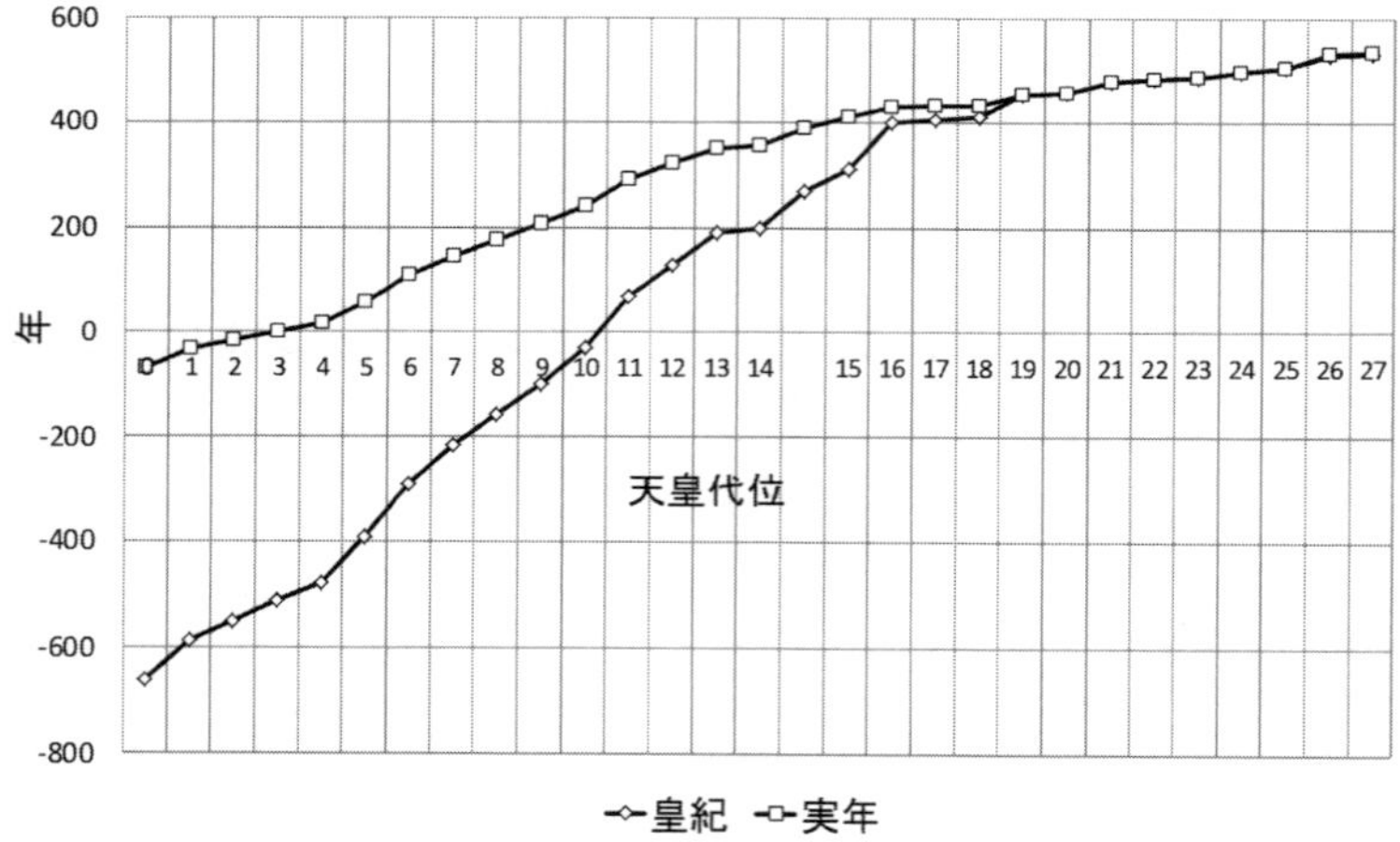

図22　天皇代位と皇紀・実年の崩年比較

実年を〝百済の年紀〟と照合する

日本書紀を読むと、対外関係が採録されています。特に、百済は日本の官家《かんけ》（屯倉《みやけ》）という朝廷の直轄地であり、百済王子も日本で暮らしていたことが記されています。

その百済王の即位や死亡年が日本書紀に書きのこされています。皇紀を実年として、百済本紀と日本書紀に書かれている出来事の年紀を比べると、両者には整合性がありません。しかし較正《こうせい》した年表を用いて両者の記録を比べると整合性が得られます（141〜143頁、表4）。


神功皇后の摂政年を〝皇紀＝実年〟とすると、在位年は二〇一〜二六九年となります。

（これを実年に較正すると、在位年は三五六〜三八九年）

第十五代・応神天皇の在位年を〝皇紀＝実年〟とすると、二七〇〜三一〇年となります。

（これを実年に較正すると、在位年は三九〇〜四一〇年）

第二十一代・雄略天皇の在位年を〝皇紀＝実年〟とすると、四五六〜四七九年となります。

（これを実年に較正すると、在位年は四五八〜四八〇年）


較正した実年の年表を用いれば、神功皇后、応神天皇の御代も百済の記述との整合性がとれ、朝鮮の史書と対比させても矛盾がないことが明らかになりました。

例えば、神功皇后五十二年、百済が七支刀《しちしとう》を奉《たてまつ》った、という記録があります。この刀は石上神宮に所蔵されており、金象嵌《ぞうがん》で「泰和四年六月十一日」と彫られた年代は東晋大和四年、三六九年と考えられています。

その意味するところは、三六九年に作られた百済の家宝、七支刀を日本に奉ったということです。即ち、表4は百済王の年紀との整合性もとれています。

橿原の地に橋頭堡《きょうとうほ》を築いた神武天皇は事代主《ことしろぬし》の女《むすめ》と結婚し、その後、歴代天皇は大和を中心に各地の豪族との婚姻関係を結び、絆を強め、大和朝廷の基礎を固めていきました。

その平行期、シナとの交易で北部九州を中心に一大勢力を築いた倭国連合（邪馬台国）がありました。では、魏志倭人伝の記す女王の都・邪馬台国は何処にあったのか、大和朝廷との関係は如何なるものだったか、それを解き明かしたいと思います。

代位	天皇諡号	実年	日本書紀の記述	実年	韓半島・シナの出来事
1	神武	BC70	橿原の地に初代天皇として即位	BC57	新羅建国
			天皇の子、九州へ派遣・血縁を結ぶ		
		BC33	崩御	BC37	高句麗建国
2	綏靖	BC15	畿内・尾張・摂津豪族との血縁を結ぶ	BC18	百済建国
3	安寧	BC1		9	馬韓、百済により滅ぼされる
4	懿徳	17		33	百済　南部に初めて陸稲を作らせた
5	孝昭	59		57	倭の奴国朝賀。光武帝印綬を賜る
6	孝安	110	日本各地の豪族との血縁関係を拡大	107	倭の国王師升等生口百六十人を献ず
7	孝霊	148			
8	孝元	177			
9	開化	207	山陽道全域を影響下におく		
10	崇神	241	大加羅国（任那）アラシト来朝	243	魏志倭人伝　倭王、上献す
				247	卑弥呼帯方郡に使いを遣わす
11	垂仁	290	この頃、大和朝廷は邪馬台国を併す		卑弥呼　以て死す
12	景行	320			
13	成務	350	崩御	346	百済　初めて文字を書き事を記す
14	仲哀	355	崩御		

表４　古代史年表（次頁につづく）

代	天皇	年	記事	年	記事
	神功皇后		百済七枝刀を含む財物を日本に献上	364	新羅本記　倭兵が大挙して侵入
			百済の近肖古王死す		
			百済の王子、貴須が王となる	375	百済の近肖古王死す。近仇首王即位
			貴須王死す。王子枕流王となる	384	百済の近仇首（＝貴須）王死す
		389	枕流王死す。叔父辰斯王となる		
15	応神		辰斯王が天皇に礼を失する	391	「広開土王碑」倭は海を渡り百済・新羅を破り臣民とす
			百済は辰斯を殺し陳謝　阿花を王とす	392	辰斯王年死去
			百済の阿花王が死す	405	阿華王死す
			天皇は直支王に東韓の地を賜り遣わす		百済の腆支（直支）王、帰る
		410	直支王が薨ず。子の久爾辛が王となる		
16	仁徳	428	崩御		
17	履中	431	崩御		
18	反正	433	崩御		
19	允恭	454	崩御		
20	安康	457	崩御		
21	雄略	462	武寧王誕生	462	百済の墓誌　武寧王誕生
		477	高麗王が大軍をもって百済を滅ぼす		
		487	百済の汝洲王を救い興された		
		480	百済の文斤王死す。東城王即位	480	百済の文斤王死去

代位	天皇諡号	実年	日本書紀の記述	実年	韓半島・シナの出来事
22	清寧	485	崩御		
23	顕宗	488	崩御		
24	仁賢	498	崩御		
25	武烈	502	百済の武寧王が立つ	501	百済の武寧王即位
		506	崩御		
26	継体	523	百済の武寧王死す	523	武寧王死す
		524	武寧王の子・聖明王が即位		武寧王の子・聖明王が即位
		534	崩御	532	新羅本記　金管国・新羅に併合
27	安閑	537	崩御		
28	宣化	540	崩御		
29	欽明	554	百済の聖明王戦死	554	聖明王戦死
		555	百済使者「聖明王殺される」と奏上		
		532	新羅は任那の官家を打ち滅ぼした	562	新羅本記　伽耶軍・新羅に降伏
		572	崩御		
30	敏達	583	崩御		
31	用明	587	崩御		
32	崇峻	592	崩御		
33	推古	628	崩御		

表４　古代史年表（つづき）

第六章

女王国の都・邪馬台国はここにある

魏志倭人伝は史料に値しないか

戦後の古代史論は記紀の否定、わけても日本書紀は古代史研究家により徹底的に忌避され、代わって重視されたのが魏志倭人伝でした。

この書は、西晋《せいしん》の陳寿《ちんじゅ》（二三三～二九七年）が編《あ》んだ『三国志・魏書』巻三〇・東夷伝・倭人の条であり、これを中心にわが国の建国論が展開されてきたのは、陳寿が邪馬台国、卑弥呼、壱与の同時代人であり、当時の倭国を知っていた、と考えられたからです。

しかし故・渡部昇一氏は『日本の歴史①古代篇　神話の時代から』（ワック）で次のように記していました。

「日本と交渉らしい交渉がなかったころの魏の時代に、卑弥呼について何を書いたところでどれほどの意味があるのかということである。史実として信用できるわけはない。

魏は、自分の王朝の権威が東の海の果てにある国（邪馬台国）まで及んでいることを示したくて邪馬台国の記述を入れたのである。当然、距離も誇大に書くし、その位置も自分たちに都合のいい場所に設定する。たいした情報もないから、噂話や伝聞によって日本はどういう国かを書くしかなかった。

どうやら巫女《みこ》がいて、それが『女王』なのだという程度の知識だったのではないか」（114）
「だから『魏志倭人伝』をいくらいじりまわしたところで、日本の古代がわかるわけがない」（115）

田中英道氏も同様であり、『日本の歴史　本当は何がすごいのか』（育鵬社）で魏志倭人伝を疑い、不要である、と言わんばかりに書いていました。

「邪馬台国はどこにあったのか。『魏志倭人伝』には倭に行くまでの行程が詳しく書かれていま す。その行程を忠実に辿ってみると、日本から大きく外れ、とんでもない洋上に出てしまいます。そこで研究者たちは、神武天皇が即位された年や年齢をあれこれといじり回したように、行程の数字のつじつま合わせをやったりしています。そして、目新しい遺跡や遺物が発見されると、これは邪馬台国に関連するものだ、だから邪馬台国は九州にあった、いや、畿内だ、と論争しているわけです。

どうして『魏志倭人伝』の信憑性を疑ってみないのでしょうか。不思議です。

中国には遠い昔から中華思想というものがあります。中国は文化的に最も優れている世界の中心で、周りの国々は全部野蛮国だという思想です。まったく独りよがりの、広い世界を知らない未熟者の思想だと思います。（中略）実際のことは何も知らずに、こんな野蛮国があるとい

うことを述べただけなのだと思います」(66)

「日本の歴史を考えるのに、邪馬台国や卑弥呼は必要なのでしょうか」(67)

お二方は本当に魏志倭人伝を読み、ご自分の頭で考えたのか疑われます。実際に読んで、この程度の分析ではお話にならないからです。

今まで縷々《るる》述べてきたように、古来より倭（北部九州）とシナは何度も交渉し、往来もあり、志賀島からは漢の皇帝から下賜《かし》されたと思われる〝金印〟まで出土しています。では〝魏志倭人伝・不要論〟は正しいのか、両氏の誤解の原因を明らかにしたいと思います。

【注記】後漢書の原文には〝邪馬臺《たい》国〟、魏志倭人伝の原文には〝邪馬壹《いち》国〟と書いてあります。森浩一氏は〝壹〟を〝臺＝台〟の減筆文字として〝邪馬台国〟としていました（『倭人伝を読みなおす』ちくま新書 40）。また古田武彦氏は〝邪馬壹《いち》国〟としていました。

本書では〝邪馬台国〟を用います。それは『隋書』倭伝には「耶摩堆《やまと》に都《みやこ》す。即ち『魏志』のいわゆる邪馬臺《たい》なるものなり」と魏志倭人伝の〝壹〟は〝臺〟であると、当然の如く書いてあるからです。宋の学者・范曄《はんよう》、唐の学者・魏徴《ぎちょう》、共にこのような理解ですので、〝壹〟は〝臺〟と解すべきでしょう。

その時代〝倭国〟とは今の〝日本〟にあらず

今までの歴史家は〝倭国・倭人〟を〝日本・日本人〟としていました。

例えば、小学館の『歴史大辞典』は倭国や倭人を次のように説明しています。

「日本国の古い呼び名」、「中国人が名付けた日本人の古い呼び名」

では偏向記述で名高い岩波書店の『広辞苑』はどうか。

「漢代以来、中国から日本を言った称」、「中国人が日本人を呼んだ古称」と、『歴史大辞典』と変わりませんでした。

この解釈は、戦前戦後と変わることはなく、渡部昇一氏や田中英道氏らが当然の如く従ったこの解釈が、彼らの古代史理解誤認の源となっています。

実はこの時代、魏志倭人伝などにある〝倭人〟、〝倭国〟とは北部九州が中心であり、〝大和〟の地は含まれていないと考えるべきなのです。倭人の住む地域とは北部九州（倭国）に加えて半島南部一帯を指す、と捉えることで古代史の見通しが開けます。その証拠は幾らでもあります。

三国史記にある、「脱解はむかし多婆那国《たばな》で生まれた。その国は倭国の北東一千里のところにある」の意味は、北部九州の北東一千里に多婆那《たばな》国があるということです。ここは今の但馬《たじま》辺りを指すと考えられ、意味が通ずることになります（71頁、図8）。

魏志倭人伝には、「女王国の南に狗奴《くな》国あり」とあり、狗奴国なる名の国があったことを物語っています。さらに、「女王国の東、海を渡る千余里、また国あり、みな倭種なり」とあり、これは大和朝廷の勢力範囲を指すと考えられ、シナ人は狗奴国や大和の人々が同じ民族であると認識していたことが分かります。

加えて『旧唐書・日本』には、大和朝廷が北部九州の倭国連合を併呑《へいどん》したことを彷彿させる記述が遺されています。

「日本国は倭国の別種なり。其の国、日の辺《かた》に在るを以て、ゆえに日本を以て名と為す。或いは曰く、『倭国自ら其の名の雅《みやび》やかならざるを悪《にく》み、改めて日本と為す』と。或いは云う、『日本は、嘗《かつ》ての小国、倭国の地を併せたり』と」

即ち、今までシナは倭国と外交関係を結んできたが、その地は大和朝廷が併呑し、以後、シナと外交関係を結ぶのは大和朝廷・日本である、と宣言したのです。それ以来、シナの正史に〝日本〟なる国名が正式に登場するようになり、わが国の名称は〝日本〟で統一されたのです。このことを理解していたら、お二方の魏志倭人伝への疑念は氷解していたと思われます。

シナも外交関係のなかった大和朝廷のことは書きようがありません。また日本書紀に邪馬台国の記載がないということは、四世紀初頭の大和朝廷にとって、衰退した〝女王国〟の併呑など、もはや取るに足らない地方の一事件に過ぎなかったということです。

魏志倭人伝に何が書いてあるのか

この史書の概要は次のとおりです。

《倭人は帯方郡の東南、大海の中におり、山や島に国や村をつくっている。旧《もと》百余国あり。漢の時代、朝見するものあり。いま使者（通訳付き）を送ってくる国が三十ほどある。

帯方郡から倭に至るには、海岸に沿って船で移動し、韓国を経て南下し、次いで東へ向かい、倭の北岸・狗邪《くや》韓国に至る七千余里なり。

始《ママ》めて一海を渡る千余里、対馬国に至る。大官を卑狗《ひこ》、副を卑奴母離《ひなもり》という。対馬には千余戸ある。良田なく海産物を食べ船で交易す。

また対馬の南の海峡を渡る千余里、一大国に至る。官を卑狗、副を卑奴母離という。三千ばかりの家あり。田畑はあるが船で交易す。

また一海を渡る千余里、末盧《まつら》国に至る。四千余戸あり。皆潜って魚をとる。

東南に陸行、五百里にして、伊都《いと》国に至る。官及び副官がおる。家は千余戸。代々王はいるが女王国に属す。ここは帯方郡の使者が常に留まる所なり。

東南、奴《な》国に至る百里。官及び副官がおる。二万余戸あり。

東行、不弥《ふみ》国に至る百里。官及び副官がおる。千余家あり。

南、投馬《とうま》国に至る水行二十日。官及び副官がおる。約五万余戸あり。

南、邪馬台国に至る、女王の都する所、水行十日陸行一月。官三名おり。約七万余戸あり。

女王国より北、戸数・道里は略載できるも、他は遠く国交なく記載できず。今まで記した国以外に女王国の北の国は二十一カ国ある。これが女王国の境界の尽きる所なり。

女王国の南に狗奴国あり。男子を王とす。官に狗古智卑狗《くくちひく》あり。女王に属せず。

帯方郡から女王国に至る距離は一万二千里なり。

男子は大小となく皆黥面文身《げいめんぶんしん》す。古《いにしえ》より使いシナに来ると皆自らを大夫《たいふ》と称す。かつて夏《か》后少康《こうしょうこう》（夏六代の王）の子が会稽《かいけい》（浙江紹興《せっこうしょうこう》）王に封《ほう》ぜられ、断髪、黥面文身し蛟竜《こうりゅう》の害を避く。いま倭人が水に潜り魚貝をとり、体に入れ墨するは大魚や水禽《すいきん》から身を守るためである。それが次第に飾りとなる。クニ毎《ごと》に入れ墨が異なり、或いは右側、或いは左側、或いは大きく、或いは小さく、尊卑《そんぴ》による区別あり。

この国は会稽東冶《かいけいとうや》の東方にある（揚子江河口部の南、浙江省に会稽郡があった：森浩一『倭人伝を読みなおす』ちくま新書　26、144）。

その風俗淫《みだら》ならず。男子は何も被らず、鉢巻きをし、一重の衣を体に巻き紐で結ぶ。女性の髪はばらし、曲げて束ね、貫頭衣《かんとうい》を着る。イネ、カラムシを植え、蚕を飼い、細い麻、絹を織る。倭国には牛、馬、虎、豹、羊、鵲《かささぎ》なし。

兵は矛、楯、木弓を用いる。木弓は下を短く上を長くし、矢は竹を用い鏃《やじり》は鉄、骨を用う。その他は海南島と同じもの産す。

倭の地は温暖にして冬も夏も生野菜を食す。皆裸足で移動する。

家や部屋あり。父母兄弟寝るところが異なる。朱丹《しゅたん》を体に塗る。シナで粉を塗るようなものだ。食するときは高坏《たかつき》を用い手で食す。

人が死ぬと棺にいれ土を盛って冢《つか》を作る。海を渡りシナへ行くとき持衰《じすい》という風習がある。

倭国は真珠・青玉を出す。山には丹《たん》あり、楠《クスノキ》、ぼけ、クヌギ、すぎ、樫《カシ》、山桑《ヤマグワ》、楓《カエデ》、篠竹《シノダケ》、矢竹《ヤダケ》などあり。ショウガ、山椒《サンショウ》、ミョウガあれど調理法を知らない。猿や黒キジもいる。

何か行事をするとき、旅するとき、骨を灼《や》きて占う。

その会同・座起《ざき》には父子男女に別なし。その人の性酒を嗜《たしな》む。敬う人にあうと手を打ってお辞儀の代わりにする。

倭人は長寿にて百年、あるいは八、九十年。その俗、国の大人は皆四、五婦、下戸もあるいは二、三婦。一夫多妻である。婦人淫せず、嫉妬せず、盗みをせず、訴訟少なし。法を犯すと、軽き者は妻子没収、重き者は一家、宗族滅す。

身分秩序あり、税制あり、立派な家もある。市場あり。それを監督する官もおる。卑弥呼の住む女王国の北には一人の統率者をおき諸国を検察させる。彼は伊都国におる。倭王が使いを魏《ぎ》の都、帯方郡、韓に遣わすとき、或いは帯方郡から使いが倭国に来るとき、港で積荷をあらため、文書、賜り物に誤りなきか確かめ、女王に差し出す。不足や食い違いは許されない。

身分の低い者が高い者に道で会うとき、道の脇によける。話しを聞くとき、両手をつき、跪《ひざまず》き恭敬《きようけい》を表す。対応は〝はい〟と答える。

かつて男王がおり、その七〜八十年間、倭国乱れ、戦が何年も続いた。一女子を立て王となす。名は卑弥呼。鬼道《きどう》に仕え人を心服さす。年、長大なるも夫なく、弟あり。彼が補佐し国を治む。卑弥呼が王になって以来、卑弥呼を見たもの少なく、多くの女官が仕えている。男子一人おり飲食を給し、取り次ぎ、宮室《きゆうしつ》・楼観《ろうかん》・城柵《じようさく》、厳《おごそ》かに設け、兵を持《じ》して守衛す。

女王国の東、海を渡る千余里、また国あり、みな倭種なり。

倭国から海を渡り、行くと様々な国あり。

倭国は島々からなり周りは五千余里なり。

景初二年（二三八年）六月、倭の女王、大夫難升米《なしめ》らを遣わし、男生口《せいこう》四人・女生口六人などを献上し、帯方郡にまいり、天子《てんし》にあって朝献《ちようけん》したい、と求む。帯方郡の太守劉夏《りゆうか》、役人を付け、難升米らを都（洛陽《らくよう》）に送る。

その年の十二月、魏の皇帝から卑弥呼に詔《みことのり》が出された。

「卑弥呼の忠孝に謝意を表す。親魏倭王として金印紫綬を与える。他に様々な下賜品を与えよう。たとえば五尺の刀二振り、銅鏡百枚など、それを倭国民に知らしめよ」と。

正始元年（二四〇年）帯方郡からの使いが倭国に行き、倭王に任命、賜り物を渡した。

正始四年（二四三年）倭王・卑弥呼、大夫ら八名を帯方に遣わせ、生口など様々な献上品を贈った。

魏はこの八名に印綬を与えた。

正始六年（二四五年）倭の難升米に、黄色の垂れ旗を帯方太守を通して与う。

正始八年（二四七年）倭の女王卑弥呼は狗奴国の男王卑弥弓呼と以前から和せず。倭は使いを帯方郡に遣わし、戦いの状況を説明す。魏は戦を止めるよう、難升米に告諭《こくゆ》した。

卑弥呼は亡くなった。径百歩の冢《つか》をつくる。改めて男王を立てれど、再び戦が起き多くの人が亡くなった。故に卑弥呼の同族の娘壱与、年十三なるものを王とす。国中ついに定まる。

魏の張政《ちょうせい》らは壱与《いよ》に、魏は倭国が平和になったことを喜んでいると告げた。壱与は、一連の指導にやって来た張政らを帯方に送り、男女生口三十人など、お礼に様々な品を送った》

その後、魏が滅んで晋《しん》の時代になり、日本書紀の神功《じんぐう》皇后六十六年に、「泰初二年（二六六年）

倭の女王が何度も貢献した」とあります。それが邪馬台国の壱与である可能性が高く、その時まで両国の交流は続いたと考えられます。

このように、倭国とシナは古《いにしえ》より交流しており、シナは当時の倭国の状況を詳しく知っていました。しかも『三国志』にある「倭人」の条は、「高句麗」や「韓」（馬韓、辰韓、弁韓）に比べても記述量が多く、詳しく書かれています。

ですから私は、〝魏志倭人伝などは古代日本を知るうえで必要欠くべからざる史料価値を持っており、これらを無視して古代史を論ずることは出来ない〟と考えています。では、この書で古代日本の何が分かるのでしょう。

素直に読めば邪馬台国はこの辺りになる

考古学から魏志倭人伝を検討した『三国志がみた倭人たち』（設楽博己編／山川出版社、二〇〇一年）という本があります。そこで佐原真／設楽博己両氏が対談をしていました。

佐原　魏志倭人伝についての多くの人の関心は邪馬台国がどこにあったかで、とくに九州か近畿かがよく問題になります。私自身の関心は、考古学でつぎつぎにいろいろな事実が明らかになってきているので、それと倭人伝に書いてある記事とが合うか合わないかにあります（後略）。

設楽　倭人伝に書かれていることを、そのままうのみにするのではなく。

佐原　僕たちは考古学をやってますから、倭人伝に書いてあることをまず信じてしまうのではなく、書いてあることは考古学の方から見て正しいかおかしいか、そういう立場です。（3）

　では考古学者は、邪馬台国は何処にあったというのでしょうか。そこに至るルートは魏志倭人伝に明記してあり、それを素直《すなお》に読めば容易に見当が付きます。

「（帯方）郡より倭に至るには、海岸に従って水行し、その北岸狗邪韓国に至る七千余里」
「始《ママ》めて一海を渡る千余里、対馬国（対馬）に至る」
「また一海を渡る千余里、一大国（壱岐）に至る」
「また一海を渡る千余里、末盧国（肥前松浦郡・今の唐津辺り）に至る」
「東南陸行、五百里にして、伊都国（糸島半島今宿辺り）に至る」
「東南、奴国（博多辺り）に至る百里」
「東行、不弥国（御笠川河口辺り）に至る百里」
「南、投馬国（太宰府辺り）に至る水行二十日」
「南、邪馬台国に至る女王の都する所、水行十日陸行一月」
「女王国より以北、その戸数・道里は得て略載すべきも、それ以外の国は遠く、国交がなく情報が得られず記載できない」

（　）内は私が書き加えたものです。

先ず、「その北岸狗邪韓国に至る」とあるように、〝その〟は〝倭〟を意味します。〝倭人〟の地域を〝狗邪韓国〟と呼ぶのは奇異に感じますが、〝韓〟（馬韓）の祖先は〝倭〟だったのですから、この理解は当を射ています。半島の南部は倭人の住む地域だったということです（67頁、図7）。

そして女王国、即ち邪馬台国の都より北にある、女王国連合に属する国名が二十一並び、「これ女王の境界の尽きる所なり」とあります。

次いで、「帯方郡より女王国に至る一万二千里」とあります。この文章から、シナ人の理解する倭国の領域は、半島南部から対馬・壱岐を経て北部九州を含む地域を指しており、女王の都、邪馬台国も北部九州にあることは明らかです。

理由は簡単、帯方から女王国までは一万二千余里であり、帯方から不弥国までは一万七百里なのだから、不弥国から女王国までの距離はその差一三〇〇余里以内となります。

しばしば〝短里か長里か〟と論じられていますが、論ずるまでもなく、狗邪韓国から対馬までの約七〇キロを千余里とし、対馬から壱岐、壱岐から末盧国も千余里とあることから、この

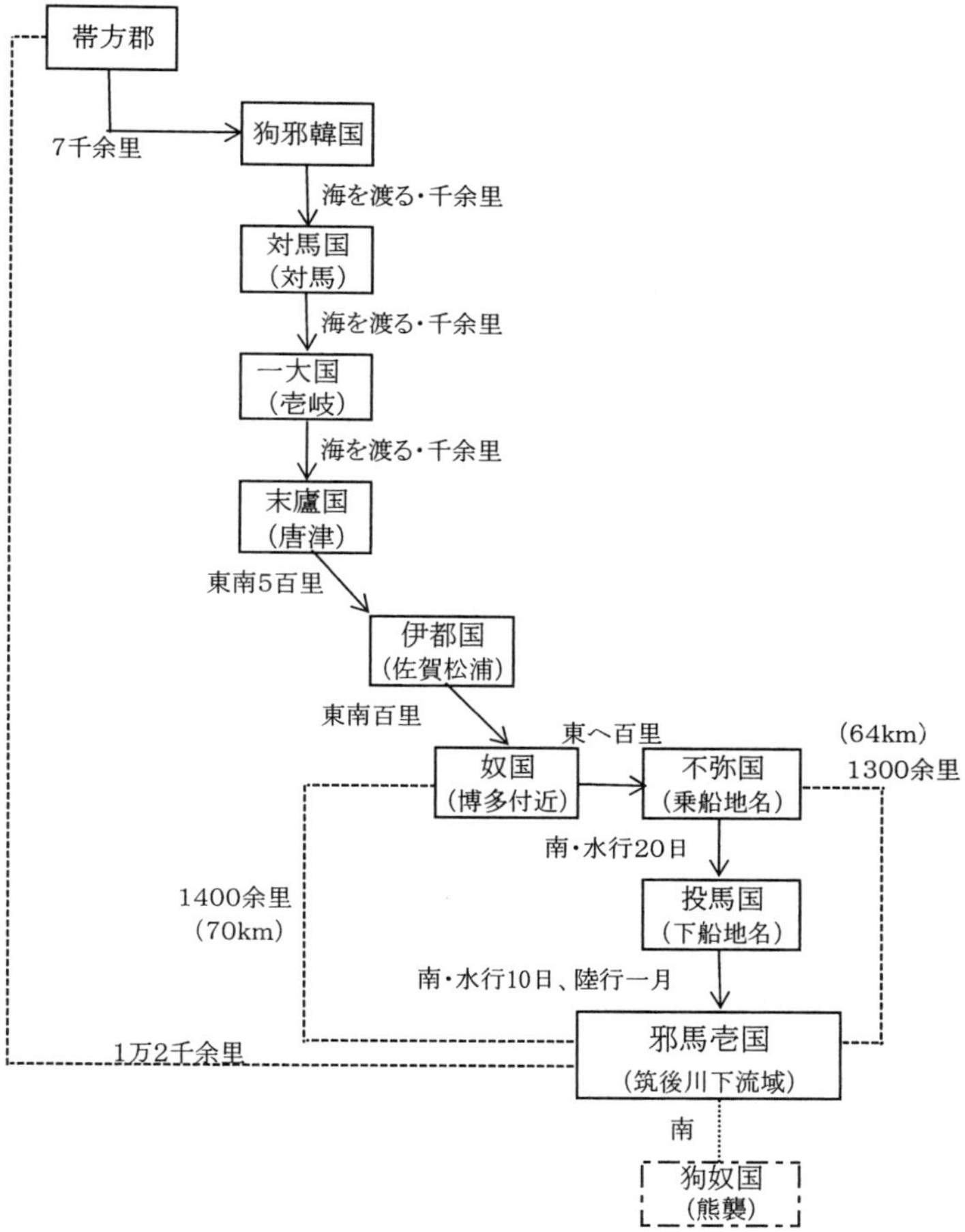

図23　帯方郡から邪馬台国への旅程

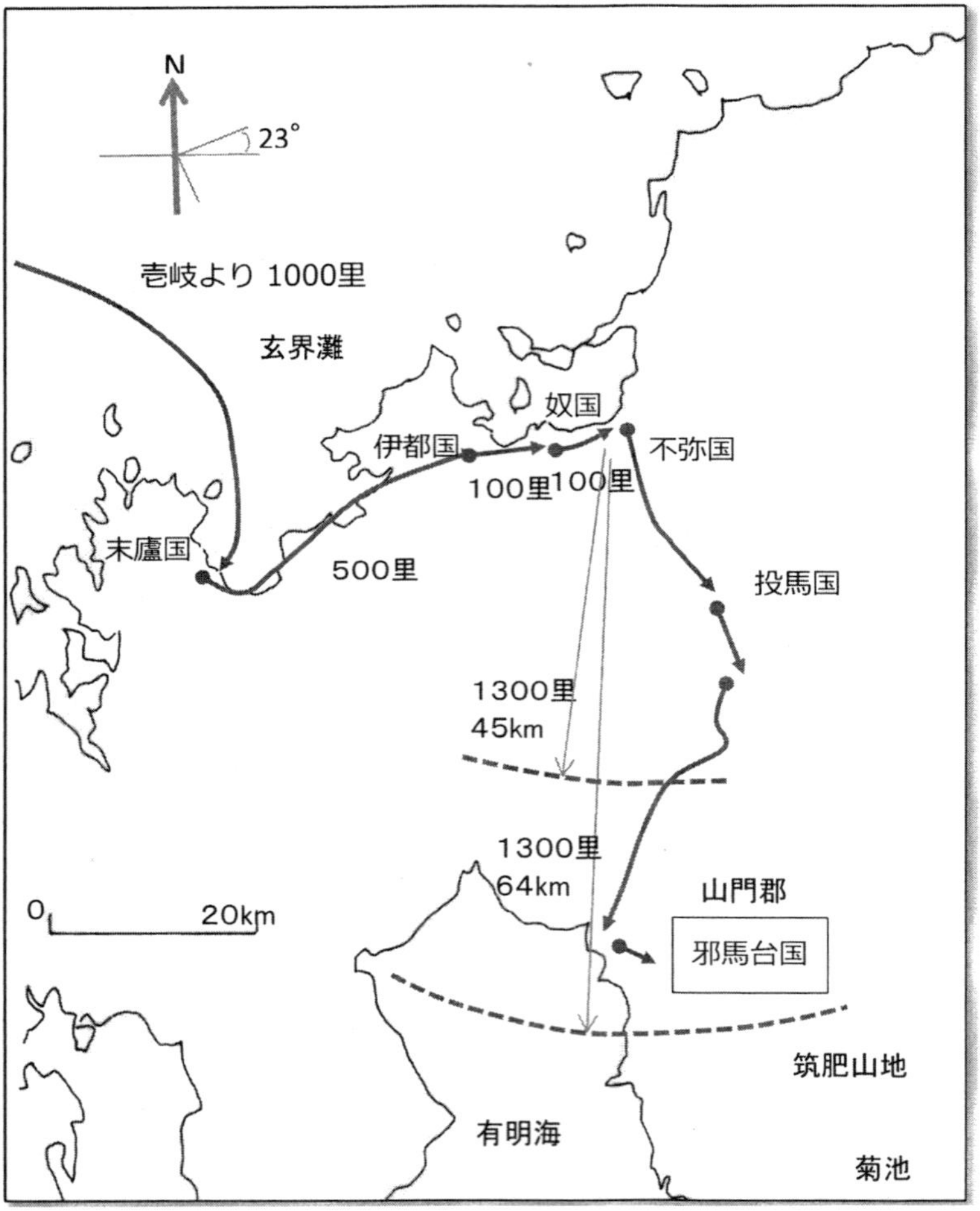
N
23°
壱岐より 1000里
玄界灘
奴国
伊都国
不弥国
100里
100里
末盧国
500里
投馬国
1300里
45km
1300里
64km
山門郡
0
20km
邪馬台国
筑肥山地
有明海
菊池

図24　邪馬台国への道

書は［一里＝約七〇ｍ］としていたことが分かります（図23）。

するると、邪馬台国は不弥国から七〇ｍの一三〇〇倍、最遠でも半径九〇キロ（70×1300＝91キロ）以内となります。川は蛇行し、日本のように山地が多いところでは道も直線ではあり得ず、山や川の迂回を考慮すれば、概略四五〜六四キロ内になるでしょう（図24）。

加えて注意すべきは、シナの使節が倭国へやって来るのは気候が安定する五月から六月にかけてです。夏至は六月二十日頃であり、その時の太陽は真東から約二十三度北から昇ることになります。その結果、地図上で東に向かうと、やや南に向かう、と感じられることになります。

そして、御笠川河口辺りから遡上し、太宰府辺りにある投馬国に向かうと、これが南への水行となります。そこから陸行し、筑後川支流の船着き場に行き、その後、水行と陸行を交えながら筑後川を南下すれば、方位といい、距離といい、筑後川下流域の南方、旧山門郡周辺が邪馬台国の有力候補地となります（図24）。

魏志倭人伝に書いてあるとおりに読めば、話は簡単なのです。

邪馬台国〝畿内説〟の考え方とは

では、『三国志がみた倭人たち』に登場する考古学者はどう考えたのか。彼らの思考回路もチェックして見てみましょう。春成秀爾《はるなりひでじ》氏は次のように記していました。

「考古学の関係者が一〇〇人集まれば、おそらく九〇人以上は邪馬台国近畿説を支持して、あと数人が躊躇するくらいだろう。たとえ九州の研究者が一〇〇人集まったとしても、九州だと主張する人はおそらくほとんどいないのではあるまいか」（225）

「しかし、私にかぎらず考古学のほとんどの研究者は邪馬台国問題に手を付けたくないと考えているのが実情である。殆どの人が近畿説を支持する現在、名の通った考古学者でも、邪馬台国はどこにあったかということを積極的に研究したり発言したりする人は、ほとんどいない」（226）

なぜ、〝圧倒的な考古学者から支持されている〟のに「考古学のほとんどの研究者は邪馬台国問題に手を付けたくない」のか。氏も〝奴国は博多辺り〟というのですから、そこまでは畿内説と北九州説との違いはありません。次から見解が違ってくるのですが、どう違うのか比べてみましょう。

倭人伝　「東行、不弥国に至る百里」とあります。

春成氏　「不弥国は奴国の東北より二〇キロ付近にある」（228）

氏は方位を〝東〟から〝東北〟に変えています。しかも〝百里＝二〇キロ〟としており、この換算で行程を追うと矛盾だらけになります。

問題点①　春成氏の見方どおり百里が二〇キロなら、狗邪韓国から対馬まで千里だから二〇〇キロとなります。ですが実際は約七〇キロ。一大国（壱岐）に至る距離、末盧国（唐津辺り）に至る距離も二〇〇キロとなり、食い違いが大きすぎます。

問題点②　百里が二〇キロなら、末盧国（唐津辺り）から伊都国（今宿辺り）まで五百里とあるから一〇〇キロとなります。しかし実際は約三五キロであり、これも説明不能です。

問題点③　また、伊都国（今宿辺り）から奴国（博多辺り）までの距離も二〇キロとなりますが、実際は七キロで博多に入ります。この説明もできません。

問題点④　また奴国（博多辺り）から不弥国（御笠川の河口付近）までが〝百里＝二〇キロ〟なら、御笠川の河口を通り過ぎてしまいます。

即ち、氏の尺度、〝百里＝二〇キロ〟では〝奴国＝博多付近〟とはなりません。

次いで、不弥国からは水行、陸行に移ります。

倭人伝「南、投馬国に至る水行二十日」とあります。

春成氏　「東の方向に向かって水行二十日」（瀬戸内海を船で行くことを想定）（231）
問題点①　南とあるのに、方向を九〇度変え、東としています。
次いで、
倭人伝　「南、邪馬台国に至る、女王の都する所、水行十日陸行一月」とあります。
春成氏　「東の方向に向かって水行十日」「陸行一日」（232）
問題点①　南とあるのに方向を九〇度変え、東としています。
問題点②　陸行一月を陸行一日としています。

しかも氏は「南、投馬国に至る水行二十日」と「南、邪馬台国に至る、女王の都する所、水行十日陸行一月」の「水行二十日」と「水行十日」を加えて、「不弥国から邪馬台国に至る水行三十日」とし、次のように想定しました。

「不弥国から瀬戸内航路を三十日間、船で航行すると大阪湾、古代の浪速津に着く」（232）

氏は水行二十日を「一日一〇時間三〇キロとして、二十日間で六〇〇キロ」（228）としていましたから、三十日水行すると九〇〇キロ進むことになります。

しかし、不弥国から浪速津までは約六〇〇キロ、九〇〇キロでは浪速を通り越してしまいます。また、この時代は「河内湖Iの時代」であり、浪速津（港）などありません。

氏の解説では、〝水行〟や〝陸行〟に数字の整合性が得られず説明困難です。それは、はじめから〝畿内説ありき〟だから、何としても畿内にもって行くため、様々な詭弁を弄さざるをえなかったようです。

畿内説論者が〝考古学のほとんどの研究者は邪馬台国問題に手を付けたくないと考えている〟理由は分かりました。ご覧のとおり、矛盾が多すぎて説明不能、畿内説は破綻しているからではないでしょうか。

女王国への川旅・旅程はこう読む

『隋書』倭国伝に、「夷人（倭人を指す）は里数を知らず。ただ計るに日を以《も》ってす」なる一文があります。これは倭人が目的地まで〝何日の旅〟と表現していたということです。

すると陳寿が「南、投馬国に至る水行二十日」、「南、邪馬台国に至る、女王の都する所、水行十日陸行一月」と記したのは、倭国の川旅を含む旅はこう表現することが妥当と判断したからだ、と思われます。

この旅程を理解するには、シナ人とは如何なる国民性なのか、シナ正使がどのように移動したか、川旅とはどのようなものか、を知っておく必要があります。春成氏は「南、投馬国に至る水行二十日」を〝一日一〇時間三〇キロとして、二十日で六〇〇キロ進む〟としていますが、静水面ならいざ知らず、川旅ではそうはいきません。

例えば、御笠川を遡上し太宰府辺りへ行く直線距離を約二〇キロ、蛇行を考慮して三〇キロ程度なのですが、シナ人は、不弥国から投馬国まで、距離は短くとも日数がかかることを知っていました。それが〝水行二十日〟であり、次のような旅となるからです。

シナと違って倭国の川は流れが速く、手漕ぎの船で遡るのは容易ではありません。また倭国では定期的に雨が降り、川が増水し流れが速くなると遡れなくなります。こんなときは流れが緩くなるまで船宿で待たねばなりません。無論、雨の日は動けないので雨宿りです。

実際、流れが2ノット（約三・七km／h）を上回ると手漕ぎの船では遡上困難であり、それ以下でも遡上速度は落ちます。流れが緩くなっても、流れに抗しての遡上なのでなかなか進みません。気を抜くと流れに押し戻されるので、漕ぎ手も必死です。休憩時間を考慮すれば一日数キロ進むのがやっとでしょう。

また渇水で水量が少ない場合は雨を待たねばならないこともあります。

それ以外に日数がかかるのは、食事、昼寝や休息は勿論ですが、川の近くの集落を調査するときに流域の長《おさ》から歓迎の宴に招かれることです。

例えば、近くに板付遺跡があるのですが、その長から招かれれば応じないわけにもいかないし、応じれば返礼の宴を催さなければ大国のメンツが立ちません。ですから、一カ所の調査で最低三日はかかります。五カ所なら最低十五日はかかってしまいます。

正使が船を下りて集落に行くにしても平服とはいかず、着替えて正装し、輿に乗るので時間がかかります。贈答品や返礼品、衣服、武器、荷物などが沢山あり、宿泊するたびに積み降ろします。狗奴国との関係が悪いので警護も必要であり、空身《からみ》の速さでは移動出来ません。ですから倭国での川旅を含む旅は距離ではなく、日数で表さなくては実情にあわないのです。

これは、かつて川の畔で船宿を営んでいた方の話と、現役時代に敦煌《とんこう》でODA（政府開発援助）の仕事をしたときの私の実経験に基づいています。

例えば、外務省パスポートで敦煌に到着した日は仕事になりません。先ず休憩、その後あちこちへの挨拶や来訪目的の話、宿舎の案内などは通訳を介してのことですので、通常の三倍ていどの時間がかかります。さらに夜は歓迎の宴が待っています。数日仕事をして、最終日には再び帰りの挨拶、返礼の宴を開きます。そして翌朝、帰路につく。そんな感じです。

ですから魏の使いが来たとき、各所で歓迎や返礼の宴が催されたことは容易に想像できます。投馬国への船旅が終わり、太宰府の辺りの目的地に上陸し、荷物も降ろさねばなりません。そこの長官の挨拶を受け、名所へ案内されたかもしれません。夜は歓迎の宴が待っています。辺りを調査し、出発前に返礼の宴を開きます。このような日数も旅程に加算されます。

ところが春成氏は、女王国に至る魏の使いの旅を次のように想定しました。

図25　朝鮮通信使（『海遊録』東洋文庫252、平凡社）

「陸行で一ヵ月というと、これはまた大変な距離になる。先ほどの船どころではない。整備された道を、人の足で一時間に四キロ、太陽が上がると同時に、一〇時間ほど歩くと一日四〇キロ、それに三十日をかけると一二〇〇キロ」(232)

「だから一ヵ月は間違いで一日だ」と読み替えたのですが、時速四キロは空身のウオーキング速度です。武器や銅鏡百枚などの重い賜り物、多くの返礼品、それに往復で数カ月に及ぶ旅の必需品も運ばねばなりません。

　また〝牛馬なし〟の倭国では正使も輿に載っていたはずであり、輿の速さで一行は移動したはずです。時代は下りますが、シナの属国、朝鮮通信使ですら輿に乗っていました（図25）。

こうして太宰府辺りから筑後川支流の川下りの出発点に移動し、船に荷を積んで乗るのですが、ここからは川下りなので、距離は三倍程でも時間は三分の一、水行十日とある所以《ゆえん》です。

また吉野ヶ里など、周辺集落を調査するには船を船着き場に停めて下船し、輿に乗り、下賜品を持って目的地まで歩かねばなりません。そして歓迎の宴、返礼の宴、やがて女王の都近くの船着き場へ到着し、一泊して休憩したはずです。翌朝、天気が良ければ衣冠束帯《いかんそくたい》を身につけ、女王国の都へ列をそろえて出立するのです。

この〝陸行一月〟には、これら全ての日数が含まれる、と見るべきです。

これがシナ人との付き合い方、物事の進め方です。その時代の環境を想定して読めば、魏志倭人伝が川旅を含む旅程を日数で表したことに合理性があったのです。

狗奴国や倭種の国はどこか

では、女王国連合に属する国名が二十一並び、次いで「これ女王の境界の尽くる所なり」と記した後の一文は何を意味するのでしょう。

「・・・・・・・その南に狗奴国あり、男子を王となす。その官に狗古智卑狗《くくちひく》あり。女王に属せず」

私の北部九州説は、〝狗奴国は筑後川下流域の南、熊本県を指し、記紀に記載されている熊《くま》襲《そ》国のことです〟と答えます。何の無理もありません(71頁、図8)。

春成氏は〝奈良の南、和歌山辺り〟と答えると思いきや、それは意外な場所でした。

「近年は、狗奴国の位置を濃尾《のうび》平野の中心付近にもって行く説が有力である」(248)

濃尾平野は奈良の北東方面にあります。再び、勝手に方位を変えたのです。しかし、氏と同じ考古学者の森浩一氏は『古代史おさらい帖』(筑摩書房)で次のように記していました。

「『魏志』倭人伝から邪馬台国に関心を持つ人は多いのにくらべ、倭人伝に記載されている狗奴国に関心をもつ人は少ない。『魏志』が倭人伝に多数の頁をあてているのは、北部九州の女王国(おそらく邪馬台国の前身だろう)と狗奴国との対立と戦争という状況によるのであろう。ぼくは記紀にあらわれる熊襲を狗奴国の後の姿とみていて、これらのことを解説しておこう」(166)

森浩一氏の論は、邪馬台国・北部九州説に基づいており、狗奴国を熊本県としていましたが、なぜか女王国と狗奴国との境界を次のように記していました。

「熊本市の南を流れる白川か緑川までが女王国の領域で、それより南の熊本県南部が男王の支配する狗奴国とみている」（『倭人伝を読みなおす』ちくま新書　141）

では、官とされる狗古智卑狗《くくちひく》とは誰か。彼を狗奴国の菊池彦《きくちひこ》とすれば、その名を由来とする菊池地方や菊池川が女王国の領域に入るので「女王に属せず」なる魏志倭人伝の記述と相容れません。一方、筑肥《ちくひ》山地を邪馬台国と狗奴国の境界とすれば、菊池川や菊池市は狗奴国の領域になり、無理なく説明できます。

次の一文も畿内説では説明困難です。

「女王国の東、海を渡る千余里、また国あり、みな倭種なり」

女王国が畿内なら、その東、海を千余里行っても太平洋上となり、そこに国はありません。女王国が北部九州なら、その東の山陽道から近畿一帯を指すと考えられ、第九代・開化天皇（一七八～二〇七年）の御代に拡大した大和朝廷の領域を指す、となります（71頁、図8）。

なぜ、魏志倭人伝に大和朝廷が登場しないのか、という疑問もあります。それはこの時代、魏と大和朝廷との外交関係はなかったからです。今も昔も交流のない国の内情は〈参問〉するしかありません。魏志倭人伝を素直に読めば、女王国は北部九州となるのです。

女王の都する邪馬台国はここにある

では、女王の都する邪馬台国はどこにあったのか。それは新井白石に始まり津田左右吉や様々な歴史家が比定《ひてい》した場所なのですが、旧地番で福岡県山門郡瀬高町と推定しています。具体像としては、現在のみやま市瀬高町女山《ぞやま》（旧名：女王山）の西の高台、女山神護石《こうごいし》周辺に卑弥呼の宮があったのではないかということです。

そこからは二本の中広銅矛や秀麗な首飾りが出土しています（写真6）。また、女山山頂から西を眺めると現在のみやま市から筑後平野一帯が見渡せるのですが、そこが女王の都する邪馬台国の範囲と推定できます。すると「女王の都する所、七万余戸ばかり」なる魏志倭人伝の記述も納得がいくのです（写真6）。

この地域には未発掘遺跡も多く、そのために壊され、遺跡を形成していた大石などが他の工事に使われ、原型を止めていないといわれます。その過程で多くの遺物が出土しています。

先ず、周辺からは祭祀に用いられる中広鋒銅矛が多数出土しています。また、弥生中期から後期にかけての甕棺墓《かめかんぼ》、土こう墓、石棺墓《せっかんぼ》などの墓地群があり、鉄剣、鉄斧、方製鏡も出土し

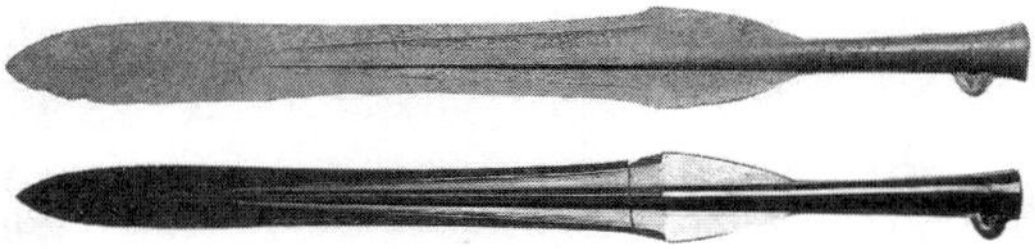

女山から出土した中広銅矛。長さ上83cm、下78.5cm

女山頂上から筑後平野を一望できる

女山出土の首飾り

瀬高町にある権現塚　高さ５ｍの円墳　未調査のため詳細は不明

写真６　邪馬台国比定地
（ネット「歴史倶楽部・ＡＮＮＥＸ」「消えていく邪馬台国」より）

ています。町の観光パンフレットには、高さ五m、周囲約一四〇mの円墳・権現塚が卑弥呼の墓として紹介されています（写真6）。さらに、塚原巨石群には戦前「卑弥呼神社」があったとのことです。

何れにしても、これらの話は、ここが女王の住む都であった傍証として無視出来ないと私は考えています。

では、なぜ邪馬台国と魏の交易に有明海ルートを使わなかったのか。それは、おそらく伊都国に帯方郡の使者が常に留まる所があり、次いで五島列島近海や、敵対関係にあった狗奴国の沿岸部を通過する危険を避けるため、と思われます。

考古資料が明かす〝黥面文身〟習俗

女王国への里程が終わると、突然次なる一文が出てきます。

「男子は大小となく皆黥面《げいめん》文身す」

『三国志』韓の条は、馬韓について「その男子時時文身することあり」とし、辰韓に関する次なる記述が倭人の入墨習俗を間接的に書き表しています。

「男女は倭に近くまた文身す」(辰韓の男女の風習は倭人に近く体に入墨をしている)

『後漢書』倭伝も「男子は皆黥面文身す、その文の左右大小を以て尊卑の差を別《わか》つ」と記しており、後漢の時代からシナ人が接する倭人男子は、誰もが顔や体にイレズミをする習慣があったことが窺《うかが》われます。後漢から魏の時代に倭国の使節が何度もシナに行き、シナの使節は倭の地を訪れ、その習俗を目の当たりにしていました。だから彼らは「倭人男子は大小となく皆黥面文身す」と記したに違いありません。

実は、倭人伝にある〝黥面文身〟を裏付ける考古資料が日本各地から出土しており、設楽博己氏は次のように記していました。

「当時の中国ではイレズミは刑罰の一種だったので、黥面文身を倭人の習俗のトップに持って来たのは『三国志』の編者である陳寿《ちんじゅ》にとってそれなりの驚きがあってのことだろう。(中略)

このことから、倭人伝における倭人の習俗については、実際のことを記しているのか、疑問がもたれるとする意見もある。倭人にイレズミはなかったのだろうか。同時代の考古資料で、このことを確かめていきたい」(『三国志がみた倭人たち』77)

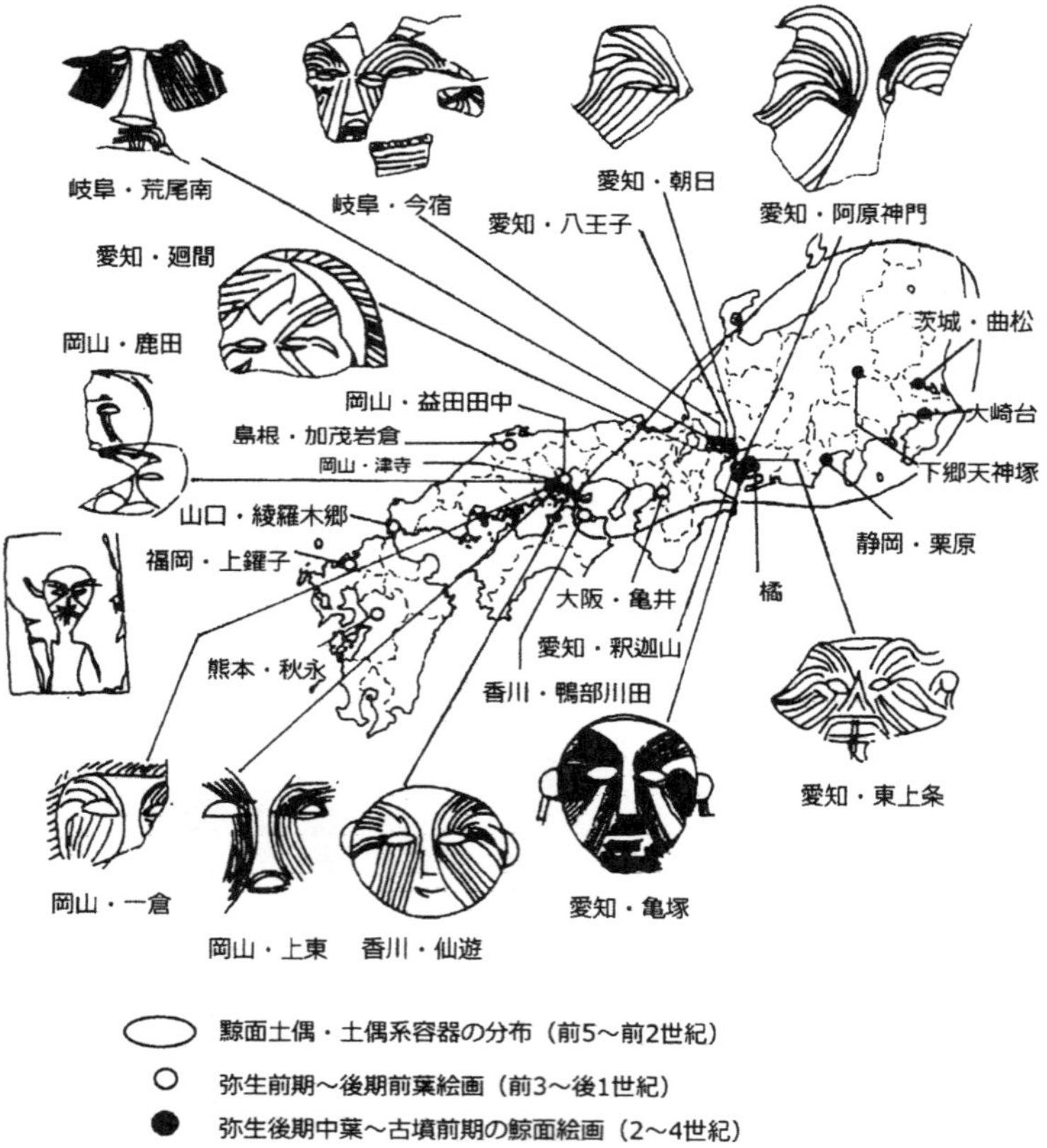

図26　黥面絵画・土偶の分布と年代
（『三国志がみた倭人たち』設楽博己編：山川出版社、P. 77に加筆・修正）

それをまとめたのが図26であり、弥生前期から後期前葉（前三世紀～一世紀頃）の大阪の亀井遺跡、香川の鴨部・川田遺跡、島根の加茂岩倉《かもいわくら》遺跡、山口の綾羅木《あやらぎ》郷遺跡、福岡の上鑵子《じょうかんす》遺跡、熊本の秋永《あきなが》遺跡などから黥面絵画が出土しています。この時代、これらの地方には入墨習慣があったと考えられ、その上で設楽氏は上鑵子遺跡に注目しました。

「定型化した黥面絵画の直前の資料が福岡県にある。前原市の上鑵子遺跡から出土した、はがき大の板には人物の上半身が描かれ、その顔に線刻《せんこく》があった。

弥生後期前半、一～二世紀のものである。その線刻は眉の下から目頭を通って頬に引かれた向かい合う弧線である。口の下にも縦横の線が引かれている。眉の下の線が額の方に来て、多条になれば三世紀の黥面絵画と変わりがない」（83）

同様の絵が佐賀県の川寄吉原《かわよりよしはら》遺跡からも出土しています。黥面習慣がなければ黥面絵画を描きようがなく、この頃、佐賀県、福岡県辺りで黥面習慣が定着していたと考えられます。

設楽氏の結論は、倭人の黥面習俗は〝考古学の観点から見て正しい〟であり、注目すべきは〝邪馬台国の平行期、二～四世紀、日本には黥面習俗を持つ地域と持たない地域があった〟という指摘です。

「この絵画がどの様に分布するかというと、非常に特徴的である。岡山県の平野部と瀬戸内海をはさんだ香川県の海岸部、それと愛知県と岐阜県の境目辺りと安城市付近の濃尾平野に集中する。その間の近畿地方からは一つも出ていない」(78)

奈良盆地から黥面絵画が出土しないのは、この地は海に面しておらずその必要がなかったからでしょう。また神武東征の出発地である日向(宮崎)からも発見されていません。それは天孫族にはこの習慣がなかったからだ、と推定できます。

日本書紀は入墨をどう捉えたか

ヤマトの地に黥面習慣はなかったことを裏付ける説話が、古事記に書き遺されています。神武天皇の気持ちを、大久米命《おおくめ》が伝えたときの会話がそれです。

「そこで大久米命が、天皇のお言葉をその伊須気余理比売《いすけよりひめ》に告げ明かしたとき、ヒメは大久米命の入墨をした鋭い目を見て、不思議に思って歌っていうには(中略)どうして目尻に入墨をして、鋭い目をしているのですか」

この記述は、彼女は顔に入墨をする人を見たことがなかったことを表しています。大久米命のみが特筆されていたことから、神武天皇にイレズミはなかったと思われます。

時代が下り、大和朝廷が各地を平定した五〜六世紀（古墳時代中〜後期）になると、大和においても線刻を加えた人物埴輪が出土し始めます。

「まったく線刻《せんこく》人面絵画がなかった近畿地方にも、五世紀後半以降、顔に線刻のある埴輪が登場する」（『三国志がみた倭人たち』79）

記紀の記述と人物埴輪から類推すると、この時代のイレズミは、①馬曳《うまひ》き、②武人、③力士、④男性、に限られ、⑤冠をかぶる支配層には見当らない、という特徴があります。そして設楽氏は、これらの線刻がイレズミであると断定したのですが、それは記紀にイレズミの話が記されていたからです。

これらを総合すると、ヤマトでは、弥生時代にはなかった入墨習慣が五〜六世紀の古墳時代になると顕在化してくるものの、それらは支配層や一般の人々の習慣ではなく、決して肯定的に捉えられた話でもありませんでした。そして設楽氏は次のように結論づけたのです。

「すでにみてきたように五〜六世紀の黥面埴輪の表現は、二〜四世紀の線刻人面絵画にさかの

ぼる。黥面埴輪の顔の線はイレズミであるから、弥生後期の線刻人面絵画もイレズミの表現とみるのが率直な理解だろう」(82)

わが国では、邪馬台国がシナと交易していた二～四世紀、線刻人面絵画はイレズミであることが確認されたことになります。

畿内説・設楽博己氏の論理破綻

この本の表題が『三国志がみた倭人たち』であることから、邪馬台国時代の黥面文身について設楽氏は次のように締めくくりました。

「弥生時代の近畿地方に黥面絵画が見られたのは中期後葉までであった。後期には瀬戸内、伊勢湾地方などで黥面絵画が発達するが、それにはさまれた近畿地方では一切なくなる（中略）

こうした黥面の歴史をもってすれば、三世紀の黥面絵画の分布のかたよりは、邪馬台国を近畿地方に置き、その東西に狗奴《くな》国と投馬《つま》国を置いて考えたときに、初めて意味を持ってくるのである」(90)

おかしな結論です。魏志倭人伝は、博多辺りを基点に「南、投馬国に至る」、「女王国の境界の尽くる所なり。その南に狗奴国あり」と記しており「東、西」ではありません。これは文献読解のイロハですが、根拠なく勝手に方位を変えてはいけません。

さらに問題なのは、氏は自らの論理破綻に気付かなかったことです。

①氏は、魏志倭人伝に「倭人男子は大小となく皆黥面文身す」とあることを知っていた。

②上鑵子遺跡に注目し、定型化した黥面絵画の直前の一～二世紀の資料であるとし、北部九州には黥面習俗発生の地であることを認めていた。

③さらに、邪馬台国と重なる二～四世紀、〝近畿地方からは黥面絵画が一つも出ていない〟ことを考古資料で裏付け、古来よりヤマトには黥面文身習俗はなかったことを論証した。

然るに〝邪馬台国を近畿地方に置き〟なら、①からヤマトの男たち全員が顔や体に入れ墨をしていたことになり、この話は自らの研究結果、③により否定され成立しません。話は逆であり、邪馬台国を北部九州に置いたとき、②との整合性が保たれ、且つ①により裏付けられ成立し、③と矛盾することもありません。

設楽氏は〝邪馬台国畿内説〟に固執したため、自ら研究結果をねじ曲げたことに気付かなかったようです。最初（156～157頁）に紹介した佐原眞氏との対談は何だったのか、国立歴史民俗博物館の姿勢を疑われる結果となりました。

ご覧のとおり、今まで多くの古代史関係者が避け続けてきた「男子は大小となく皆黥面文身す」は、邪馬台国の位置を特定する上で不可欠な要素として浮上し、動かし難いこの事実が〝邪馬台国大和説〟や〝邪馬台国東遷説〟を打ち砕くことになったのです。

ではその後、邪馬台国は如何にして歴史の表舞台から消えたのか、それを日本書紀から読み解いていきましょう。

第七章

大和朝廷は如何にして統一されたか

神武天皇・大和侵入の実像とは

古田武彦氏は、日向からやって来た神武天皇一行が長髄彦《ながすねひこ》に敗れて大阪湾へと逃れ、大きく迂回して熊野からヤマトへ侵入した様子を、次のように想い描きました（81頁、図9）。

「熊野の高倉下《たかくらじ》に助けをえて大和盆地に侵入し、不意を突かれた大和の豪族を急襲し、惨殺した。またいったん和睦すると見せかけて、平和の宴で突然兵を用いて襲い、平和の客を皆殺しにした。そのような奇計、策略を重ねたすえ、大和盆地の旧支配者とそれに従う者を、あるいは殺し、あるいは大和盆地以外に追い払い、支配を固めたのち、末弟（神武天皇：引用者注）は新たな統治を宣言した」（『ここに古代王朝ありき』ミネルヴァ書房　197）

氏は、神武天皇の戦を〝惨殺だ、平和の客の皆殺しだ、統治を宣言した〟と、まるで大和盆地を征服した神武天皇が、ソ連や中共のような恐怖政治を敷《し》いたかの如く記していますが、記紀の記す実態は違います。

わずかな兵力で多くの敵と戦い、苦戦を強いられ、時に謀《はかりごと》を巡らして敵を欺き、内通者を得て切り崩し、何とかヤマト南部に拠点を築くことが出来たに過ぎませんでした。

古田氏は、「大和盆地の旧支配者とそれに従う者を、あるいは殺し、あるいは大和盆地以外に追い払い」といいますが、そんなことは何処にも書いてありません。また「新たな統治を宣言した」と書いていますが、共産党宣言のような、そんな怖そうな宣言も出していません。神武一行は、この戦いで親兄弟、親類縁者を失った人々の反感と恨みを買ったと思われるのに、その後の掃討戦や復讐戦など一切採録されていません。

戦いの後、南大和は至って平和で治安も守られていました。神武天皇即位の後、「さて、七人の少女が、高佐士野《たかさじの》に出て野遊びをしていた」と古事記にあるように、少女だけで野遊びが出来るほど、この地は平和な雰囲気に包まれていました。ですからこの戦いは、長髄彦らに支配されていた人々から支持され、神武天皇の勝利は歓迎されたのではないでしょうか。そんな戦があるのか、といえばあったのです。

例えば、大東亜戦争時、日本軍は東南アジアを植民地支配していた英、米、蘭と戦い、勝利し、牢獄から独立運動家を解き放ち彼らを解放した。それを現地の人々は歓迎したのです。日本の敗戦後、日本を占領した米兵は強姦、強盗、殺人を行い、日ソ中立条約を破り、満洲を侵略したソ連は日本人男性の奴隷化、殺害、強姦を行い、シナ人や朝鮮人は日本人女性への陵辱を当然のごとく行っていました。

そのようなことは神武天皇の支配地域では一切なかった、だからこそ古事記のあの記述があるのでしょう。

　そして神武天皇は、ヤマトの人々から〝神の御子〟と言われた媛踏鞴五十鈴媛《ひめたたらいすずひめ》を正妃に迎えることを勧められ、承諾し、その意向を伝えに黥面の猛者《もさ》・大久米《おおくめ》命が近づいたとき、彼女は恐れることなく、ずけずけと「どうしてイレズミをしているのですか」と尋ねた程です。

　こうして二人は結婚し、それにより三輪山を信仰するヤマト一円の人々の神武一行に対する眼差しは変わったと思われます。

　神武天皇は入婿のような形で、三輪山の麓の細流、山百合咲き乱れる狭井川の畔《ほとり》にある媛踏鞴五十鈴媛の家で、菅の蓆《むしろ》を清々しく敷き詰めて過ごしました。それでも命を狙われることもなく、三人の皇子を授かったことが決定的な意味を持っていました。

「お生まれになった御子の名は日子八井《ひこやい》命、次に神八井耳《かむやいみみ》命、次に神渟名川耳《かむぬなかわみみ》尊の三柱である」

　三人の皇子は紛れもなく三輪の大神《おおみわ》神社の大物主《おおものぬし》神、事代主《ことしろぬし》神の孫であり、三輪山の神と摂《せっ》津《つ》のミゾク神社の血統が、日向から来た神武天皇の子孫へ受け継がれたことを意味します。こうして両者の関係は益々強固なものとなっていきました。

なぜ媛踏鞴五十鈴媛を正妃に迎えたか

媛踏鞴五十鈴媛という名は、〝踏鞴《たたら》〟と〝五十鈴《いすず》〟という語彙からなっています。〝踏鞴〟は製鉄を行う大型の送風装置、〝ふいご〟のことであり、〝五十鈴〟とは葦《あし》の根に作られる鈴石《すずいし》を意味します。鈴石とは製鉄原料となる褐鉄鋼《かってつこう》のことです。

そして、三輪山をご神体とする大物主神の〝物〟とは〝精霊〟を意味し、その本質は雷神であり、雷神は鍛冶職や製鉄業者からの信仰を集め、大和の守護神として畏敬されていました。また三輪山とは、中央構造線の断層から噴き出た砂鉄がとれる山でした。

今は忘れ去られていますが、かつては山砂から砂鉄をとっていたのです。天孫族がこの技術を取得したのは想像を絶するくらい昔のことで、古事記の天照大神の「天の石屋戸《いわやど》」隠れの話にも製鉄の話が出てきます。

「天《あま》の金山《かなやま》の鉄《まがね》を取りて、鍛人天津麻羅《かぬちあまつまら》を求《ま》ぎて……」

そして、そのときに何を作ったかは『古語拾遺《こごしゅうい》』に書いてあります。

「天目一箇神《あめのまひとつのかみ》をして雑《くさぐさ》の刀《たち》・斧及び鉄《くろがね》の鐸《さなき》をつくらしむ」

天目一箇神《あめのまひとつのかみ》とは、溶鉱炉の温度を知るために火窪《ほど》を見続け、遂には片目になってしまった熟練製鉄技術者への尊称です。鐸《さなき》とは銅鐸《どうたく》の前の時代につくられた鉄鐸《てったく》を意味します。ご興味のある方は、拙著『古代日本「謎」の時代を解き明かす』をご覧ください。

何れにしても、神武天皇は媛踏鞴五十鈴媛《ひめたたらいすずひめ》を正妃に迎えることで、大和から摂津《せっつ》の豪族のみならず、大物主神を信仰する日本中の鍛冶・製鉄集団とも親縁関係を築いたことになります。

時代が下ると、日本から韓半島南部へと鉄鉱石から軟鉄を造る技術者が渡っていき、製鉄業を営んでいたことが分かります（藤尾慎一郎『弥生時代の歴史』講談社現代新書 120）。

それを裏付けるかの如く、三国史記や三国遺事には、脱解《だつかい》の祖先が辰韓で製鉄を営んでいたことが記録されています。

その後、神武天皇は手研耳命《たぎしみみ》を日嗣《ひつぎ》とせず、天孫族の伝統に従い、末子・神渟名川耳尊《かむなかわみみ》を皇太子とされたのですが、この決定は神武天皇の優れた政治的センスを窺わせます。

なぜならこの決定により、神武天皇は、地元との絆を深め、製鉄・鍛冶集団との絆を深め、それを強固なものにする体制を確立したからです。これをみた地元は安堵、歓迎し、よそ者であった神武一行は一転、身内として受け入れられたと思われます。

　この一連の動きの意味するところは、神武天皇は戦《いくさ》の限界を知り、これからは武力だけではなく、大和や摂津の豪族との姻戚関係を堅固にし、大物主神を通じて鉄と武器を支配する部民や各地の豪族との血縁関係を深めることで、日本を統一しようとされた、と捉《とら》えることができます。その証拠に、綏靖天皇以降は武力を用いず、大和盆地の豪族や周辺有力者と血縁関係を深めていったことが記載されています。

綏靖《すいぜい》天皇（前三二～前一五年）はなぜ姨《みおば》を妻としたか

神武天皇崩御の後、実権を握った手研耳命《たぎしみみ》は神淳名川耳尊《かむなかわみみ》の暗殺を図った、とあります。この企みを手研耳命の妻となった媛踏鞴五十鈴媛が知らせ、それを知った神淳名川耳尊が手研耳命を弓矢で射殺《いころ》し、第二代・綏靖天皇になったのです。

　そして綏靖天皇は妻を迎えるのですが、古事記と日本書紀の記述には違いがあります。

　古事記は、「葛城の高岡宮に坐《い》まして天《あめ》の下治《したし》らしましき。この天皇が、磯城の県主の祖先であるカワマタ姫を妻としてお生みになった御子は、シキツヒコタマデミ命（後の安寧《あんねい》天皇）一柱である」と記しています。

　日本書紀は「五十鈴依姫《いすずよりひめ》を立てて皇后とした。天皇の母の姨《みおば》（腹違いの妹：引用者注）である。后《きさき》は安寧天皇を生まれた」とあります。こちらを正とすれば、大物主神の血は全て綏靖天皇から安寧天皇へと受け継がれたことになります。

何れにしても綏靖天皇が即位した時点で、神武東征の目的、〝境を設け相争っている状態を止めさせ、日本を統一する〟目論見が一歩前進することになりました。それは単に武力に依るのではなく、血縁を生かし、男系を中心に日本各地の豪族と関係を深めることで、鉄と武器を支配する基が築かれたからです。

そして古事記は綏靖天皇の二人の兄、ヒコヤイ命とカムヤイ耳命の血族を次のように記しています。血縁による関係強化の始まりです。


「神武天皇の日子八井《ひこやい》命は河内《かわち》国茨田《まむた》郡・摂津国手島郡の祖先である。

神八井耳《かむやいみみ》命は大和国十一郡の臣・小子部《ちいさこべ》連・坂合《さかい》部連・肥国の氏族・豊後国大分郡・阿蘇郡の君・筑紫の那珂郡三宅郷・雀居《さざき》部・小長谷造《おはつせのみやつこ》・大和国山辺郡・伊予国造・信濃造・陸奥《むつ》の岩槻国造・常陸《ひたち》那珂郡の造・安房《あわ》国長狭郡の造・伊勢の舟木・尾張の丹羽郡や島田郡の祖先である」


注目すべきは、神武東征時に立ち寄った筑紫の那珂郡、豊後が含まれ、狗奴国の領域である阿蘇郡もあり、早くから九州の豪族とも血縁関係を結んでいたことが分かります。

ここからは、記紀の記す皇室と各氏族の関係に注目し、〝闕史《けっし》八代〟といわれる約二百年に及ぶ系譜を辿り、その意図を実感したいと思います。

安寧《あんねい》天皇（前一四～前一年）が皇室の立場を決定づけた

日本書紀に拠れば、五十鈴依媛の生んだたった一人の皇子《みこ》が安寧天皇でした。この婚姻により、大物主神―事代主神―の血統は安寧天皇に受け継がれると同時にその血統を継ぐ者は他にいなくなったことを意味します。古事記は安寧天皇の血縁関係を次のように書き記しています。

「奈良県磯城郡一帯を支配した豪族の娘、アクト姫を妻としてお生みになった御子は、トコツネヒコイロネ命、次に大倭《やまと》ヒコスキトモ命（懿徳《いとく》天皇）、次にシキツヒコノ命の三名である」

日本書紀は、安寧天皇の皇后を「事代主神の孫―鴨王《かものきみ》の女《むすめ》である」と記し、皇室には大神神社の血統が、さらに流れ込んでいったとしていました。

その後も婚姻を通じて影響力を拡大

詳細は記紀本文に譲るとして、後の天皇が各地の豪族の娘を皇后、或いは妃として迎え、血縁関係を深めていった様子を記すと次のようになります。

第四代・懿徳《いとく》天皇（一～一七年）の御代、葛城《かつらぎ》の豪族の娘を皇后とし、地元との絆を強めました。

第五代・考昭《こうしょう》天皇（一八～五九年）の御代に尾張国の大豪族の娘を皇后とし、山城国愛宕郡《おたぎ》粟田《あわた》の氏族、近江国坂田郡、丹波国多紀《たき》郡、尾張国葉栗《はぐり》郡、尾張国知多《ちた》郡、上総国武射《むぎ》郡、伊勢国飯高《いいたか》郡、伊勢国壱志《いちし》郡の各氏族との絆を深めました。

第六代・考安《こうあん》天皇（六〇～一一〇年）は姪の押媛《おしひめ》を皇后とされた。それ以外、特段のことは書かれていません。

第七代・考霊《こうれい》天皇（一一一～一四八年）は磯城郡西部の大豪族の娘・細媛《ほそひめ》を皇后とされた。さらに妃の子・大吉備津日子命《おおきびつひこ》と若武吉備津日子命《わかたけきびつひこ》は、播磨《はりま》国（兵庫県）を入口として吉備国（岡山県）を平定された。大和朝廷の影響力は畿内から西へと広がっていったのです。

そして考霊天皇の血統、ヒコサメマ命は播磨の姫路市付近の祖、ヒコサシカタワケ命は越《えつ》中《ちゅう》国礪波《となみ》郡、豊後《ぶんご》国国東《くにさき》郡、駿河《するが》国庵原《いおはら》郡、越前《えちぜん》国敦賀《つるが》郡の祖先となったとあります。

第八代・孝元《こうげん》天皇（一四九～一七七年）の御代に穂積《ほづみ》臣（物部氏と同族関係の氏族）ウツシコオ命の娘を娶《めと》り、生んだ御子は、オオビコ命、スクナヒコタケイココロ命、若倭《わかやまと》ネコヒコオオビ命（後の開化天皇）の三柱。

オオビコ命の子・タケヌナカハワケ命は東国や北陸の大氏族・阿部臣の祖《おや》となり、オオビコの名は埼玉古墳群の稲荷山古墳出土の鉄剣に刻まれており、実在が証明されています。

皇室の血縁は、東国、奈良から大阪、近畿一帯から周防国《すおう》（山口県の瀬戸内海側）へと広がり、周防国とも姻戚関係を結ぶことで遂に山陽道全域を影響下に置いたと考えられます。

第九代・開化《かいか》天皇（一七八〜二〇七年）の御代

奈良市、興福寺の南にある荒池から率川《いざかわ》が流れ出ています。それが猿沢池《さるさわいけ》に流れ込み、そこからさらに流れ出て西流しますが、その近くにある率川神社が宮跡とされています。古事記は「春日のイザカワ宮に坐《い》まして天《あめ》の下治《し》らしましき」とあります。

この天皇の御代、丹波・摂津、伊勢、日下部《くさかべ》、甲斐国の造、近江、若狭、三河の穂別けの祖、近江の安直《やすのあたい》の祖先、美濃国、吉備の福山市北方の伴造《とものみやつこ》・播磨の竜野市の南を本貫とした氏族の祖先・但馬国造の祖先と血縁関係を持つようになりました。注目すべきは、やがて鉄の産地として強大になる丹波の大県主《おおあがたぬし》とも姻戚関係を結んだことです。

そして開化天皇は二〇七年に崩御され、「御陵《みはか》は伊耶河《いざかわ》の坂の上にあり」とある陵は、奈良駅からほど近い、奈良市油坂町にある開化天皇陵を指しています。

これが世にいう〝闕史《けっし》八代〟ですが、これは〝欠史〟という意味ではありません。ヤマト南部に拠点を築いた神武天皇とその日嗣が、如何にしてこの地から近畿一円、そして各地に勢力を伸ばしていったかを記していました。それは徐々にであり、鉄を支配することで軍事力を強固なものとし、かといって武力に訴えるわけでもなく、血縁関係をもって周辺の豪族を服属させていったことを物語っています。

こうして神武天皇の即位以来、大和朝廷は近畿圏から吉備、そして周防へ至る一大勢力として台頭してきたのです。そして時代は、多くの古代史家から〝実在した〟とされる第十代・崇神天皇の御代へと移っていきます。

この頃、北部九州には漢の時代からシナと通じていた倭国連合がありました。それがシナの史書にある〝邪馬台国〟ですが、この国の長は未婚の女王であったため、男系を貫いた大和朝廷のような強固な血縁関係を築くことができず、それが倭国連合、女王国衰亡の主因と考えられるのです。

崇神《すじん》天皇の御代（二〇八～二四一年）に起きたこと

日本書紀は「崇神天皇は開化天皇の第二子である」から始まります。

崇神五年、国内に疫病多く、半ば以上の民が亡くなり、百姓《おおみたから》が逃げ出し、反逆するものあり、徳をもって治めようとしても難しかった、とあります。

御間城入彦《みまきいりひこ》（崇神天皇）が如何に神々に祈っても状況は改善されず、最後に「どうかまた夢の中で教えて、神恩《しんおん》をお垂《た》れ下さい」と祈ると、この夜の夢に一人の貴人が現れ、自ら大物主神と名乗り「もしわが子、大田田根子《おおたたねこ》に、吾を祀らせたら、たちどころに平らぐだろう。また海外の国も自ら降伏するだろう」と告げられたとあります。

そこで崇神天皇は大田田根子を祭主として大物主大神を祀り、長尾市《ながおち》を倭大国魂神《やまとおおくにたまのかみ》を祀る祭主として八十万《やおよろず》の群神を祀り、天社《あまつやしろ》、国つ社、神地《かむところ》、神戸《かんべ》を決めた。ここに至り、疫病は治まり、国内はようやく鎮まった、五穀はよく稔《みの》って百姓は賑わった、とあります。

十年秋七月、崇神天皇は詔《みことのり》して「今、神々をお祀りして、災害は全てなくなった。けれども遠国の人々はまだ王化《おうか》に預かっていない。そこで卿等《きみたち》を四方に遣わして、わが教化を広めたい」といわれた。

九月九日、大彦命を北陸に、武渟川別《たけぬなかわわけ》を東海に、吉備津彦《きびつひこ》を西道に、丹波道主命《たにわのみちぬし》を丹波に使わされ、詔して「もし教えに従わない者があれば兵をもって討て」といわれたとあります。

このスキをついて、何者かが崇神天皇の命を狙っていることを遠征の途の大彦命が察知し、それが孝元天皇の皇子・武埴安彦《たけはにやすひこ》とその妻であると予言したのが天皇の姑《おば》・倭迹迹日百襲姫命《やまとととびももそひめ》でした。そして大彦《おおひこ》命が都に引き返すことで反逆は失敗に終わったのです。織田信長がこの教訓を学んでいれば、明智光秀によって暗殺されることはなかったと思われます。

なおこの条には箸墓《はしはか》古墳は〝倭迹迹日百襲姫命の墓〟と書いてあり、所謂《いわゆる》〝卑弥呼の墓〟なる説には何の根拠もありません。

反乱を鎮圧した十月一日、崇神天皇は群臣に詔して「今は、そむいていたものたちは悉く《ことごと》服《ふく》した。畿内には何もない。ただ畿外の暴れ者たちだけが騒ぎを止めない。四道の将軍たちは今すぐ出発せよ」といわれた。

二十二日、詔を受けて将軍たちは共に出発した。

十一年夏四月二十八日、四道将軍は地方の敵を平《たい》らげた様子を天皇に報告した。

日本書紀には、この年、「異俗の人たちが多勢やってきて、国内は安らかとなった」とあります。崇神天皇の御代、朝廷の支配地域は確かに拡大していったのですが、最後の一文は何を意味しているのでしょう。

垂仁《すいにん》天皇の御代（二四二～二九〇年）邪馬台国のたそがれ

思い返せば、神武天皇ご東征の砌《みぎり》、宇沙と遠賀川《おんががわ》下流域に立ち寄り滞在できたのは、その辺りの豪族と一脈通ずるものを持っていたからだ、と考えられます。それから三〇〇年が過ぎ、いよいよ倭国連合の崩壊が迫ってきたのです。

南大和の一角に誕生した大和朝廷は、垂仁天皇の御代に山陽道を周防まで制し、阿蘇、肥後、宇沙、遠賀川下流域の豪族にも協力を求めた可能性があります。

また、神武天皇の末子・岐須美美命《きすみみ》は日向に留まり、その地から天孫族の血統が絶えたわけではありません。日向は大和朝廷の故地であり、前方後円墳が抜群に多いことからもヤマトと強い絆で結ばれていたと推定されます。

例えば、西都原《さいとばる》古墳群には約三〇〇の古墳があり、三二基が前方後円墳です。持田古墳群には円墳五八、前方後円墳は九基あり、大隅半島にも大型の前方後円墳が残されています。さらに薩摩の名族・吾田隼人《あたはやと》の故地《こち》の薩摩半島地域も、大和朝廷との協力関係にあったと思われます。

この時代、魏志倭人伝には「倭の女王卑弥呼、狗奴《くな》国の男王ともとより和せず」と記し、両国は一触即発の関係でした。ここに至り、大和朝廷は神武天皇以来の目的だった倭国連合の併《へい》呑《どん》を試みたと思われます。

実は、阿蘇神社の御祭神は神武天皇の皇子・神八井耳《かむやいみみ》命の子である健磐龍《たけいわたつ》命であり、社伝には「阿蘇地方を開拓した」とあり、神として祀られ、今日に及んでいます。そして神武天皇の長男・日子八井命の血統も阿蘇神社の御祭神であり、この地も皇室との縁が深いのです。

それゆえ、日向を通じて狗奴国（熊襲）を支援し、狗奴国は大和朝廷へ貢ぎを奉っていたと考えられます。仮に、大和朝廷が女王国と手を組んで狗奴国を攻撃すると、狗奴国は挟撃に遭い敗北は必至、これは避けねばならないことでした。

山陽道、日向、薩摩、宇沙、遠賀川下流域、狗奴国、尾張などの国々との長年にわたる同盟関係により、崇神天皇の晩年、大和にも顔にイレズミをした隼人《はやと》や狗奴国の人々が来るようになりました。それが先の「異俗の人たちが多勢やってきて……」(196頁)です。そして崇神天皇の御代にあったような、大和の男たちの出征が少なくなったことを、「国内は安らかとなった」と表現したと思われます。

四面楚歌の倭国連合は魏に朝貢し、魏皇帝の権威を背景に自国の安全を図るしかありませんでした。やがて、鉄で武装した強国・狗奴国との間で戦が起き、女王国は苦戦。そこでシナに援軍を求めたと思われます。

正始元年(二四〇年)、帯方《たいほう》郡の使いが倭国に行き、卑弥呼を倭王に任命し、賜り物を授けた。

正始四年(二四三年)倭王・卑弥呼《ひみこ》は大夫ら八名を帯方に遣わせ、魏《ぎ》に様々な献上品を贈った。

魏はこの八名に印綬を授けた。

正始六年(二四五年)倭の難升米に、黄色の垂れ旗を帯方太守《たいしゅ》を通して与う。

正始八年(二四七年)倭の女王・卑弥呼は狗奴国の男王・卑弥弓呼《ひみここ》と以前から和せず。倭は使いを帯方郡に遣わし、戦いの状況を説明す。魏は戦を止めるよう、難升米《なしめ》に告諭した。

しかし援軍は来ませんでした。卑弥呼は亡くなり、径百歩の冢《つか》をつくり、男王を立てたが国は治まらず、女王国に内部分裂が起きたことが魏志倭人伝に書かれています。

やがて筑後川下流域は狗奴国の手に落ち、女王国連合は北へ後退。卑弥呼の宗女・壱与を戴くことで一応の安定を保ったものの、二六六年、晋《しん》への朝貢を最後にシナ文献から倭国連合・女王国の足跡は消えたのです。

なぜ、邪馬台国と大和朝廷は和解できなかったか

シナの史書に理解し難い言葉が登場します。それが〝生口《せいこう》〟です。『後漢書』倭伝に次の一文があり、倭国が倭人をシナに献上していたことは確かです。

「安帝（後漢第六代、一〇七～一二五年在位）の永初元年（一〇七年）、倭の国王師升《すいしょう》ら、生口百六十人を献じ面会を求めた」

魏志倭人伝にも次のようにあります。

「景初二年（経書三年＝二三九年の誤記との説あり：引用者注）、倭の女王、大夫難升米らを遣わし帯方郡に詣り、天子に詣りて朝献せんことを求む……」

その献上品に〝男生口四人・女生口六人〟が含まれ、難升米らは爵位、印綬や返礼品を受けています。

その後も「その四年（二四三年）、倭王、また使いを送り……生口……を上献す」とあります。

卑弥呼が死んだ後、壱与は晋に「……男女生口三十人を献上し……」とあるように、またも生口を献上していました。奴国、邪馬台国・女王国はシナに生口を献上し続けていたのです。

ところが五世紀の初め、大和朝廷が女王国を併呑した後、倭の五王の時代になると、様々な爵位をシナに要求している記録はありますが、生口を送ったという記録が『宋書』倭国にはありません。

『隋書』倭国にも、生口の献上は記載されていません。

これは、シナと日本の関係に大きな変化が起きたことを示しています。『宋書』の時代、即ち、大和朝廷が女王国を併呑して以来、生口の献上が行われなくなったのです。それは、天孫族が倭国・邪馬台国とは異なる価値観を持っていたことを示しています。

想像するに、神武天皇以来、天孫族は邪馬台国が日本人の男女を生口としてシナに献上していることが許せなかった。これが決定的な違いとなって女王国と大和朝廷は和解できなかった。このような国は滅ぼすしかない、そう決意したのではないでしょうか。

倭国の併呑後、大和朝廷は生口をシナに献上することを厳禁した。そしてシナの正史から、生口が送られたという記録が消えたと解せます。

時代が下り、同じような話があります。天正十五年（一五八七年）六月十八日、秀吉が〝バテレン追放令〟を発布したことです。

〝大唐、南蛮、高麗へ日本人を売ることは犯罪である。厳禁する。見つけ次第厳罰に処する〟

とあるように、シナや朝鮮は日本人を欲しがっていた。無論、奴隷や娼婦としてですが。

日本人の価値観からして許しがたいことをバテレンがやっていたことを知った豊臣秀吉は、
九州統一後、博多で耶蘇《やそ》会リーダーのガスパール・コエリョに詰問した。

「なぜ日本人を奴隷として船に連行するのか」と。

そして彼らを追放したのですが、ポルトガルは、日本は鉄砲を持った強国だったために、中南米のようなわけにはいかなかったのです。

秀吉が怒ったのは、宣教師が数十万人ともいわれる若い男女を買い集め、手足に鉄の鎖をつけて次々に船底に追い込み、奴隷、娼婦として世界各地に売りさばいたからです。

一五八二年、ローマに派遣された少年使節団は、娼婦となった憐れな日本人女性を各地で目撃しています。その手助けをしたのがキリスト教徒とキリシタン大名でした。彼らは寺社仏閣を壊し、改宗しない多くの若い女性や子供を狩り集めて宣教師に売り渡し、武器・弾薬・珍品を手に入れていました。秀吉はこの人身売買を決して許さず、厳罰をもって厳禁したのです。

序《つい》でながら、外国が日本人を欲しがる状況は今も変わらず、例えば北朝鮮は少女を含む数百人の日本人を拉致し、国家犯罪が明るみに出た後も返しません。

ほかにも、韓国はキリスト教に改宗した若い日本人女性を合同結婚式で手に入れ、その後の彼女らの運命は拉致同然、何と六五〇〇名以上が行方不明になっています（『韓国人は何処から来たか』181）。この人権侵害がキリストの名の下で行われ、彼女たちは何処で何をさせられているのか、どのような運命に陥っているのか分からない。韓国へ行く女性は警戒と覚悟が必要です。そして日本でイエスやシスターの〝愛だ〟〝救いだ〟と教訓を垂れている日本人女性キリスト教徒も、決して彼女たちを助けようとしない。まことに胡散臭く、日本でキリスト教が普及しないのには理由があるのです。

〝任那《みまな》〟は御間城《みまき》天皇の名から命名された

日本書紀には「垂仁《すいにん》天皇は崇神《すじん》天皇の第三子である」、「二年冬十月さらに纏向に都をつくり玉城宮《たまきのみや》といった」とあります。また大加羅《から》の王子が訪ねて来た話が載っています。

「崇神六十五年秋七月、任那国が朝貢してきた。任那は筑紫を去ること二千余里。北のかた海を隔てて鶏林《けいりん》（新羅）の西南にある」

「垂仁二年、大加羅の国の王の子、名はツヌガアラシトが〈日本に国に聖王がおいでになる〉と聞いてやって来ました。穴門《あなと》（山口県の日本海側）に着き、道が分からずその間に崇神天皇が崩御され、垂仁天皇に仕えて三年たった。

そこで垂仁天皇が〈自分の国に帰りたいか〉といわれ〈大変帰りたい〉というので天皇は〈おまえが道に迷わず速《ママ》くやって来ていたなら、先皇にも会えたことだろう。そこでお前の本国の名前を改めて、御間城天皇の御名をとって、お前の国の名にせよ〉といわれた。

そして赤織の絹（百匹）をアラシトに賜り元の国に返された。だからその国を名付けてみまなの国というのは、この縁によるものである」

この一文をから分かるとおり、〝任那〟とは崇神天皇の名をとって命名されたのです。

その後、新羅がこの〝赤織の絹〟を奪うことで任那と新羅の抗争が始まります。このような絹織物は任那でも新羅でも、無論、百済でも作れず、何としても欲しかったようです。ではなぜ、この時代に大加羅国の王子が大和にやってきたのか。それは狗奴国との戦いで女王国の国内は混乱しており、大和朝廷の噂を聞き、新たに後ろ盾となる倭種の国を求めてやって来たに違いありません。

邪馬台国と狗奴国は戦の最中であり、大加羅からやって来たアラシトは大和朝廷の船で任那へ帰って行きました。そして垂仁天皇の御代に邪馬台国は崩壊し、任那は大和朝廷との関係を深めていくことになります。

景行《けいこう》天皇の御代（二九一～三二〇年）に起きたこと

日本書紀には「景行天皇は垂仁天皇の第三子である」、「四年冬十一月、そしてまた纏向《まきむく》に都を造られた。これを日代宮という」とあります。JR巻向《まきむく》駅から東の方へ十五分ほど坂道を進むと日代宮趾碑が立っており、この辺りに景行天皇の宮があったと思われます。

その後、次なる不思議な一文が続きます。

「景行十二年秋七月、熊襲がそむいて貢ぎ物を奉らなかった。八月十五日、天皇は筑紫に向かわれた」

この意味するところは、熊襲は長らく大和朝廷に貢ぎを送っていたということです。それは、〝狗奴国＝熊襲国〟が邪馬台国と不仲であった頃から、即ち、崇神天皇や垂仁天皇の御代、南から邪馬台国に圧力をかけていた頃からと思われます。

包囲された邪馬台国は魏に使いを送り、度々援助を求めていました。その魏は滅び晋が立ったものの頼りにならず、四世紀初頭に邪馬台国は崩壊し、結局は大和朝廷に併呑される形になったと思われます。すると〝狗奴国＝熊祖国〟は大和朝廷の必要性がなくなり、貢ぎを奉らなくなった。そのことが日本書紀に書かれていたのです。

これが記紀、シナの史書、朝鮮正史などから導き出される神武即位から邪馬台国崩壊までの実像であり、それに百済の歴史を加えて推古天皇まで記した年表が表4（142〜143頁）です。

では、ここで描いた日本建国から邪馬台国の崩壊までのパラダイムに問題点はないか、修正すべき点はないか、より説得力のある科学的で論理的な古代史論があるのではないか、戦後登場した著名な古代史論に耳を傾けたいと思います。

第八章

邪馬台国東遷論・邪馬台国畿内説を洗う

古田武彦氏・韓国や日向の意味を理解していたか

先ず、古田氏の古代史論について検討します。それは、戦後の検閲史観を受け入れ、何が何でも日本書紀を否定しようとする氏の古代史論が今も影響力を持っていると思われるからです。例えば、次の話は江上波夫氏（後述。240頁参照）の二番煎じなのですが、古田氏は次のように論じていました。


「古事記の天孫降臨のところに、つぎの記述がある。

此《こ》の地は、韓国《からくに》に向ひ、笠沙《かささ》の御崎《みさき》に真来《まき》通りて、朝日の直刺《たださ》す国、夕日の日照る国なり、故、此の地は甚《はなは》だ吉《よ》き地。

これは〈日向の高千穂の久士布流多気《くじふるたけ》に天下ったときの、ニニギノ命の言葉だ。ここで問題は〝韓国に向ひ〟の一句だ。従来の定説では、天孫降臨は〝宮崎県の日向〟だ、ということになっている。ではこの一句はなんだろう。〝日向の属する九州の、その北岸が韓国に向ひ〟というのでは、あまりにも、〝まどろっこしい〟話しではないか」（『盗まれた神話』ミネルヴァ書房　12）

そこで〝韓国〟の意味を知るべく『日本書紀（一）』（岩波書店）を開いて原意を確認すると、

次のようにありました。

「膂宍《そしし》の空国《むなくに》を、頓丘《ひたお》から国覓《くにまぎ》ぎ行去《とわ》りて」（122）

〝韓国〟の原意は〝韓国《かんこく》〟ではなく〝空国《からくに》〟です。その意味は〝もともと少ない背中の骨の周りの肉すらないような、荒れて痩せた不毛の地を丘続きに良い国を求めて歩かれて〟です。

この話は、〝高千穂峰にお降りになったニニギノ命は、不毛の地を丘続きに歩かれ、よい国を求めて、吾田国の長屋の笠沙碕にお着きになった〟ということです。確かに、稲作から見ればシラス台地は稲作に不適な〝カラの国〟であり、また韓国《からくに》とは、韓国《かんこく》ではなく韓国岳を指していたのです。

それは若き日にその地を歩いた印象そのものであり、いつの間にか何者かの手により〝空国〟が〝韓国岳《からくにだけ》〟に替わったと思われます。

また、氏の〝宮崎県の日向〟については、森浩一氏の一文があります（『日本神話の考古学』）。

「日向といえばすぐに太平洋に面した宮崎県を思い浮かべるけれども、和銅《わどう》六年（七一三）に大隅郡・曾於《そお》郡などの四郡を日向国から割いて大隅国ができた。それと前後して、薩摩国が分地された。だから、八世紀以前には、日向国はその西部が東シナ海に面しており、南九州全体に

及んでいた。〝日向神話〟というときの〝日向〟は、今日の宮崎県だけではないのである」(135)

このように、古事記の書かれた七一二年以前は、〝日向の地〟とは宮崎と鹿児島を合わせた地域を指していたのですから、「朝日の直刺す国、夕日の日照る国なり」とは〝朝は日向や大隅半島を日が照らし、夕は薩摩半島を照らす〟ということなのです。

相変わらず古地理図が理解出来なかった

『古代通史』の十六年後、古田氏は『ここに古代王朝ありき』で神武東征を論じていました。

「第40図を注視してほしい。『大阪府史』第一巻（昭和五十三年刊）にのせられた、弥生期末〜古墳時代初期の古地理図（八九頁）によって、現在の日下（盾津《たてつ》）南方の地点を印してみたところ、ぴたり。それぞれ河内湖最奥（東辺）および河内湖入口、となるではないか。

弥生前期〜中期〜後期初めには、当然この入口は出入可能、この河内湖は、大阪湾とつながった河内湾であったと思われる。したがって『古事記』の〈南方よりめぐりて〉の表現は、その時期（弥生中期末）の地理に対してぴったり一致しているのだ」(207)

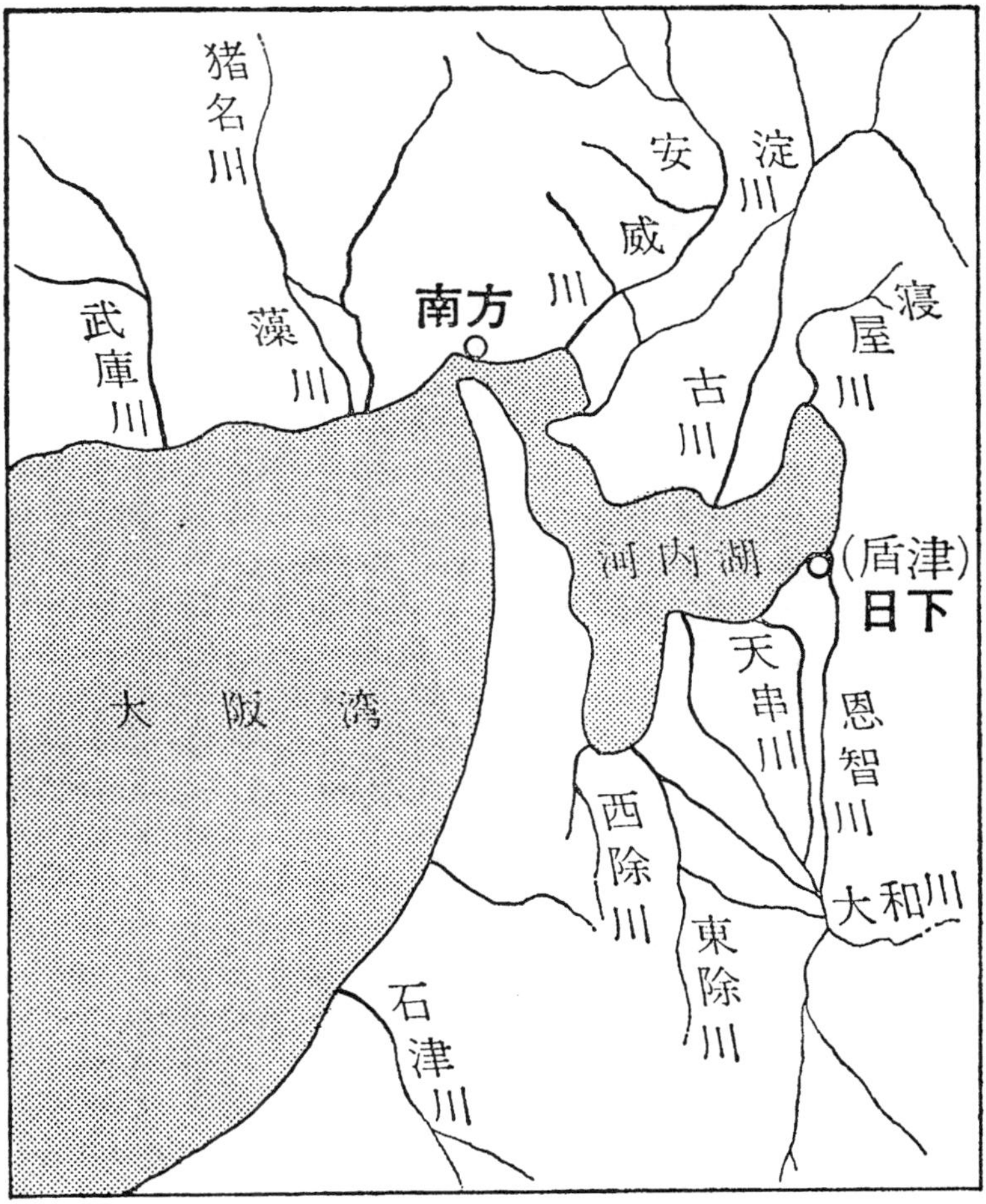

第40図　古家(弥生)~古墳期(約1800~1600年前)の大阪湾と河内湖(『大阪府史』第一巻によって作図)

図27　古田武彦氏作図の「河内湖Ⅰの時代」

第40図とは図27を指します。西暦一五〇～三五〇年頃、〝弥生後期前葉～古墳時代初期〟にこのような湖があったことは確かです。

そして〝弥生前期～中期～後期初め〟と様々な年代をあげていますが、「河内湖は、大阪湾とつながった河内湾であったと思われる」なる理解が誤りなのです。図27も、原図（111頁、図18）とは水面表記が違っています。

氏が〝河内湖入口〟とした開口部からは、淀川・大和川水系から〝河内湖〟に流れ込む河川水が流れ出ていました。干潮時、河内湖面は大阪湾より二m以上高く保たれ、開口部の先には四キロに及ぶ砂浜が姿を現し、満潮時でも開口部の約二キロ手前で船は沿海州や砂州に乗り上げてしまいます（図28）。

古田氏は最新の文献を確認せず、古地理図も読めないまま神武東征を論じていたのです。

無根拠・銅鐸圏のリーダーを殺し尽くした

古田氏の古代史論には信頼に足る年表がないので何でも書けます。〝神武天皇は銅矛文化圏からやって来て銅鐸文化圏に攻め入った〟という和辻哲郎の銅鐸・銅矛文化圏論を信じて書いた次の一文がそれです。

河内平野と上町台地

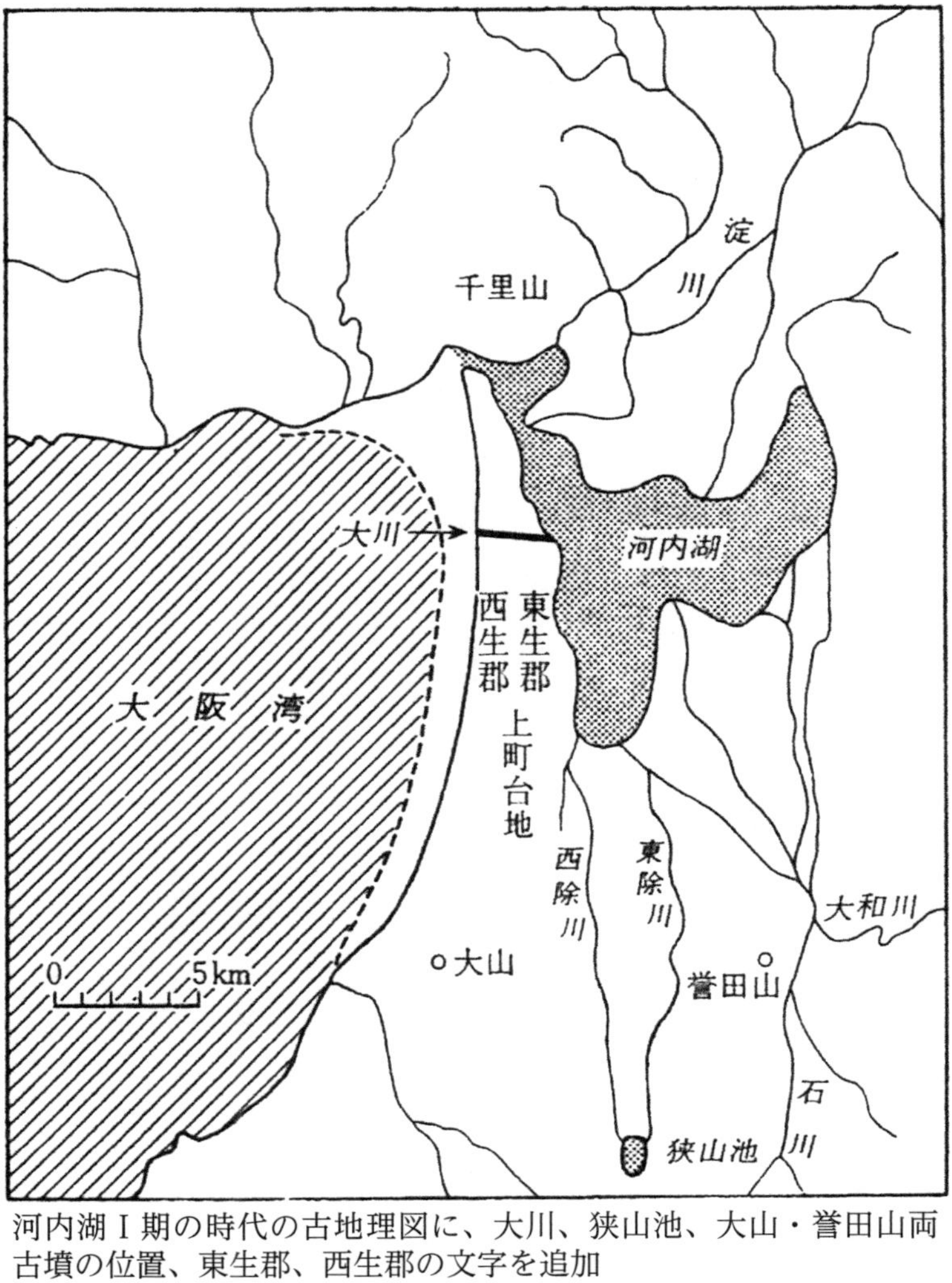

河内湖Ⅰ期の時代の古地理図に、大川、狭山池、大山・誉田山両古墳の位置、東生郡、西生郡の文字を追加
(「大阪平野の発達史」『地理学論集』7、1972．の梶山彦太郎・市原実両氏の図を参考に作成

図28　森浩一氏作図の「河内湖Ⅰの時代」

「要するに大和へ出て、不意をついて銅鐸圏のリーダーたちを殺し尽くしたということを古事記・日本書紀ともに自慢して書いてある」(『古代通史』149)

しかし〝殺し尽くした〟のなら、天皇が大和の豪族の娘と結婚できるはずはありません。
実は、『古代通史』の十年前、北部九州で銅鐸の鋳型《いがた》が出土しており、和辻が提唱した〝神武天皇は銅矛文化圏からやって来た〟は誤りであることは分かっていました。例えば一九八三年、松本清張は『銅鐸と女王国の時代』の「まえがき」で次のように記していました。

「一九八〇年、九州・佐賀県鳥栖《とす》市安永田《やすながた》で銅鐸の鋳型が見出されたことは、これまでの学会の通念ないし常識を打破るものとして、考古学界・歴史学界に大きな衝撃を与えることとなった。のみならず。教科書の記述を書き直すほどの大発見として、古代史ファン、一般市民の間にも、多くの関心と話題を惹起したのである」

和辻哲郎や古田武彦氏が神武天皇の出発地とした北部九州で、何と銅鐸が鋳造されており、この発見を受け、銅鐸研究で名高い佐原眞氏は同書で次のように述べていました。
「青天のへきれきとでもいうのだろうか。九州で銅鐸の鋳型が見つかったという第一報に接し

た時は、全く驚き、耳を疑った。驚き以外の何ものでもなかった」(2)

「安永田の鋳型発見に続き、一九八二年春、福岡市博多区席田《むしろだ》赤穂ノ浦遺跡からも銅鐸の鋳型が発見された。こうして北部九州で銅鐸が鋳造されたことはいよいよ確かとなった」(7)

つまり、北部九州を〝反銅鐸文化圏〟とする見方は誤りということです。その後、板付遺跡、吉野ヶ里遺跡からも銅鐸が発見されたのですが、古田氏は次のように記していました。

「天皇家という古代権力の主導した社会は、この銅鐸を宝器とする社会とは全く異質の相容れざる祭祀圏であった。それ故、旧来の銅鐸を巡る神話・説話群は新しい権力（天皇家）によって根絶されてしまったのだ、と。私にはそう考えるほか道はない」(『盗まれた神話』33)

「いわゆる弥生後期初頭、反銅鐸圏から近畿へと遠来の侵入者たる軍事集団が襲来した。そしてその一派は、大和盆地に入り込み、そこに滞留し続けた。右のような特異な事件の発生を伝える説話が、この日本列島の古伝承、古記録の中に残っているだろうか――ある。言うまでもない［神武東征］説話だ」(『ここに古代王朝ありき　邪馬一国の考古学』196)

氏は、神武天皇の大和進入を弥生後期〝初頭〟としたのですが、実際の大和進入年代は前七〇年、〝弥生中期前葉〟です。
そして、前七〇年頃から弥生後期〝初頭〟までの約二〇〇年間、大和朝廷がヤマトでの支配域を拡大していった時代、ヤマトから銅鐸が発見されていたのです。結果として、古田氏の歴史観は誤りであることを氏自ら証明したのですが、この破綻の原因は〝神武即位年＝弥生後期初頭〟なる古田氏の年代誤認にあります。

〝黥面文身〟を避け続ける理由は何か

古田氏に限らないのですが、日本の古代史家は〝黥面文身〟を避け続けたという印象があります。氏もこのテーマを論じておらず、この時代を次のように記しています。

「狭野命（神武天皇）の近畿進入（二世紀頃か）」
「二三八年　筑紫の女王（倭国王）卑弥呼、魏と国交を結ぶ」（『古代通史』原書房 301）

その上で「男子は大小となく皆黥面文身す」を認めると、北部九州、例えば糸島半島辺りから出立したという神武天皇や三人の兄弟たちは顔や体に立派な彫り物をしていた、となります。氏の『倭人伝を徹底して読む』（ミネルヴァ書房）にも〝黥面文身〟の記述は見当たりません。

そればかりか、これを読んでも古田氏が黥面文身をどう考えているのか、ハッキリしないのです。続いて氏は『古代は輝いていたⅠ』(ミネルヴァ書房)を上梓し、その「第五部　倭人伝との対面」の「第一章　倭国前史」に次なる記述がありました。

「次いで注目すべきもの、それは、東夷伝序文に現れた、倭人に関する描写だ。(2)長老説くに〈異面の人あり、日の出づるところに近し〉と。文身の場合は、韓地や揚子江河口流域に同類の文明タイプの種族がいた。これに対し、倭人独自の特徴、それは黥面(顔面にいれずみをする習俗)だったようである」(169)

「ようである」では如何にも歯切れが悪い。魏志倭人伝の有名な一文、「男子は大小となく皆黥面文身す」はここには出てきません。この大部な本でもなぜか〝黥面文身〟は論考対象外となっており、これでは古代史が分かるはずがありません。

古田史観・古代史年表が見当たらない

氏の古代史論の問題点はきちんとした年表がないことです。年表がないので常にアイマイ、しかも食い違いが生じています。氏に限らず、多くの古代史家は年代を明らかにしないまま論じており、それゆえ、珍論・奇論が後を絶たないのですが、これは古代史ファンにとって迷惑な話です。

氏の『古代通史』巻末に次なる〝古田古代史年表〟があることはあります。しかし大事な事象はみな〈か？〉が付いており、〝年表〟といえるレベルに達していません。

「天孫降臨［BC一〇〇年頃か］〈「前末・中初」（弥生時代前期末・中期初め：引用者注）といわれる画期線となった一大事件。九州北部中心〉
五七　後漢の光武帝の金印授与（志賀島）
狭野命（神武天皇）の近畿侵入［二世紀頃か］
二三八　筑紫の女王（倭国王）卑弥呼　魏と国交を結ぶ（これ以前、筑紫を原点とする『北部九州統一』、さらに九州一円統一あり。天孫降臨以後の『倭国』の拡大・発展。そのあと魏との通交にいたる）
崇神大王（天皇）の近畿圏拡大［三〇〇年頃か］
応神大王（天皇）、百済と通交
古墳時代［前期三〇〇～四〇〇年］［中期四〇〇～五〇〇年］［後期五〇〇～六〇〇年］と分けていたが、近年反対説あり」

神武天皇の近畿侵入年代は［二世紀頃か］だけです。時に「弥生時代の終わりから古墳時代の始め」といい、時に「弥生後期　初頭」となり、このアイマイさは困ります。氏の〝神武天皇が実在した〟は結構なのですが、ならば神武天皇の即位年を明らかにすべきでしょう。それ以降の綏靖、安寧、懿徳、考昭、孝安、考霊、孝元、開化、崇神の諸天皇も実在した、と信じているなら、彼らの崩御年くらいは年表に書くべきでしょう。

氏の古代史論は、神武東征年代を「河内湖Ⅰの時代」と誤認し、かつ神武天皇は実在したというものですから、古代史論の原点が狂っています。原点が狂えば全てが狂ってしまいます。ここに問題点が明らかになり、今後新たな古代史論を展開していただけると期待していたのですが、残念なことにその機会は永遠に失われたと聞いております。

森浩一氏・「大阪平野の発達史」を理解していたか

実は、古田武彦氏が模写した『大阪府史第一巻』の編集専門委員の一人が、著名な考古学者・森浩一氏でした。氏は『古代史おさらい帖』で「河内湖Ⅰの時代」に触れていました。

「日本列島のなかでも、縄文時代以来今日に至るまで海域から陸地に最も激しく変化してきたのは、河内平野から大阪市の上町台地周辺に及ぶ土地である。河内平野は、河内湾の時代から

河内湖の時代を経て、すっかり平地になって今日に至っている。このことは戦後も触れられることはなかった」(26)

しかし、古田氏や安本美典氏は河内平野について言及しており、森氏はそれを知らなかったようです。この世界では、〝他者の古代史論は読まない〟〝評論しない〟という暗黙の了解があるのかもしれませんが、論じ合わなければ学問の進歩はないのです。

また森氏は「ぼくの古代史についてのまとまった発言は、たぶんこの書物で終わりになるだろう」(206)と書いてあったので、これを遺作として追ってみたいと思います。

「縄文中期頃から、地球規模で海退が始まり、河内湾の周辺から徐々に陸地になりだした。湖の面積は狭まり河内潟の時代になった。潟の東端に近い生駒山脈の麓に縄文時代晩期の日下貝塚がある。そのことからこの頃には潟の東部が淡水化したと推定される。このようにして弥生時代から古墳時代にかけて河内湖となったが、湖の一部はその後も残り続けた」(27)

そして提示したのが図28(213頁)です。『大阪府史第一巻』にある「河内湖Iの時代」の干潮時を描くとこうなります。河内湖の湖面は維持されており、この図にはありませんが開口部から大量の河川水が砂浜を削り、四〜五キロ先の大阪湾に流れ出ていました。

この理解は正しいのですが、氏は神武東征年代を正しく理解していたかというと、実はそうではなかったのです。

森氏も日本書紀を読んでいなかった？

森氏は、〝天孫降臨の地は日向である〟〝神武東征の出立地も日向である〟としていました。

「もう一つ関心を持つことがある。記紀は細部ではいくつもの違いはあるけれども、歴史物語としての骨組みはほぼ共通している。神話の部分が終わると、記紀がともに始祖王の扱いをしている神倭磐余彦（『記』では神倭伊波礼毘古）の登場となる」（31）

「記紀では続いてそのイワレ彦の南九州（日向）からの東征（遷）の物語が始まる」（32）

このまま順調に話が進行して行けば、私などがこの分野にくちばしを差し挟む余地はなかったのですが、話は不思議な展開となったのです。

「磐余彦は吉備で戦の準備を整えたのち、船団をくんで難波碕《なにわのみさき》にさしかかると、波がひどくたち潮の流れのきつい場所があったので、この地を浪速国とも浪速ともいった。それがなまって今は難波と呼んでいる(もちろんここでの「今」は『紀』編集当時かそれに近い頃である)。その速い流れを遡ると、河内国の白肩《しらかた》の津《つ》に至った。白肩の津は盾津《たてつ》ともよばれ、草香邑《くさかむら》の港であろう」(32)

日本書紀の記述は「潮の流れのきつい」ではなく、「速い潮流があって大変速く着いた」であり、白肩の津へは「速い流れを遡ると」ではなく「川を遡って」ですから、不思議なことに、氏も日本書紀を読んでいなかったことになります。次の一文も問題です。

「ぼくが注目したいのは、この物語で次々に現れる地形が前の項で述べた河内湾または河内潟の地形とよく符合することである」(32)

そうではなく、この物語は「河内潟の時代」とよく符合するのです。また氏は、自分が〝神武東征を史実だと信じているのではないか〟と疑われることを強く警戒していました。

「ぼくは神武東征の物語が、少なくとも大阪湾から河内潟にかけての土地についての古代の地形に即して語られている事が不思議である。といって神武東征から史実を引きだそうとしているのではなく、以上の不思議におもう点の原因をさぐりたい」(33)

この一文から、それでもこれは森氏の人生最期の書なのだから、そしておそらく真実を知っていたから、東征は「河内潟の時代」であると書くと思いきや、氏の結論は違っていたのです。

二五〇年代に邪馬台国の台与《とよ》が東遷した

森浩一氏は『日本神話の考古学』で次のように記していました。

「イワレ彦の軍勢は、この急流を遡って河内のクサカに至り、戦っている。このように『記・紀』のいずれもが、今日の大阪市北部のあたりから、そのまま船に乗って生駒山麓に至ったと述べている共通点がある。このことは、これから述べる河内平野の地形復元の成果と一致しており、イワレ彦の物語は、少なくとも古地形と矛盾しない形で展開している」(203)

大阪市北部とは南方《みなみかた》あたりを指しており、神武天皇はそこから船で内部に入ったということです。しかし氏は次のようにも書いていました。

「河内湖には、河内に降った雨水の全てが集まるだけではなく、近江と山城のすべての水、そして丹波・伊賀・大和・摂津の水の一部も集まるから大変な水量である。(中略)それを排出する海への出口は、先ほど述べたように上町台地によって狭められており、さらにこの部分に土砂が堆積しやすいから、川でいえば瀬に近く、渇水の時期は別にして、『紀』が述べているような急流となり、波が速いという実感を与えたのであろう」(206)

急流なら手漕ぎの船では河内湖内部に入れません。氏は日本書紀を知らないかの如く適当に書き、『古代史おさらい帖』でも訳の分からないことを書いていました。

「前述の『紀』(日本書紀)のイワレ彦の東征物語に反映しているのは、記事をすなおに読むと河内湖I期のことと理解できる(二九頁地図参照)」(37)

「二九頁地図」とは図28(213頁)を指します。誰が見ても開口部は塞がれ、そこから大量の河川水が流れ出ていました。無論、手漕ぎの船では湖に入れないし、湖には川がありません。氏が読者に誤ったメッセージを送ったのは、もう日本では大阪平野の発達史を調べ、記紀を読み、神武東征の場面を信じる人などいないはずだ、と考えていたからかもしれません。そして何より、最晩年の著作、『倭人伝を読みなおす』との整合性をとるためだったと見ています。

「ぼくは北部九州勢力の東遷説をとっており、今回東遷の推進者（立案者か）が張政《ちようせい》であるという見通しを持てるようになった。それは卑弥呼のあとの狗奴国の男王（女王国に属する奴国の王でもよい）の時代か、男王が立ったための混乱期がおさまり、台与《とよ》が晋に遣使する二六六年までの間、つまり二五〇年代の可能性が高い」（175）

二五〇年代なら「河内湖Iの時代」です。氏は神武東征を「記紀神話では……」（197）とあるように、これを神話とし、歴史的事実は邪馬台国の東遷としていました。そこで年代を台与の東遷年代に合わせるために「河内湖Iの時代」へとスライドさせたのです。

「台与はヤマトに都を遷すことで政治的な安定と倭国の支配に集中できた。（中略）東遷をはたした台与は、奈良盆地南部の地名をとって邪馬台国《やまと》というようになった」（184）

では台与とは誰か。氏は語らないし記紀にも該当する女性は登場しません。氏が到達した古代史のパラダイムは〝誤〟、森氏が神話とした〝神武東征〟が歴史的事実であり、氏が歴史的事実とした邪馬台国の東遷、これが事実無根の空想だったのです。しかし、多くを教えて下さった氏も他界されたと聞いております。

安本美典氏・古地理図の誤読から生まれた東征年代

氏も神武東征を論じており、「邪馬台国の会」第二八四回の記録に次のようにありました。

「かつて、記紀の中におぼろげでも邪馬台国のことが書かれているなら、それはどの天皇の時代であろうか、という疑問を持っていた。

古代の天皇の平均在位期間が約一〇年であることが判明し、ここから推論すると、初代の神武天皇の在位年代は二八〇～二九〇年頃になり、二三七年に魏に使者を送った卑弥呼の時代は、記紀では神武天皇以前の神話の時代ということになる」

「すなわち高天原は近畿ではなく北九州であると考えられるのである。天孫ニニギノ尊は九州の高千穂の峰に天下った。ニニギノ尊の墓所についてはさまざまな説があるが、現在、ほぼ定説となっている比定地《ひていち》は鹿児島県川内市の可愛山稜《えのみささぎ》である。

またその子の山幸彦《やまさちひこ》（ホオリの命）は、桜島の北の高屋山上陵に葬られているとされる。そして山幸彦のこのウガヤフキアエズ命は大隅半島の吾平山上陵《あひらのやまのえのみささぎ》が墓所である。神武天皇は宮崎神宮を皇居とし、美々津に移り、近畿へ東征した」

氏の見方は、高天原は北九州にあり、そこからニニギノ尊が南九州の高千穂の峰にやって来て、その子孫の神武天皇は美々津から船で東征した、と読めます。氏は〝天照大神は卑弥呼〟という論なので、高天原は北部九州となり、当否は別として、話に一貫性があります。

そこに不鮮明な一枚の図がありました（図29）。

よく見ると、それは一九八五年に世に出た「河内湖Ⅰの時代」の図19（113頁）でした。

これを見て、私は〝漸く最新の「大阪平野の発達史」から古代史を論じる方に巡り合えた〟と思ったのですが、次なる一文を読んで意外な感に打たれたのです。

「ところで、一八〇〇〜一六〇〇年前の大阪湾の地形は六〜七世紀の頃とは異なっていた。神武東征の時期と想定される三世紀から四世紀の頃の大阪湾には河内湖という湖があり、上町台地が南から延びて大阪湾と河内湖の境界となっていた。

上町台地の北端と、千里丘陵との間に少し隙間があって、河内湖の水はこの狭い隙間を通って出入りしていた。そのため、ここは潮流がたいへん速く激しかったので、この付近は『浪速』と呼ばれた。ところが、七世紀には上町台地と千里丘陵との狭い隙間が砂にうずもれてしまい、地形が一変してしまった。『浪速』の語源となった速い流れもなくなっていた」

この理解は〝誤〟です。日本書紀の理解も不十分でした。日本書紀には「川を遡って……」

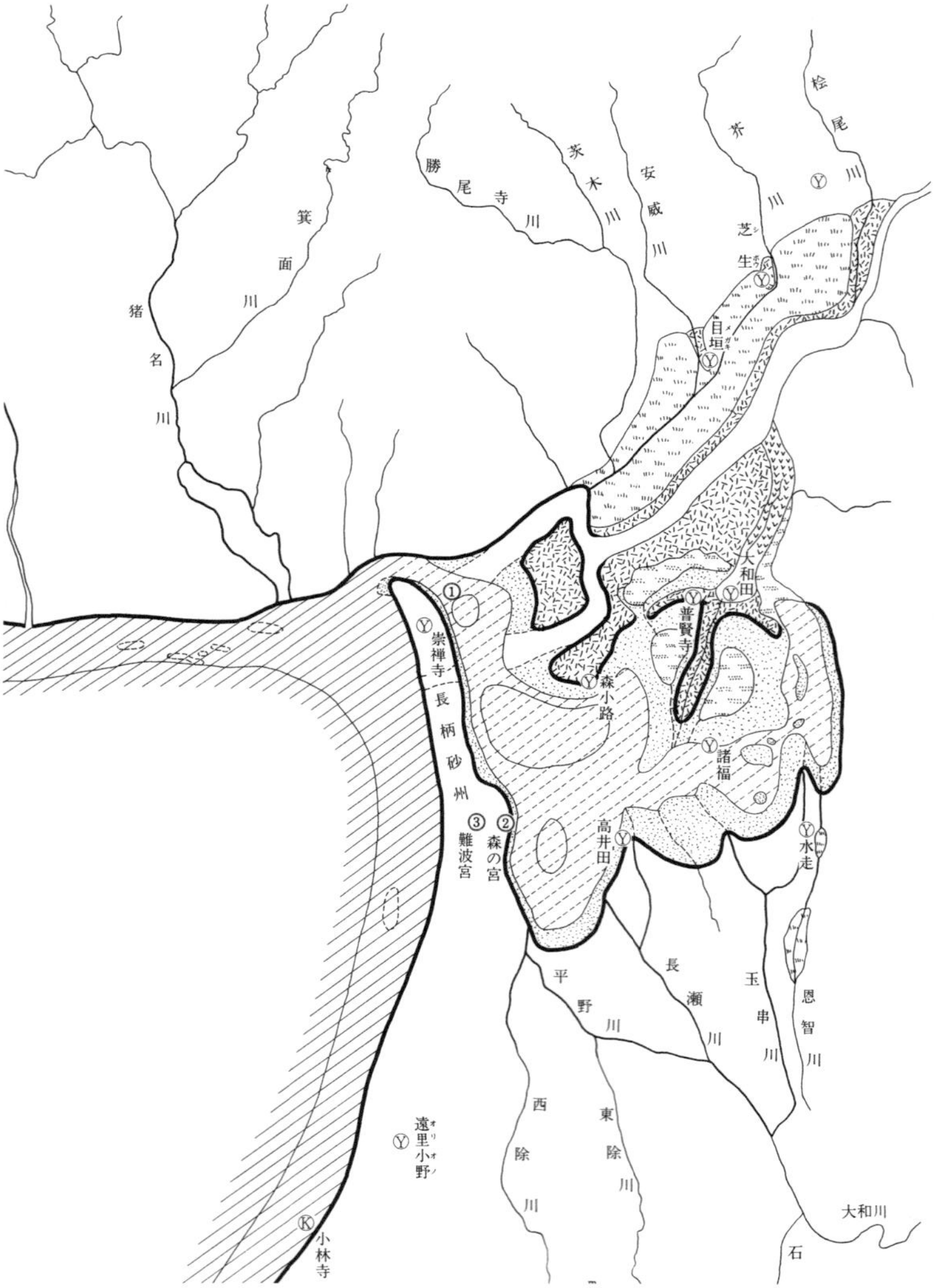

図29　安本美典氏が神武東征の根拠とした「河内湖Ｉの時代」

とあるのに図29には川がないのですから、〝自分は間違っているのでは……〟と再考出来たはずでした。しかし古地理図誤読のまま神武東征を主張していました。

「記紀が編集された頃とは違う古い地形のことが描かれているのは、神武東征伝承が、のちの時代に机上で創作されたのではなく、古い時代にあった本当の出来事が語り伝えられてきたと考えるべきであろう」

氏には〝歴史を語る以上、年紀を明らかにすべきだ〟という常識があったのですが、バラツキの大きい歴代天皇の宝算（122〜126頁）を〈平均〉で論じたことに問題があったのです。根拠は分かりませんが、氏は〝卑弥呼＝天照大神〟としており、〝神武東征は卑弥呼（＝天照大神）の時代の四十年後、二九〇年前後の出来事〟としていました。それに古地理図の誤読が重なり、古代史の迷路に迷い込んだようです。

ここで不思議に思うのは、古代史界で著名なお三方が「大阪平野の発達史」を根拠に神武東征を解き明かそうとしながら、揃いも揃って古地理図を読み違えていたことです。しかも、三人とも記紀を読んでいたかも疑われるレベルだったことです。この検討を通し、〝記紀は正しい〟とする私の古代史論を変える必要はないことが確認でき、安堵した次第です。

井沢元彦氏の不敬、矛盾から変節へ

井沢氏は『逆説の日本史　1古代黎明篇』（小学館文庫　332）で、「神功皇后《じんぐう》は仲哀《ちゆうあい》天皇の死後に不貞を働き応神天皇を出産した」と書いていました。それは本人の自由ですが、これを『学校で教えてくれない日本史の授業』（PHP研究所　180）にも書き、〝げすの勘ぐり〟を実《まこと》しやかに子供に語るのは寒心に堪えません。

なぜ私がこれを〝げすの勘ぐり〟と断じたか、それは日本書紀に、仲哀天皇御存命のとき「皇后は今はじめてみごもっておられる」と書いてあるからです。

古事記には、仲哀天皇の崩御後、建内宿禰《たけうちのすくね》が神託を乞い求めると、「すべて先日の神託と同じで、〈すべてこの国は、皇后様のお腹におられる御子が統治されるべき国である〉とおさとしになった」とあります。これは仲哀天皇の崩御前にこのような神託があったということです。このことを語らず、〝神功皇后は仲哀天皇の死後、誰とも知れぬ男と通じ、応神天皇を出産した〟とする卑しき心根が理解できないのです。

次いで氏は、次のように古代史論を展開します（『逆説の日本史　1古代黎明篇』）。

「古天文学の創始者は元東京大学東京天文台教授で天文学者の斉藤国治《くにじ》氏である。その内容は

『古天文学　パソコンによる計算と演習』（恒星社刊）、『古天文学の道』（原書房刊）に詳しい。斉藤氏は、日本の神話上のある重大事件について、仮説を立てたのである」（260）

「この日本列島に国があったことが史料の上からも確認できる一世紀から、邪馬台国の時代までに、日本列島上で観測できた皆既日食はたった二回しかない。

紀元一五八年七月十三日

紀元二四八年九月五日

この二回だけである。後者に注目して頂きたい。紀元二四八年とは、魏志倭人伝の研究者が一致して認める、ある重大事件が起こった年だ。卑弥呼の死んだ年なのである」（260）

何となく科学的で信憑性がありそうなのですが、これが間違っていたのです。斉藤国治氏は二四八年の皆既日食を次のように記していました。

「この日食は石川県能登半島と新潟県、そして福島県を横断して太平洋に抜ける早朝の皆既日食である。その様子は図11・2を見られたい」（『古天文学の道』186）

図11・2とは図30であり、皆既日食帯から外れた大和や北部九州では皆既日食は現れません。斉藤氏は図まで添えて「皆既日食が見られる地域は限られている」としたのに、井沢氏はこの

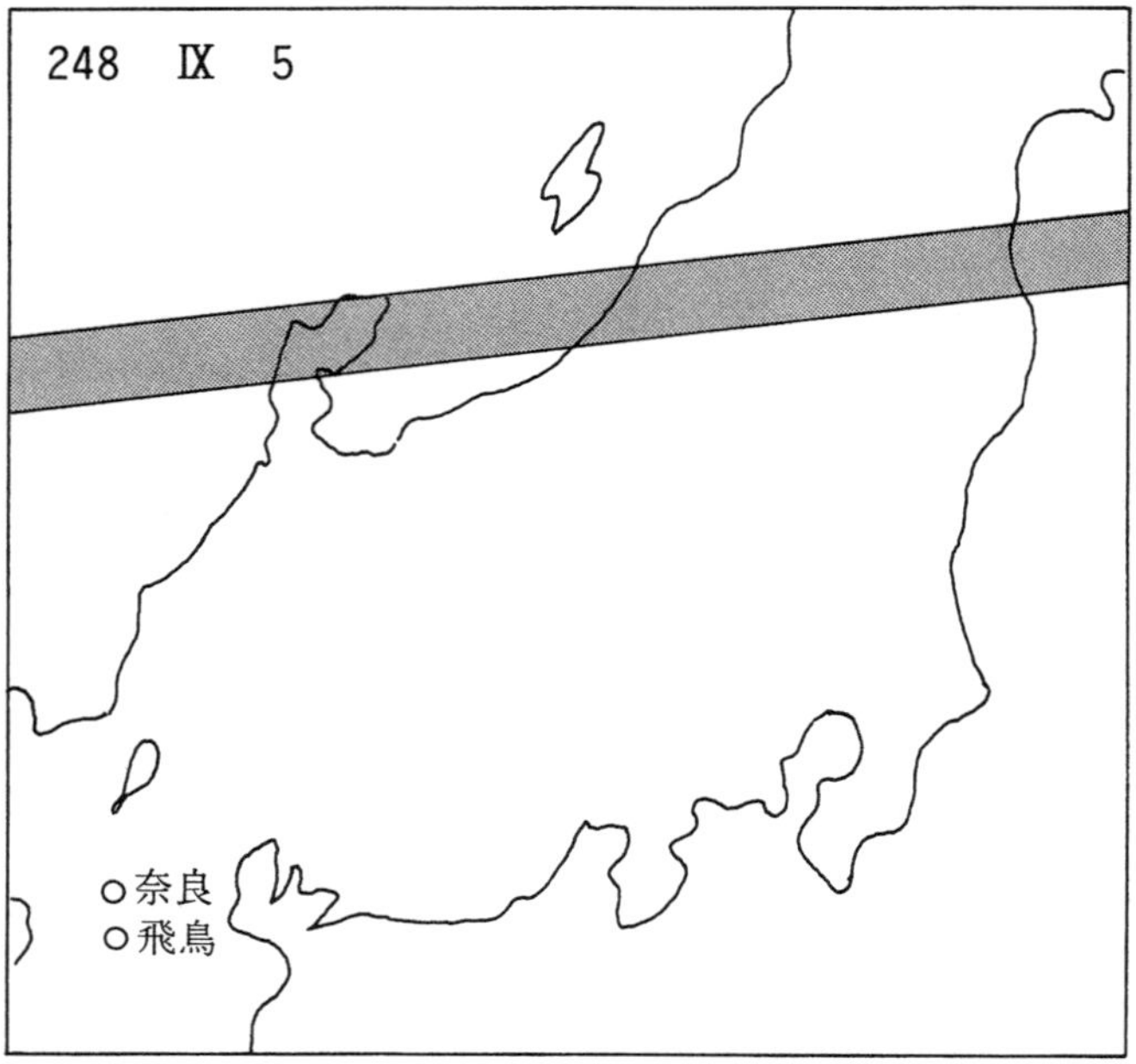

図30　248年の皆既日食の経路（帯の分布）
（『古天文学の道』斉藤国治著：原書房　P.186より）

簡単な図が読めなかったことが次なる一文で確認できます。

「卑弥呼が死んだ二四八年にたまたま皆既日食が起こり、そのために卑弥呼の死が〝アマテラスの岩戸隠れ〟という神話になって長く記憶されることになった、ということだろう」(266)

この時の日食は、大和では早朝、五時から七時までの部分日食に過ぎず、部分日食では暗くなりません。皆既日食帯から遠い北部九州では全く暗くなりません。

古事記には「高天原はすっかり暗くなり、葦原の中つ国も全て暗闇になった。こうして永遠の暗闇が続いた」とあります。この誤認に基づき、井沢氏は次なる建国論に至ったのです。

「私は、邪馬台国東遷説をとる。九州にあった邪馬台国が東へ移動し、近畿の地方政権（水野祐氏の言う原大和国家）を倒して、大和朝廷になったと考えるのである。邪馬台国東遷説を初めて唱えたのは、哲学者の和辻哲郎氏である。続いて前述した井上光貞氏もこれに賛成した。最近では安本美典氏、奥野正男氏もこの論者である。（中略）大和朝廷には、神武天皇の征服神話、つまり「神武東征」の物語があるが、これは実際にあった邪馬台国の東遷を神話化したものである。その証拠に、この「東征神話」には北九州を征服する話しがない。それは、この征戦を起こした勢力の本拠地が、その北九州だったからである」（347）

川喜田二郎教授の教えは、〝真偽の程は肩書きや多数決では決まらない〟というものでした。井沢氏は〝二四八年に九州で皆既日食が起きた〟なる誤認を根拠に、〝アマテラスのモデルはヒミコだ〟、〝邪馬台国が東遷して大和朝廷になった、神武東征は神話だ〟と結論づけたのです。主な論拠は同様の論を主張した個人の名前であり、他に確たるものはありませんでした。

ところが、これほど〝邪馬台国東遷説〟を主張してきた歴史作家・井沢元彦氏は、『古代史

15の新説』(宝島社、二〇一六年)に於《お》いて変節していたのです。

「現在ではやはり箸墓《はしはか》は卑弥呼の墓であり、纒向一帯が邪馬台国であったろうという考えに改めています。つまり、畿内説に変わったわけです」(211)

それでは、今までの主張は何だったのか。なぜ氏にとって偽書となった『逆説の日本史 1 古代黎明編』を売り続けているのか。この無節操、真に理解不能な出来事でありました。

直木孝次郎氏・なぜ黥面文身を無視するのか

ここで典型的な邪馬台国畿内論者の直木孝次郎氏を思い出したので紹介しておきます。氏は大正八(一九一九)年に生まれ、教職適格者として教職に就くことができました。その後、『日本の歴史 第一巻 倭国の誕生』(小学館)を著《あらわ》し、自らの考えを披歴しました。

「卑弥呼を王とする邪馬台国は、畿内、おそらく奈良盆地に存在し、畿内とその周辺および四国と九州の一部を支配下に入れていたが、連合国家としては未熟・不安定であり、権力的な国家の一歩前の段階にあったと考えるのである」(338)

「私の推測を言うならば、畿内地方では、卑弥呼・壱与と続いた邪馬台国に代わって、初期の大和朝廷が成立してくるのではないかと考える」(346)
「初期大和政権が古事記、日本書紀にみえる崇神・垂仁朝にあたると私は考えている」(347)

直木氏のいう「考える」とは、記紀や内外の正史、考古資料を無視し、論理的根拠を示すことなく〝決めつける〟ことを意味します。この高圧的な言い様にはバックがあり、〝このように論ずれば検閲をパスし、GHQの占領政策協力者として教職追放されない〟ということです。そして「男子は大小となく皆黥面文身す」(322)に触れながら読み飛ばしたのは、これを認めると、崇神天皇はじめヤマトの男子は〝誰もが顔や体に入墨をしていた〟ことになる。それは認めたくなかった、ということでしょう。

記紀を否定し、魏志倭人伝を重視しながら、持論に不都合な部分は無視するというご都合主義は、戦後に吹き荒れた検閲と教職追放の嵐から身を守って職を維持し、俸給を得て戦後を生き抜くためには致し方なかったと思います。

そして検閲も教職追放もなくなった今、真実を語ることは恥でも何でもない〝勇気あることだ〟と誰もが賞賛するでしょう。森浩一氏も亡くなり、直木氏には戦後の古代史界の闇を明らかにしていただきたかったのですが、氏も他界されたとのことです。

奈良大学よお前もか！「奈良県人は昔から嘘つきだった」

『ヤマト王権の成立』（学生社、一九九二年）は、天理大学の教授・近江昌司氏と博物館の学芸員が大阪で開いた古代史講座をまとめた本でした。

そこには「神武天皇から九代目の開化天皇までは、大筋として実在はちょっと考えられない」(25)と根拠を示すことなく書いてあり、近江昌司氏は、ご近所の元興寺文化財研究所が明かした稲荷山鉄剣銘文も知らぬ様子で、奈良各地の宮趾碑、神武から開化までの九代の天皇を祀った陵《みささぎ》、神社はウソだと大阪で主張していました。

即ち、「奈良県人は昔から大ウソつきだ」と大阪で公言していたのです。あれだけの前方後円墳、遺跡、神社に囲まれていても、あれもこれもウソと公言して憚《はばか》らない大学が地元にあることに私は驚いたのですが、宗教色のある大学なので致し方ない、と思っていました。

その二十年後、奈良大学は『邪馬台国からヤマト王権へ』（ナカニシヤ出版）を出版、表紙に「邪馬台国はヤマトにあった！　考古学調査を最近の研究成果で検証」とありました。著者全員（橋本輝彦、白石太一郎、坂井秀弥）が考古学の専門家であり、奈良大学文学部教授・坂井秀弥氏の結論は〝邪馬台国の所在地は纒向〟なるものでした。

「邪馬台国の所在地は九州説と畿内説とがあり、長く論争されてきました。それが何故纒向遺跡なのか、なぜ今回発見された建物跡がその中枢とみられるのか。ご一読いただければ、今回の調査結果とこの三十年来の考古学の進展、さらには纒向遺跡・邪馬台国・ヤマト政権のつながりなどについて、理解を深めていただけるものと思います」(4)

しかし、奈良の先人が編纂した日本書紀には「垂仁天皇が纒向に都を造り珠城宮《たまきのみや》といった」、「景行天皇がまた纒向に都を造られた。これを日代宮《ひしろのみや》という」と書いてあります。ですから、纒向の建物趾は〝垂仁天皇、景行天皇の都の中心施設〟とすれば日本書紀との矛盾はなく、近くに両天皇の宮趾碑も陵もあり、簡単に説明できます。しかし、考古学者は日本書紀を読んだことがないのか、このことをご存じないようです。

それでも魏志倭人伝だけは読んでいたらしく、邪馬台国という名前は知っていました。ですが、そこに「邪馬台国は纒向にあった」とは書いてありません。

既に論じたように、邪馬台国が大和にあるはずがありません。ご自分の判断が正しければ、その時代の奈良の男子は子供に至るまで顔や体にイレズミをしていたことになります。魏志倭人伝には「男子は大小となく皆黥面文身す」とあるからです。本当にそう信じてるのでしょうか。繰り返しますが、例えば考古学という一本の補助線、一専門分野だけでは古代史を解き明かすことは出来ません。他の専門分野からの補助線としての〝検討〟を加えないと独善に陥るからです。

奈良大学の考古学者は、七～八世紀にこの地に住んでいた歴史学者が記紀に「纏向は垂仁《すいにん》・景行《けいこう》天皇の都だ」と書き残していたことを知らない。それでいて、魏志倭人伝に「邪馬台国は纏向にある」と書いてなくとも〝纏向にあった〟と決めつける。しかし、魏志倭人伝にある〝黥面文身〟は無視する。実にちぐはぐな研究態度であり、これでは真実に到達することは不可能です。

「奈良大学よお前もか！」であり、どんな研究をしようとそれは奈良大学の自由ですが、郷土の先人が書き残した記紀も読み、学び、先人や神社などの関係者をペテン師呼ばわりするのは、そろそろ止めにしたら如何でしょうか。

第九章

〝著名人〟の古代史論を洗う

江上波夫氏・天孫降臨地は北部九州である

敗戦後、登場した著名な古代史論が江上波夫氏による〝騎馬民族征服説〟でした。氏は明治三十九年生まれ、一九三〇年に東京大学文学部東洋史学科を卒業、東京大学名誉教授で一九九一年に文化勲章受章と略歴にあります。肩書きと経歴に惹かれ、『騎馬民族国家』（中公新書）を開くと、冒頭に次なる一文がありました。

「古代日本の歴史の主役そのものが、騎馬民族、とくに征服王朝のそれであったとしなければ、理解のしようがないのではないか」（Ⅵ）

何が根拠かと思って読み進めると、氏は古事記の一節に手がかりを見つけていました。先に紹介した（208頁）古田武彦氏の元ネタがここにあったのです。

「ニニギノミコトが、筑紫の日向の高千穂の峰に天下ったことを述べた古事記の一節に、〈是に詔《の》りたまひらく『此の地は、韓国《からくに》に向ひ、笠沙之御前《かささのみさき》に真来《まき》通りて、朝日の直刺《たださ》す国、夕日の日照る国なり、故に此地ぞ甚吉《いとよ》き地《ところ》』と詔りたまひて……〉とあって、ここでも韓国すなわち南部朝鮮のことが、とくに言及されていて、そこを天神の故郷と解すれば、文章が自ら通じるように感じられる。しかし天神なる外来民族が、南部朝鮮、とくに任那（六伽耶）方面と深い関係にあり、たぶんそこから北部九州に渡来したことを、もっとも明確に示すものは、ニニギノミコトの高千穂峰降臨説話そのものにほかならない」（164）

氏も〝韓国《からくに》〟を〝韓国《かんこく》〟としたのですが、既述のとおり〝空国《むなくに》〟が原意です。また、三世紀の半ば以降に書かれた『三国志』韓には次のようにあります。

「韓は、東西は海を以て限りとなし、南は倭と接す」

半島が三韓の時代、北部九州が邪馬台国・卑弥呼の時代ですら半島南部は倭人の地、〝倭〟であり、その向こうに〝韓〟があったのです。ですから、韓国《からくに》とは高千穂峰の北西そびえる韓《から》国《くに》岳、それを指していると解すれば何の問題もない一文です。ニニギノ命はその手前の高千穂峰に天下った、即ち、やって来たということです。

江上氏は、その時代、南朝鮮は〝韓国《かんこく》〟でなく〝倭〟であり、〝韓国《からくに》〟の本義は〝空国〟であることすら知らなかった。開いた口が塞がらないのですが、氏の〝騎馬民族征服説〟に受章価値があるのかもしれません。

話は逆さま〝任那は崇神天皇の名から命名〟

江上氏は、ニニギノ命は韓半島から北九州にやって来た、としたのですが、ではニニギの子孫が大和へ進軍したのか、というとそうではなく、〝崇神《すじん》天皇が任那の地から北部九州へ進撃、占領した〟というのです。その上で次のように主張していました。

「そもそも神武から孝元《こうげん》・開化《かいか》までの諸帝が実在しない天皇であることは明白」(198)

ニニギを認めたにもかかわらず子孫であるヒコホホデミ、ウガヤフキアエズ、神武天皇、綏靖天皇から開化天皇まで葬り去り、四世紀前半に崇神天皇が半島からやって来て、北部九州を占領したと夢想した。夢想というのは何の根拠も提示しないからです。

「任那《みまな》こそ日本の出発点であったので、そこを根拠とし崇神天皇を主役とした天神(外来民族)が北九州に進撃し、ここを占領したのが、いわゆる天孫降臨の第一回の日本建国で、その結果、崇神はミマ(ナ)の宮城に居住した天皇―御間城《みまき》天皇と呼ばれたと同時に、ハツクニシラススメラミコトの称号も与えられることになったのであろう」(172)

日本書紀を読んでいないのか、江上氏は垂仁天皇が大加羅国の王子・アラシトに向かって「御間城《みまき》天皇のミマキをとって国の名をにせよ」といわれたことも知らないようです。

「そうして『旧唐書』の日本国の条に〈日本旧小国、倭国の地を併す〉とあるのは、このことを指したものに違いあるまい。それでは、北九州から畿内に進出したときの、第二回の日本建国の主役はだれであったろうか。それはたぶん応神《おうじん》天皇であろう」(172)

「日本旧小国、倭国の地を併す」の意味は、読んで字の如く、〃日本＝大和朝廷が北部九州を支配していた旧《もと》小国・倭国（邪馬台国）を併合した〃という意味です。

「応神こそ北九州から畿内に進出し、そこに大和朝廷を創始した大立物であったろうという水野祐・井上光貞氏らの推定はすこぶる理由があるように思われる」(172)

では応神天皇以前にヤマトを支配していたのは誰か、は書いていない。そして江上氏は、崇神、応神の進出年代を次のように断じました。

「記紀の神話・伝承を中心として考察した結果は、天神なる外来民族による国神なる原住民族の征服——日本国家の実現が、だいたい二段の過程で行われ、第一弾は任那（加羅）方面から北九州（筑紫）への進入、第二段階は北九州から畿内への進出で、前者は崇神天皇を代表とした天孫族と、たぶん大伴・中臣らの天神系諸氏の連合により、四世紀前半に行われ、後者は応神天皇を中心とした、やはり大伴・久米らの天神系諸氏連合により、四世紀末から五世紀初めのあいだに実行されたように解されるのである」（175）

この話は、三国志、三国史記、記紀の何処にも見当たらず、新発見があった訳でもなく、実は江上氏が勝手に思っていただけなのです。この惨状を見て、戦後の古代史界から批判を受けたと思いきや、批判したのは在野の民俗学者・柳田國男などに限られていました。教職追放が吹き荒れていた古代史界は〝記紀否定〟論を歓迎、〝ロマン溢れる騎馬民族征服王朝説〟などともてはやし、氏の説を受け入れた学生が役人になり、氏は晴れて文化勲章の受章者となったのです。

このようなパロディが戦後古代史論の嚆矢《こうし》となり、〝ああそうか、古代史とは何を言っても、何を書いてもいいんだ〟となり、この後、珍論・奇論の山が積み上がっていくことになるのです。

上田正昭氏・立派な〝教職適格者〟だった

上田氏の『私の日本古代史（上）天皇とは何ものか―縄文から倭の五王まで』を読んで分かったことは、氏も記紀を全く信じていない、ということでした。

それもそのはず、氏は西田直二郎に憧れ、昭和二十二年に京都帝国大学へ入学。ところが西田氏も教職追放されており、上田氏は西田氏を追放した国家権力に抵抗すると思いきや、昭和二十五年に京大卒業後、検閲済み史観を受け入れ、〝教職適格者〟としてちゃっかり京都府立鴨沂《おうき》高等学校の教職に就いたのです。

即ち、時の権力者に媚び、GHQの占領政策協力者として戦後古代史のドグマ、〝記紀否定〟を受け入れて生きてきた。その証拠に三番煎じの話がありました。

「私がもっとも注目するのは、天下りしたニニギノ命が〈此地は韓国に向かひ、笠沙の御崎にまき通りて、朝日の直射す国、夕日の日照る国なり。故、此地はいと吉《よ》き地〉をことあげしている点である（『古事記』）。用字こそ異なっているが、〈膂宍《そしし》の空国《むなくに》を、頓丘《ひたお》より国覓《くにまぎ》ぎ行去《とわ》りて〉（『紀』本文、第四の「一書」）とするのとかわりはない。

この「空国」をウツボブネ（空船）に乗って偉人が来臨するなどの「空」と解釈する説もある

が、その実態は「韓国」であり、『日本書紀』に見いだされる朝鮮蕃《ばん》国視によって「空国」と書き、しかもこれを形容するのに「膂宍《そしし》の」と表現したのである。「膂宍《そしし》」とは背中の骨の周りの肉のことで、やせた不毛の地を意味しての形容であった。

宮崎県や鹿児島県では〈韓国に向〉う地域とはなりえない。本来の高千穂の峰の原伝承は、韓国に向かう九州北部の地域であったとみるべきではないか」(332)

氏は、「空国《むなくに》の実態は韓国であり……」としていますが、『類聚名義抄《るいじゅめいぎしょう》』(十一世紀末から十二世紀に成立した古文献の漢字の意味を解説した辞典)に、〃空国《からくに》〃とは「荒れてやせた不毛の地」とあり、〃海の向こうの韓国《かんこく》を指している〃とは書かれていません。このような恣意的な判断、文献無視は学者のとるべき道ではないのです。

大丈夫か・論理的一貫性のない古代史観

古事記によると、高千穂峰にやって来たニニギノ命は、その後「吾田国の長屋の笠沙御崎にお着きになった」とあります。そして薩摩半島西南の岬(笠沙町の野間岬)でカシツ姫、またの名を神吾田津姫《かむあたつひめ》(またの名を木花之佐久夜毘売《このはなのさくやびめ》)と出会い、見初《みそ》め、結婚を申し込んだとあります。

カシツ姫の父は姉の磐長《いわなが》姫と妹の二人を娶《めと》って欲しいと姉妹を送り出したが、皇孫・ニニギノ命は、姉は醜いと思われ送り返し、妹と交合《こうごう》された。ところが、一夜にして彼女が妊娠したことを知り、妻の不貞を疑うニニギノ命との間で深刻な夫婦げんかが始まるのです。

鹿児島には旧石器時代から連綿と連なる遺跡があり、この地は遠い昔から人々が住み、薩摩半島西岸の金峰町には、縄文早期から続く阿多《あた》（吾田《あた》）貝塚があります。また、この地は隼人集団の名族・阿多（吾田）隼人の故地でもあります。


「吾田は阿多とも書き、大隅半島とは鹿児島湾を隔てた薩摩半島を指している。今日では吾田の地名は人びとの記憶から薄れつつあるけれども、一九〇一年（明治三十四年）に刊行された吉田東伍の『大日本地名辞書』では、薩摩半島を吾田半島とよんだり、半島西部の緩やかな湾を吾田湾とよんだりするのを紹介している」（森浩一『日本神話の考古学』137）

ここで上田氏にお答え願いたいのですが、ニニギノ命が北部九州に降臨されたのなら、笠沙御崎や阿多（吾田）は何処にあるのでしょうか（図31）。

これもよくある謬論《びゅうろん》ですが、上田氏も、「記紀の篇著者は朝鮮の史書、三国史記、三国遺事を真似したのではないか」と言っています。

しかし、朝鮮の史書は日本に遅れること四～五百年後の十二～十三世紀に出来たものですから、記紀の篇著者が、三国史記や三国遺事を真似られるはずがありません。類似点があれば、

笠沙の碕	⇒	ニニギノ尊が神吾田カシツ姫に出合ったところ
阿多（吾田）	⇒	神武天皇の最初の妻　吾田邑の吾平津姫だった
宮崎神宮	⇒	神武天皇が政務を執ったとされる
都農神社	⇒	神武天皇が東征の途中に祀った神社
美々津	⇒	神武天皇が出立したとされる港
むな国岳	⇒	現在は空国から韓国へと当て字されている
狭野	⇒	神武天皇が生まれ育った地—狭野命と呼ばれていた

図31　弥生中期から後期の九州

記紀を読んだ三国史記、三国遺事の著者が古事記、日本書紀を真似した、となります。子供でも分かる簡単なロジックがなぜ分からないのか、不思議な話でありました。

学者としての資質に疑念あり

水野祐氏の『評釈　魏志倭人伝』（雄山閣）を開くと、十八頁に及ぶ黥面文身の評があります。そこで氏は、「古代日本における黥面・文身の習俗が、すでに弥生時代の北九州、あるいは南九州の海岸地帯に占住していた漁労民の習俗として存在しており……」（224）と記していました。私が感心したのは、古代史専門家はもとより在野の研究家も避け続けたこの一文に正面から取り組んだ氏の研究態度です。

〝魏志倭人伝はウソだ〟で古代史を語っている方々は〝黥面文身〟も〝ウソだ〟でよいので気楽なものですが、〝日本書紀はウソだ、魏志倭人伝は本当だ〟と言ってきた方々も、なぜか口をそろえて〝あの記述だけは間違いだ〟〝日本と南方とを勘違いしている〟と主張、或いは〝だんまり〟を決め込んでいます。上田氏は、魏志倭人伝の入れ墨習慣についての水野祐氏や設楽博己氏の研究をご存じないのか、次のように断じていました。

「顔や体に入れ墨する風俗は、南九州の隼人や一部海民の間にあっても、倭人全体の風俗とはいいがたい」(『私の日本古代史(上)』126)

氏は〝倭人＝日本人〟としており、倭人には奈良や京都の人も含まれると誤解しているようです。ですから「男子は大小となく皆黥面文身す」を認めると、皇族は言うに及ばずヤマトの男子は誰もが顔や体にイレズミをしていた、となる。それは認めたくないので〝皆〟を無視してこう書くのでしょう。

ご自分の見解が、水野氏や設楽氏と異なるのは結構なのですが、氏は何も論ぜず、根拠を一切示さない。水野氏や設楽氏の見解が間違っているというなら、学者として根拠を示して反論し、学問の進歩に貢献すべきなのにしない。それは出来ないからなのでしょうが、このような研究態度が、専門家としての能力と資質に疑念を生じさせるのです。

何が目的で古代史本を書いたのか

『私の日本古代史(上)』を読むと、上田氏は記紀に代わる新たな建国史を組み立てようと四苦八苦していることが分かります。しかし組み立てられないため、注意深く、アイマイな記述に終始しています。

氏は、ニニギノ命の存在を認めているのだから、当然、その後の神々、神武から開化天皇までの存在を認めているのかと思うと、ご自分の見解を表明しない。他人に分かるように書けないのは、ご自分も分からないからでしょう。それでも探すと、「纒向調査のみのり」なる項で纒向を邪馬台国の都と想定したご自分の見解らしき一文がありました。

「弥生時代後期の文化の先進地は纒向遺跡に見られるような状況が反映されており、北九州から吉備へ、吉備から奈良盆地東南部の原ヤマトへの推移が想定される」(136)

この一文は、〝文化の先進地が北九州から吉備を経て、弥生時代後期に纒向に移った〟と読めます。戦後に〝記紀否定〟を受け入れて職を得、古代史を語ってきた上田氏が〝神武東征〟を避け続ける姿は痛々しいほどです。そして氏は次のように論じます。

「邪馬台国は決して台与で滅んだわけではなかった。耶馬台国畿内説では邪馬台国は大和のヤマト王権へと連続していくことになる。しかしそれは、単なる連続ではなく、文化の革新を内包しての展開であった」(138)

「畿内説では」という言い様は、ご自分の見解であるようなないような、曖昧にして逃げを打った文章です。氏が狡猾なのは次なる疑問にも答えないからです。

「ヤマト王権へと連続していく」なら、台与《とよ》は記紀の何処に書いてあるのか。「邪馬台国が大和にある」なら纏向や奈良の男子はみな顔や体にイレズミをしていたのか。そして、崇神以前の天皇を実在と考えているのか、いないのか、言質《げんち》をとられないよう、全てアイマイで不明確に書き、読者に分からないよう、ヌルリ、ヌルリと逃げ回る。

〝邪馬台国畿内説〟を唱えた京大の大先輩・内藤湖南はもっと明快だった。たとえ誤りであっても。ではなぜ、こんな訳の分からない本を世に出したのか、その目的を記していました。

「過去に学んで現在をよりよくみきわめ、正確に未来を展望するために、古代史を学ぶのである。生きた歴史を実感し、会得したい。そして日本人としては、なによりも日本国家の成り立ちをみきわめたい」(41)

その志や芳《よ》し。しかし「日本国家の成り立ち」を見極めるために書いたにしては〝初代天皇は誰か〟〝いつ何処で即位されたか〟、ご自分の結論が書かれていない。読んでも「日本国家の成り立ち」がサッパリ分からないのはどうしたことか。様々な受賞歴があり、韓国からも勲章をもらっていたのに、どうやら氏は未だ研究過程にあり、古代史本を書くレベルに至っていなかったようです。

もう〝検閲〟も〝教職追放〟もないのです。記紀をベースに古代史を語っても追放されることはありません。さらに研究を進め、解明できたら明快な古代史論、天皇論、建国論をお願いしたかったのですが、その機会は永遠に失われたと聞いております。

岡田英弘氏のビックリ古代史観とは

渡部昇一氏の次なる一文を読んだ私は、岡田氏の古代史論を知りたいと思ったものです。

「今から三十年くらい前になるが、東洋史学の岡田英弘氏のお話を聞いて感銘を受けたことがある。岡田氏は二十代で日本学士院賞を受賞するなど、東洋史学に大きな業績を残している世界的権威である」（『現代までつづく日本人の源流』102）

岡田氏は昭和六年生まれ、一九五三年に東京大学文学部卒業後、一九五七年に日本学士院賞を受賞、東京外国語大学教授、東洋史専攻と略歴にあります。そこで、氏の『倭国』（中公新書）を読んでまず驚いたのが日本書紀に対する氏の見方でした。

「天武《てんむ》天皇が国史の編纂事業に着手したのは六八一年、草壁《くさかべ》皇子が皇太子に立てられた二十二日後のことであり、『日本書紀』三十巻が完成したのは七二〇年、元明《げんみょう》上皇と元正《げんしょう》天皇が首《おびとの》皇太子《こうたいし》（聖武《しょうむ》天皇）に天皇位を伝える日を心待ちにしていた時期である。そうした特別な時代に生まれた、しかも最初に書かれた史書が『日本書紀』なのである。

それが古くからの伝承を忠実にただ集大成しただけのものであるはずがない。当時の皇室の直系の祖先が、悠久《ゆうきゅう》の太古から日本列島の全土を支配する、唯一の正当な王家であったと主張し宣伝するためにこそ書かれたものである。そのためには系譜でも、自由に創作していると考えるべきであって、そう考えない方がおかしい」(154)

「仲哀《ちゅうあい》・神功《じんぐう》夫妻も人間ではなく海の神々であり、北九州の香椎《かしい》宮の祭神である。さらに二人の間に生まれる応神天皇も、元々人間ではないが、このことについては後で論じよう。

そういうわけで『日本書紀』に姿を表す歴代の天皇のうち、実在の人物らしいのは、応神天皇の息子としてある仁徳天皇にはじまるのである」(158)

氏は東京外国語大学の教授だったことも手伝ってか、日本語の成立についても触れていました。私はそれを読んで二度びっくりしたのです。

氏は、日本語というのは白村江《はくそんこう》での敗戦を機に、天智《てんじ》天皇が「唐とも新羅とも関係のない、全く独自の歴史であり、言語でなければならない」(200)として作らせたというのです。

渡部昇一氏にいわせると〃岡田氏は東洋史学の世界的権威〃とのことですが、東洋史文献の何処にその根拠があるのか、引用も論考もないまま、次のように断言していました。

「七世紀の日本列島で話されていた言葉には、相互に通じないものが数多くあったはずである。倭人の言語を別にすれば、都市の市場や王宮の周辺の農園の言語には、古い辰韓系、弁辰系の華僑の中国語もあったろうし、新しい楽浪、帯方系の高句麗、百済人の言語もあったろう。（中略）

当然、千年にわたってこうした外国語の影響にさらされてきた倭人の言語には、非常に多量の借用語が含まれていなければならない。ところが『記』、『紀』、『万葉』の、奈良朝の日本語と称されるものは、語彙の面ではきわめて純粋で、中国語の影響は無に等しい。これは不自然である。奈良朝の日本語なるものは、七世紀以前の倭人の言語そのままではあり得ない」（203）

話はどう展開していくのかと固唾《かたず》をのんで読み進めると、その結論は驚くべきものでした。

「新しい国語の創造を担当したのは、これまで倭国の政治、経済の実務に携わってきた華僑である。彼らの共通語は、朝鮮半島の土着民の中国語である。それが自分たちの言語を基礎として、単語を倭人の土語で置き換えて、日本語が作り出された。（中略）
　日本語はこうして作られた、人工的な言語であった」（205）

氏は、天智天皇の御代、在位六六二〜六七一年の十年間に、華僑たちが日本語と日本文化を作り出したとしたというのです。そして次なる文を読んで私は三度びっくりしたのです。

「すなわち固有の日本文化というものはなかった。日本の建国運動を推進した華僑たちこそが、新しい日本文化を作り出したのであった」(205)

岡田氏はまた、「古事記は平安朝初期の偽作である」(209)として一顧だにしません。古事記には、〝中国語の影響は皆無〟と氏も認めているので、古事記が七一二年に完成したことを認めたら、氏の論、〝日本語は華僑が七世紀に作った人工語だ〟が崩壊してしまうからでしょう。

このような方が東京外大教授であり、日本学士院賞を受賞し、東洋史学の世界的権威と見なされ、若者を教育してきたのですから、そら恐ろしくなりました。

真に有難い私への〝批判・ご意見〟に応える

ネットを見ていたら「そよ風」なるホームページのブログに私の本のことが書いてあったので開いてみました。すると的場光昭氏による拙著『韓国人は何処から来たか』に対する批評があったので、やや長いのですが引用します。

「ところで問題なのは第七章の「韓国人は近親婚・近親相姦集団だった」において渡部昇一氏が記紀を読んでいないと批判し、〈『日本書紀』の何処に三親等以内の血族結婚の事例が書いてあるか、指摘していただきたい〉とあります。私は若いころ記紀から自分で古い皇族の系譜をまとめようとしたことがあります。その中で、当時は同父異母兄弟姉妹婚は普通に行われていて、何ら忌まわしいことではなかったことを知りました。また同母や忌まわしいこととされていることも知りました。勿論、親子《おやこ》婚《たわけ》は厳禁です。

記紀には長浜氏がいうところの『三親等以内の血族結婚の事例』がいくつでもあります。長浜氏の著書は良い部分もありますが不正確な部分もありますので、ブログでご紹介した以上はブログの責任者として本書の不正確な部分、特に渡部昇一氏の名誉を傷つけるような部分については、このブログを介して本書を知った多くの読者にお知らせしておくべきだと思います」

的場氏からの有難い〝反論〟というか〝ご意見〟にお答えするため、以下『韓国人は何処から来たか』で不十分だったと思われる点を中心に、やや詳しく説明いたします。

私が江藤淳、イザヤ・ベンダサン、山本七平氏の次に読んだのが渡部昇一氏の本でした。最初に手にしたのは確か『日本史から見た日本人』（祥伝社）でしたが強い印象はありませんでした。江藤先生と比べると論理的でなく実証的でもない上、古代史については〝耳学問〟という印象を受けました。あれこれ書いているのですが勉強にならないのです。

古代史を書くにあたり、久しぶりに手にしたのが『日本の歴史①古代篇　神話の時代から』(ワック)でした。そして氏の本質は変わっていないことを次の一文で再確認したのです。

「神話が日本の皇室の伝統に連なっていることを示すものとして、『皇室事典』(皇室事典編集委員会／角川学芸出版)に掲げられている神代系譜を見てみよう」(38)

この種の〈あんちょこ〉(図32)では本当のことは分かりません。原文を読んで確認しなければ知識は身につきません。例えば、氏が何の疑念も抱かず書いた一文がそれです。

「日本の神話における最初の男女の神である伊弉諾尊《いざなぎのみこと》・伊弉冉尊《いざなみのみこと》から大日孁貴《おおひるめのむち》(天照大神《あまてらすおおみかみ》)、月読尊《つくよみのみこと》、素戔嗚尊《すさのおのみこと》の三人の神様が生まれている」(38)

ここからして間違いです。古事記を読んでいれば〈あんちょこ〉にこう書いてあっても、というより古代史をかじった人の常識なのですが、天照大神、月読尊、素戔嗚尊は黄泉国《よみ》から帰った伊弉諾尊お一人から生まれたのです。次も信じられないものでした。

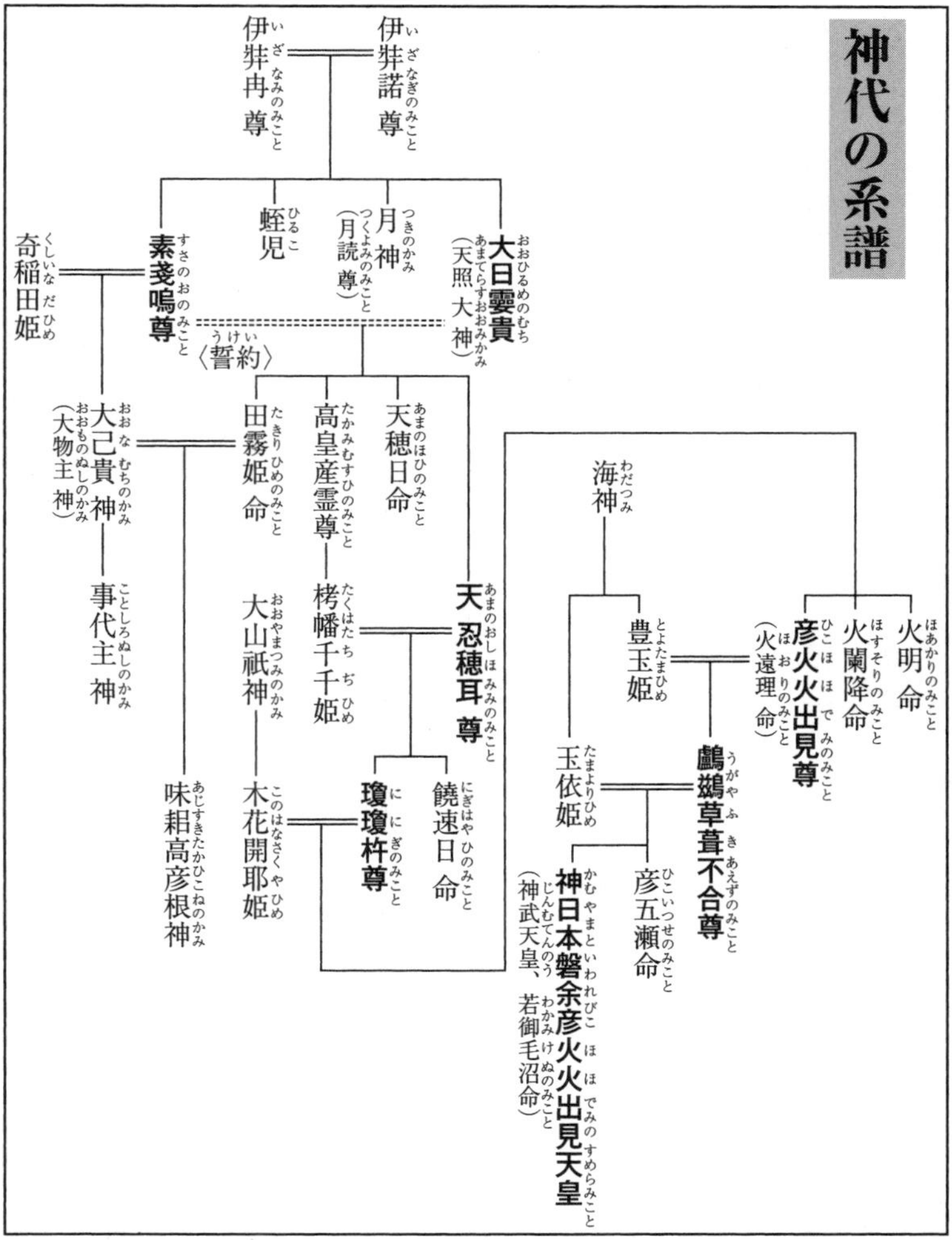

図32　神代の系統
（『皇室事典』角川学芸出版より）
＊神名の表記は『日本書紀』による（ゴシック体は渡部）

「ご存じのように、神武天皇は『東征』を行って大和《やまと》朝廷を建てる。北九州までは陸を行き、そこからは船で現代の山陽新幹線に沿うように瀬戸内海を行くわけだが……」(45)

記紀に基づけば、北九州までは〝船で行き〟が正解です。ですから氏は〝記紀を読んでいない〟と書いたのです。

〈あんちょこ〉の弊害 〝天照大神と素戔嗚尊が結婚した〟

氏の次なる誤認も〈あんちょこ〉に頼ったことが原因と思われます。これは日本神話の根幹に関わる大問題なので詳しく述べてみます。

「天照大神と素戔嗚尊《すさのおのみこと》は姉弟の関係だが、その間は点線で結ばれ、『誓約《うけい》』という関係になっている。

これは記紀に記されていることだが、素戔嗚尊が高天原《たかまがはら》にやって来ると、その性質があまりに猛々《たけだけ》しいので、天照大神《あまてらすおおみかみ》は『弟がやってくるのは善《よ》い心からではなく、国を奪おうとしているのだろう』と疑い、素戔嗚尊を問い詰める。すると素戔嗚尊は、そんなつもりはないことを証明するために『誓約《うけい》』を申し出て、互いに子供を産むことを提案し(中略)。そして、天照大神からは三人の女の子が、素戔嗚尊からは五人の男の子が生まれた。

つまり『誓約』とは『結婚』という意味である」(38、39)

ところで、〝素戔嗚尊から五人の子が生まれた〟なら、素戔嗚尊の体のどの部分から生まれたのか、考えたことがあるでしょうか。古事記の記す〝誓約《うけい》〟で子を生む話は次のとおりです。

「天照大神が素戔嗚尊の十拳剣《とつかのつるぎ》を受け取り、それをかみ砕いて口から吐き出す息の中から三女神が誕生した。素戔嗚尊は天照大神の勾玉の緒や玉の緒を受け取り、それをかみ砕いて吐き出す息の中から五男神が誕生した」

これが〝誓約〟で子を生む話です。私たちが理解する〝結婚〟して子供を生む話ではありません。ではなぜ、〝誓約〟は〝結婚〟でないのか。古事記に、出雲に下った素戔嗚尊が〝結婚して子を生んだ〟次なる話があるからです。

「かれ、その櫛名田比売《くしなだひめ》を以《も》ちて、くみどに起こして生みし神の名は……」とあり、この「くみどに起こして」の訳は〝夫婦の交わりを始めて〟です。これが紛れもない〝結婚〟です。ですから、〝誓約〟に〝結婚〟の意味はないといえるのです。記紀の篇著者がわざわざ〝誓約〟と〝くみどに起こす〟という別の言葉を使ったのには理由があるのです。

同父母を前提とした続く一文も根拠薄弱です。
「姉と弟、兄と妹の結婚は古代の日本では珍しいことではなかった」（39）

話は逆で、私は的場氏同様、日本では古代においてもこれは禁忌と理解しています。

続けて氏は、素戔嗚尊が生んだ五人の「男の子は天照大神が、女の子は素戔嗚尊が引き取る」（39）という理解ですが、古事記には次のようにあります。
「天照大神は〈後に生まれた五柱は私の物実《ものざね》から生まれたのだから私の子である。そして先に生まれた三柱はあなたの剣から生まれたのだからあなたの子です〉と仰せられ区別なされた」

氏は記紀を読んでいません。五人の男の子が天照大神の子なのです。天照大神が素戔嗚尊の子を引き取ったなら養子であり、血統としての皇室の祖先は素戔嗚尊になってしまいます。氏の理解では日本の根本がおかしくなることに気付かなかったようです。

次の話は書くのも嫌なのですが、誤解を解くために書かねばなりません。

不敬・皇族はニワトリ、馬、犬と同様な純血種だった

それは、氏が皇族の婚姻の喩えとして、「これに関しては面白い研究がある」として例示したニワトリ、馬、犬の交配の話です。この話は〝面白い〟どころか不遜で不敬、気分が悪くなる次のような喩えでした。

「ニワトリの近親交配を徹底的に研究した山階《やましな》鳥類研究所創設者の山階芳麿《やましなよしまろ》氏によれば、鳥に近親交配を繰り返させると、五代までは異常な個体が生まれたり、身体が弱かったりして素質が悪くなる一方だが、それらを除いて優秀な個体を掛け合わせていくと、十数代後にはかえって初代より優秀な個体が生まれるというのである。

それを知っていたのがイギリス人で、純血種の交配を続けて競馬用のサラブレッドや優秀な猟犬をつくりだした。人間の場合は雑種のほうがいいとも言われているが、一概にはそうは言えず、純血を重ねていくと、蛭児のように異形《いぎょう》の子供が生まれる場合も多いが、非常にすぐれた個人が産まれる可能性がある。昔の人は経験的にそれを知っていたのであろう（中略）

皇室の血というのはそのようなものであったに違いない。才能の面からみてもそれは同じで、聖徳太子《しょうとくたいし》という不世出の大天才はこういう血筋から生まれたのであろう」（43～45）

氏は、ニワトリ、馬、犬の純血種の交配を例に挙げ、〝皇族は神代の昔から純血種だった、即ち近親婚を繰り返していたから蛭児も生まれたが、優秀なヒトも誕生した〟と言いたかったのでしょう。しかし動物の交配と皇族の結婚を比べること自体非常識、考えられません。

氏は、〝ヒトが近親婚を重ねると非常にすぐれた個人が生まれる可能性がある〟というのですが、明示すべき根拠文献や実例は見当たりませんでした。

〝全て皇族同士の近親婚だった〟なる論理破綻

その後、氏の『名著で読む日本史』（扶桑社）を読んで驚いたのですが、氏は記紀を読んで誤りから抜け出たと思いきや、話はエスカレートしていたのです。

「非常に重要なのは、天照大御神と須佐之男命《すさのおのみこと》が誓約して子供を産んだということです。誓約の解釈はいろいろありますが、昔の学者はこれを結婚と解釈していました。

天照大御神と須佐之男命は姉弟の関係です。姉弟が結婚をして子供を産むということですから近代的発想からいえば忌まわしい出来事のように感じますが、昔はそうではなく、尊い血を散らさないことが重要であったのです。そのために、濃厚なる同族結婚というか近親婚が当たり前のように行われていました。
民間人で初めて皇后になったのが藤原不比等《ふひと》の娘の光明《こうみょう》皇后からですが、それまでの間はすべて皇族同士の近親結婚でした。そういうわけですから、天照大御神と須佐之男命が結婚するのも不自然な話しではありません。しかし、のちに姉の天照大御神と弟の須佐之男命と喧嘩別れしたような形になります」(29)

ここでの氏の主張、「姉弟が結婚をして子供を産むということは忌まわしい出来事のように感じますが、昔はそうではなく」も間違いであることは、記紀を読めば誰でも確認できます。

「允恭《いんぎょう》天皇の二十四年夏六月、帝《みかど》の御膳の羹《あつもの》の汁が凍ることがあった。天皇は怪しまれて、その原因を占わされた。卜者《ぼくしゃ》が、〈内の乱れがあります。思うに同母の兄妹の相姦があるのではないでしょうか〉といった。ときにある人が〈木梨軽太子《きなしのかる》と同母妹の軽大娘皇女《かるのおおいらつめのひめみこ》が通じておられます〉といった。よって、調べられると、言葉通りであった。太子は天皇の世継ぎとなる人である。処刑がむつかしいので軽大娘皇女を伊予に流した」

結婚どころか、兄、妹の相姦も死罪でした。そして群臣は淫乱な木梨軽太子から離反し、軽太子は自決に追い込まれたのです。

古事記は、「この密通事件を知って朝廷の官吏や国民たちは、軽太子《かるのひつぎのみこ》に背《そむ》きて穴穂御子《あなほのみこ》に帰《よ》りき」と記しており、太子であっても兄妹の相姦を許す者はおらず、二人とも自決されたとあります。ですから、「天照大御神と須佐之男命が結婚するのも不自然な話しではありません」という氏の理解は、記紀を読まないゆえの誤りです。

また、「藤原不比等の娘の光明皇后（第四十五代・聖武天皇の皇后）までは、すべて皇族同士の近親結婚でした」も間違いです。何しろ神武天皇が橿原で即位するまで、日本に皇族はいなかったのですから、氏のいいようは論理的〝誤〟。論理の基本ができていません。

また、夫婦喧嘩を連想させる「姉の天照大御神と弟の須佐之男命と喧嘩別れしたような形になります」も〝誤〟です。古事記には次のようにあります。

「八百万の神々が一同相談して須佐之男命《すさのお》に多くの贖罪《しよくざい》の品物を科《か》し、また髭と手足の爪を切って祓《はら》えを科して、高天原から追放してしまった」

〝喧嘩別れ〟ではなく、乱暴・狼藉に対する罰として〝八百万の神々が追放した〟のです。

的場光昭氏に考えていただきたいこと

この辺りで止めますが、渡部昇一氏が〝記紀を読んでいない〟ことは多くの事例を挙げたのでお分かりと思います。この証明は終わりました。次に、拙著をよく読んでいただきたいのですが、私は次のように書いたのです。

「『日本書紀』の何処に三親等内の血族結婚の事例が書いてあるか、指摘して頂きたい。〈純血を重ねていった〉も指摘していただきたい」（『韓国人は何処から来たか』135）

〝も〟の意味が重要なのです。的場氏は前段の問いに対し、〝二親等の結婚事例〟を紹介してくれたのですが、確かに、同父異母兄弟姉妹婚は父方から見れば二親等であり、そのような結婚が行われていたことは私も承知しています。

その時代は、早婚、一夫多妻であり、天皇は二十歳前から父親になることもありました。また、その後も何人もの妃を得て二十年近く子をもうけていたので、腹違いの姨《みおば》との結婚もあり得た、即ち、父方から見て二親等の婚姻はあり得たのです。しかし、的場氏も指摘されたように、母方は異母が絶対でした。つまり、記紀の根底を流れるモラルは、同母の兄妹婚は厳禁だったのです。

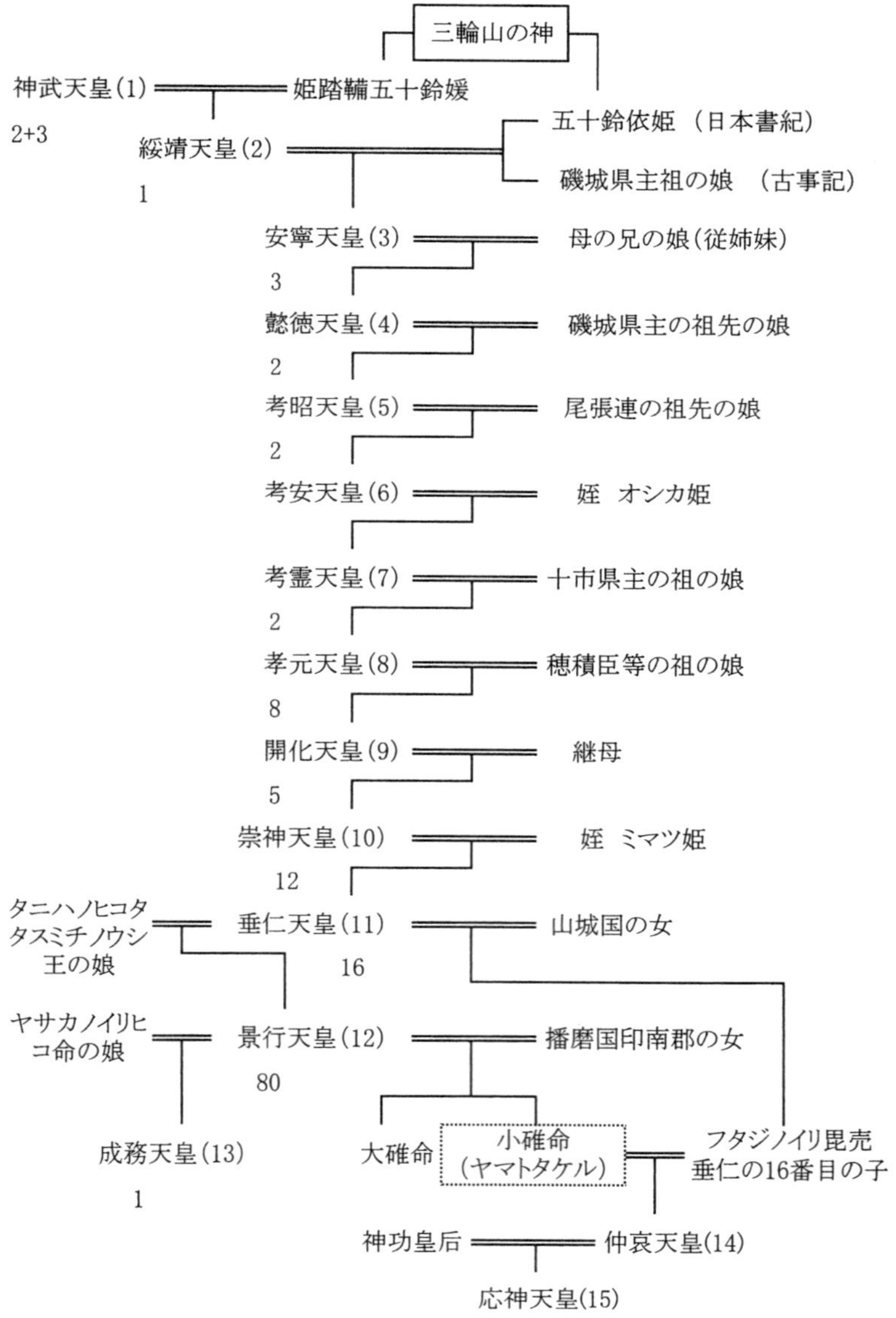

図33 天皇の系統――ヤマトタケルは近親婚で生まれたのではない

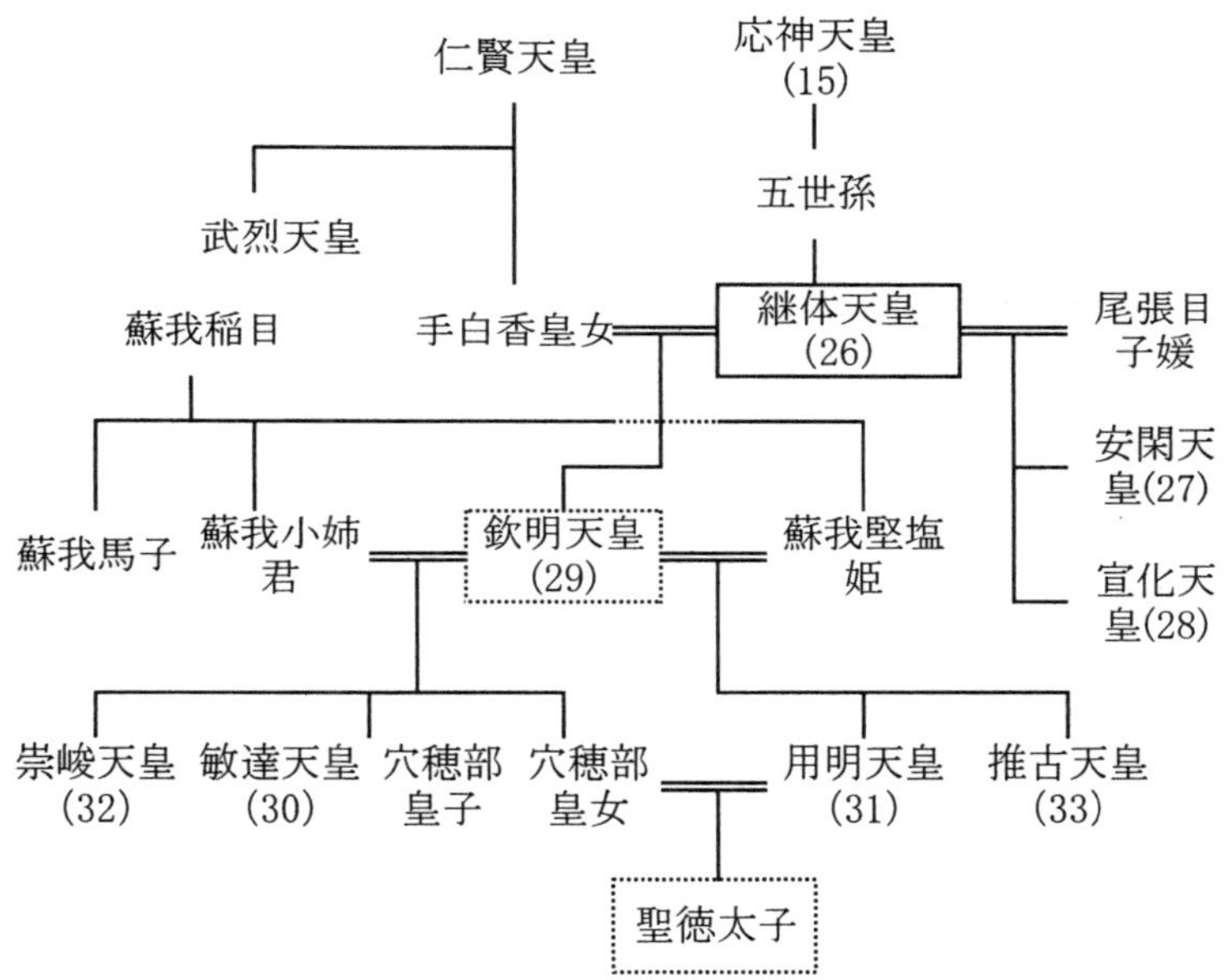

図34　聖徳太子は純潔を重ねた結果、生まれたのではない

ここでの証明すべき本論は、後段の「〈純血を重ねていった〉も指摘していただきたい」であり、渡部氏が例示した聖徳太子は〈純血を重ねた〉結果、即ち、二親等以内の結婚が何世代にも亘って行われた結果、お生まれになったのではありません（図33、34）。

的場氏は私の問いの本論、〈純血を重ねていった〉の事例は示していません。渡部氏は、山階鳥類研究所を引き合いに、選別しながら鳥に近親交配を繰り返させると「十数代後にはかえって初代より優秀な個体が生まれる」と書きました。では、せめてその半分、皇族で五世代ほど連続して二親等内の近親婚が繰り返された事例を紹介して下さい。本当にありますか？

皇族と韓民族王族の婚姻の違いとは

また、渡部昇一氏は皇室の婚姻原則を次のように理解していました。

「尊い血を散らさないことが重要であったのです。そのために、濃厚なる同族結婚というか近親婚が当たり前のように行われていました」(『名著で読む日本史』30)

しかし記紀を読めば分かるとおり、神武天皇が即位されて以来、歴代天皇は武力に代わって有力豪族との血縁関係を深めることで立場を強化していったのです。

有力豪族から皇后や妃を迎え、姻戚関係を結ぶと同時に、内親王は皇室を離れて有力豪族と姻戚関係を結ぶので、皇族の血は常に外へと拡散していきました。皇族の血は常に薄められていたため、近親婚を相当程度防げたのです。天皇以外の親王の血も外へと拡散し、ある者は寺院の門跡《もんぜき》となり、地方の長官となりました。平氏や源氏の祖《おや》も神武天皇を遠祖とする皇族です。その血が日本人全員の中に、たとえわずかであっても流れているのです。

皇室には男系堅持の思想はあっても、尊い血を守るとか血を濃くする目的で同族婚を行う、なる記録も証拠もありません。渡部昇一氏の理解は皇室に関してではなく、朝鮮王族に対してです。三国史記を読めばそのことが良く分かります。

新羅の第二代王は「私の死後、おまえたち朴氏と昔氏との二姓で、年長のものが王位を継ぐようにしなさい」と言い遺し、それを守って近親婚を重ねた結果、断絶しました（図35）。その後、昔氏の子・金氏が王位を継承し、新羅は金王族の血を散らさぬために女性も王室を離れず、尊い血を守るために金氏同士の近親婚、近親相姦が繰り返されたのです（図36）。それ以外の血を入れることは厳禁で、王も金なら后も金、后どころか妃さえも金以外はありえませんでした。氏は、日本の皇族と朝鮮王族を勘違いしていたのではないでしょうか。

田中英道氏の古代史観とは

田中氏は、「東京大学仏文科、美学、美術史学科卒」と略歴にあるように、古代史の素人なのですが、氏が上梓した『高天原は関東にあった　日本神話と考古学を再考する』（勉誠出版）に、「私の研究者としてのこれまでの、さまざまな分野での新説は、まともな反論がない。つまり、蓋然《がいぜん》性を持っているから、反論できないのである」（5）とありました。

この本の参考文献として拙著もあったので、反論というより親切心から、山のようにある氏の〝新説〟の問題点の一部を紹介します。先ず次がいけません。

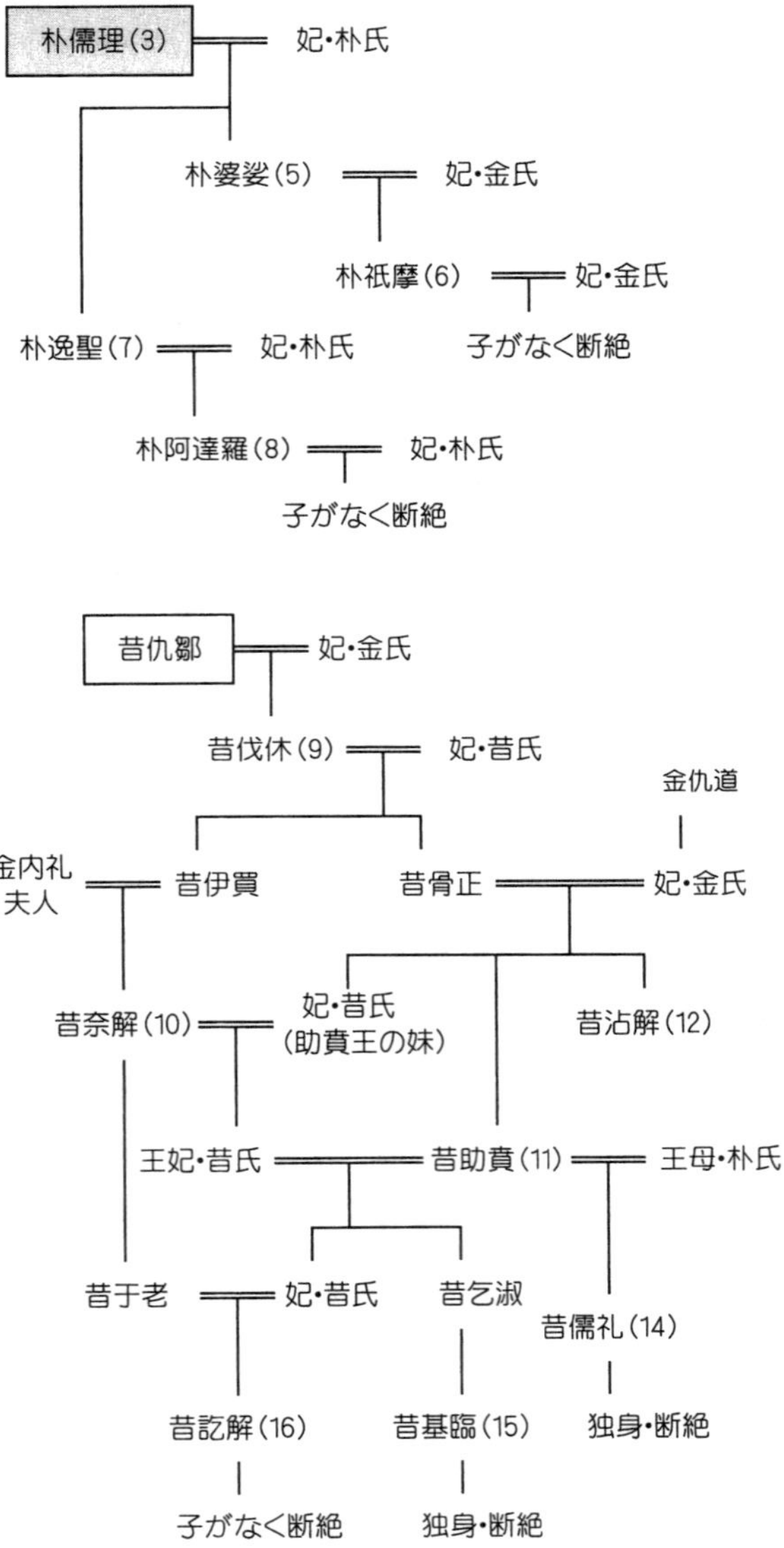

図35　新羅王族・朴氏・昔氏の近親婚

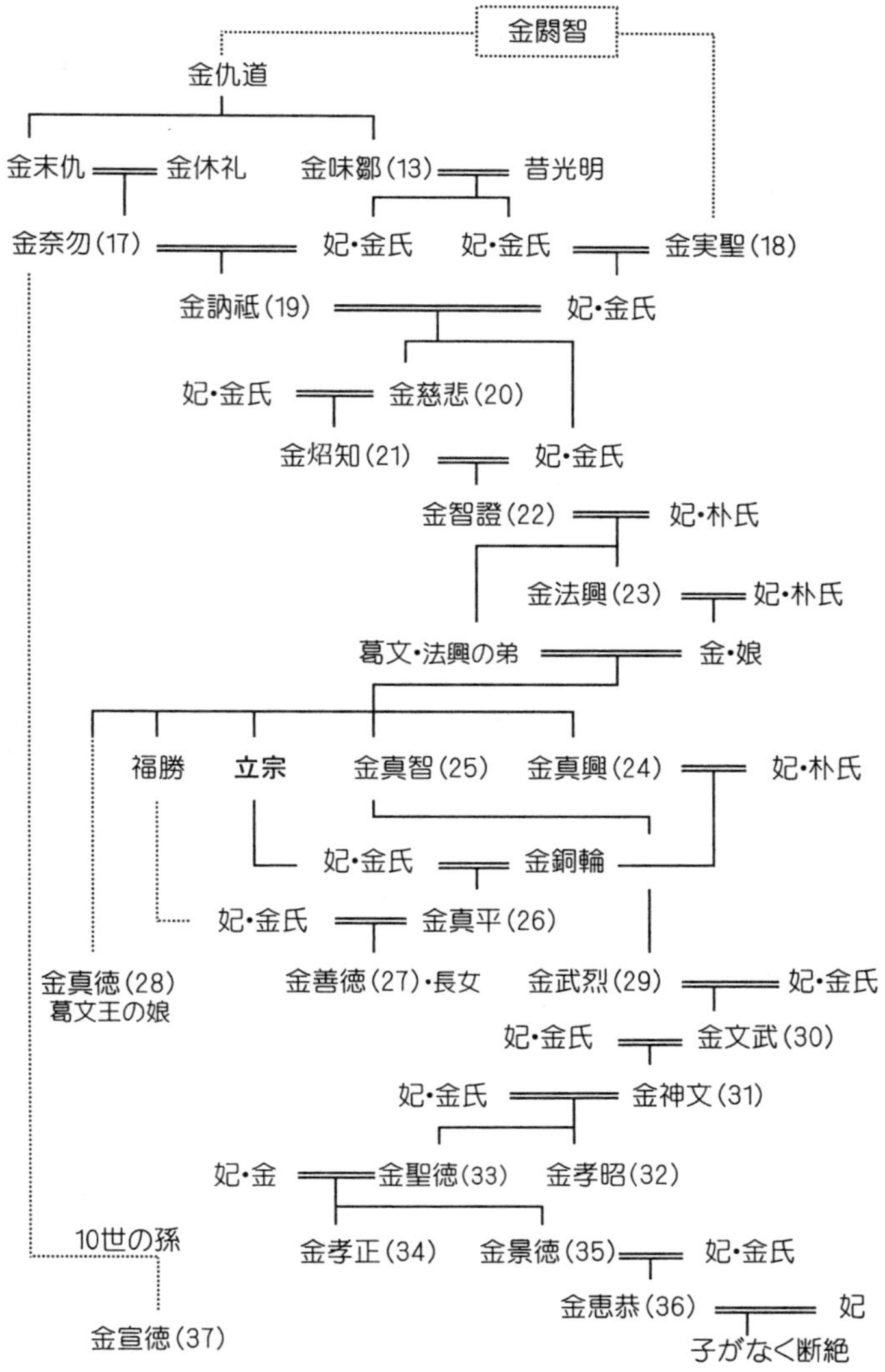

図36　新羅王族・金氏の近親婚

「イザナギノミコト、イザナミノミコトの二柱の神は、国生みの最初に水蛭子《ひるこ》を生んでしまい、葦の船に乗せてこれを流し捨てる、というくだりがあることだ。さらに淡島《あわしま》を生んだが、それも子供の内に数えられなかった。二柱の神は『私たちの生んだ神はどうも出来がよくない。天つ神のところに行って伺ってみよう』と参上した。しかし天つ神は自らそれをどうすることも出来ず、鹿の肩骨を焼き、ひびの入り方を調べる占いをするよう指示したという」(26)

最後の一文、「指示したという」が、氏が記紀を読まずに書いている証《あかし》です。古事記や日本書紀の一書(第二)には次のように書いてあります(以下、概要)。

「水蛭子や淡島を生んだイザナキとイザナミは高天原に上って、天つ神の指図を仰がれた。すると天つ神は太占《ふとまに》(鹿の肩の骨を焼いてできた裂目で占う)で占った。そして二人が天の御柱を回って出会ったとき、イザナミから『ああ何といい男なのだろう』と声をかけたのがいけないのだ。また下って改めて言い直しなさい、と仰せられた。

そこで今度は、イザナキから先に『ああ何と良い少女だろう』と声をかけ、イザナミが後に『何と素晴らしい男性なこと』と言い終わって夫婦の契りを結ぶことで、淡路島、四国、隠岐島、九州、壱岐、対馬、佐渡、本州を生むことができた」

次も問題あり、です。

「イザナキ、イザナミは兄妹の近親相姦であるため、そこからこのような異常児が生まれるのは十分可能性のあることだが、少なくとも神武天皇までの時代は、これが一般化していたようである」(27)

氏の言うように、「イザナキ、イザナミは兄妹の近親相姦であるため」に水蛭子や淡島が生まれたのなら、その後の交わりからも水蛭子のような子が生まれて然るべきです。しかし、「言う順序を変えたら大八島(洲)が生まれた」と記紀に書いてあります。即ち、水蛭子や淡島が生まれたのは近親婚が原因ではなかったということです。

また氏は、「少なくとも神武天皇までの時代は、これ(近親相姦)が一般化していたようである」と書いていますが、「ようである」ではなく、ご自分で原文を読んで調べれば、自分の誤りと論理破綻が分かるはずです(268頁、図33)。

さらに、「姉弟であるアマテラスとスサノウが結ばれて次世代を生むわけであるから、これも近親結婚である」(27)と記していますが、これも記紀を読まずに適当なことを書いていることは既述のとおりです。

また氏は『日本の歴史　本当は何がすごいのか』(育鵬社)で次のように書いています。

「『古事記』も『日本書紀』も、神武天皇の東征があった三世紀初めからずっと後にできたものです」(65)

根拠を知りたいと思った私は、「神武東征が三世紀初めとした理由を教えてください」と出版社を通して二度ほど田中氏に問い合わせましたが、答えはありませんでした。

紙幅の関係もありこの辺りで止めておきますが、古代史の素人は、私もそうですが、素人なればこそ、適当に書かずに自分で文献を読み調べ、根拠を持ち、論理的破綻をきたさぬようよく考え、記紀を無視した戦後の検閲済み古代史観の歪みを正し、書かなければならないと考えています。

原文を調べず、論理的考察を行わずに適当な思いを書き、その上で自分の説が「蓋然性を持っているから、誰も反論できないのである」などと公言していながら読者からの簡単な質問にも答えられないようでは困ります。

立派な肩書きに誘われて彼らの古代史観を洗ってみると、ご覧のとおりの内容でした。それらは反面教師としての役割は果たせても、私が述べてきた建国論、古代史論に再考を促すような科学的で論理的なものは何一つなかったのです。これは一体どうしたことか。なぜ古代史界はこんな体たらくになったのかも解き明かさねばなりません。

終章

なぜ、戦後の古代史論は正気を失ったか

米国の占領方針〝歴史を失わせ滅ぼす〟

それには江藤淳先生が暴いた戦後の闇、日本を占領した米国が行ったことを知っておく必要があります。

対日戦に勝利した米国はインディアンの如く日本人の絶滅を図ったのですが、ポツダム宣言もあり、別のやり方を用いました。それが〝検閲〟と〝公職追放〟によって〝日本の歴史を消し去る〟ことでした。

米国が立案し、連合国最高司令官司令部（ＧＨＱ／ＳＣＡＰ：以下ＧＨＱ）が命じ、間接統治者として手を下したのが傀儡日本政府＝日本人だったことを忘れてはなりません。これが米国人だったら状況は変わっていたでしょう。

約七年に及ぶ占領時代は、映画、ニュース、ラジオは勿論、新聞、雑誌、書籍、小説、研究図書、哲学、思想、教育、政治家の演説、雑誌、漫画、俳句、短歌、詩、流行歌詞に至るまで〝検閲〟が行われ、違反者には〝沖縄での重労働三年〟なる刑罰が待っていました。

電話の盗聴や私信の開封も公然と行われ、日本政府内には一万人に及ぶ検閲従事者がおり、米国人に検閲の結果報告を行うため、特に英語に堪能な者には日本の税金から高給が支払われていました。この時代、〝検閲〟を通らないものが国民の目に触れることはありませんでした。

共産党や社会党などの左翼、朝日新聞やＮＨＫなどの護憲派も、検閲を禁止した現憲法下で「護憲、ゴケン」と叫びながら、検閲を受け、検閲に加担し、検閲の事実を秘匿し続けたのです。それは検閲基準で〝検閲の事実を公表することが禁じられていた〟からです。この虚偽体質、奴隷根性、私が護憲派を信用しない理由です。

さらに、米国とその傀儡・日本政府は、政界、官界、学界、実業界、言論界などから二〇万人を超える人々を〝戦争協力者〟として追放しました。この追放は教育界にも及び、ポツダム宣言受諾の二ヵ月後、ＧＨＱは四大教育指令を傀儡政府に命じました。

一九四五年十月二十二日　日本教育制度に対する管理政策
同月三十日　教員及び教育関係官の調査、除外、認可に関する件
同年十二月十五日　いわゆる「神道指令」
同月三十一日　修身、日本歴史及び地理停止に関する件

講和条約が未締結の時期は継戦中であり、米国は、日本が二度と立ち上がれぬよう日本人の精神を改変する戦いに着手しました。その本丸が歴史教育でした。

彼らが歴史教育を重視したのは、歴史を失った民族は滅んだも同然であり、戦前の歴史教育を消し去り、新たな歴史を定着させて日本を別の日本人で充たすことを目論んだからです。そ

うすれば米国にはむかった、手強い日本人を皆殺しにしたのと同じ効果がある、そのことを彼らは知っていました。

そこで米国は、戦前の価値観を破壊するため、戦前の犯罪者や共産主義者を解放して権力を与えたのです。その中にマルキストの羽仁五郎《はにごろう》がいました。羽仁は直ちに猛烈な反日と皇室否定論を発表し、ＧＨＱ公認の下、反日左翼のボスとして影響力を行使し始めました。

日本共産党（ソ連の下部組織・コミンテルン日本支部として大正十一年に誕生）や左翼が皇室廃止を主張したのは、ロシア皇帝一家を皆殺しにしたソ連が皇室の廃止を指令したことに倣ったからです。実は中国共産党も日本の左翼に活動資金を与えており、彼らは中ソから受け取った潤沢な資金で活動していたのです。

日本潰しに狂奔していた米国公認の下、日本で権力を握り、中ソの資金援助で生き返った左翼は中ソの指令に従い、日本の歴史を肯定的に捉えてそれを学生に教える学者や教育者の〝調査、除外、認可〟権限を得て、彼らの追放を開始しました。

そのため、米国と日本政府は、憲法で禁止されている検閲、盗聴、密告、相互監視、思想狩りを教育界に持ち込んだのですが、ＧＨＱの前では憲法など紙屑同然だったのです。

一九四七年六月、ＧＨＱ作の「日本国憲法」と「教育基本法」の理念、および「階級闘争」を運動方針とする日教組が結成され、羽仁五郎が代表に就任できたのは中ソとＧＨＱの後ろ盾があればこそでした。権力をバックに、彼らは論争を回避し、戦後利得者たるNHKや朝日新聞などの支援を受けて反日・自虐史観を宣伝し、国民の洗脳を推し進めたのです。

米国指令による〝教職追放令〟とは

昭和二十一年、京都帝国大学教授で国史学の泰斗・西田直二郎に〝教職不適格者〟の烙印が押され、追放されました。この種の追放は公立・私立を問わず日本中の大学・高校・中学・小学校などで起こり、その空席を天皇の殺害を狙って投獄されたマルキスト、戦後の転向者、占領政策に盲従する者などの反日左翼が〝教職適格者〟となって埋めていきました。

世は逆さ、昔の罪人や危険思想の持ち主が学者や教育者になったのです。

米国は戦前の価値観の破壊と日本人の愚民化に全力を注ぎ、昭和二十二年に「教職員の除去、就職禁止及復職等に関する政令」（政令第六十二号）を通知して教職追放の厳格化を図り、次のような〝教職追放令〟は、教師、役人、教育委員会から出版社にまで及んだのです。

第一条　この政令は昭和二十年十月の占領軍の指令に基づく。

第二条　対象は公立、私立を問わず、全ての大学、高校、中学、小学校の教師及び職員、教育関係役人、教育委員、教科書出版社に及ぶ。

第三条　戦前の皇国史観の持ち主や戦争協力者、米国の占領政策に反対するものは解雇す。
第四条　教職不適格者は新たに職に就くことを禁ず。
第五条　教職不適格者の指定は文部大臣又は都道府県知事が審査委員会を設けて行う。
第六条　恩給取得者は教職不適格者と認定されて時点で直ちに受給資格を失う。
第七条　甘い判断は許さない。審査委員会の調査票を上部機関で再チェックす。
第八条　教職不適格者は退職時の勤務先に出入りを禁ず。
違反者は三年以下の懲役若しくは禁固、または一万五千円以下の罰金に処す。

初年度の審査により約五千名の教師が〝教職不適格者〟として追放されましたが、その前に約十一万六千名の教授や教師が自ら職場を去っていました。〝こんな検閲済み歴史研究、歴史教育はまっぴらごめんだ〟ということです。

こうして一流の歴史研究者や教育者が教育界から姿を消しました。その後も大学から小学校まで、ソ連や中国よろしく相互密告と思想チェックが行われるに及び、彼らは糊口《ここう》をしのぐため、検閲済み歴史観を受け入れ、転向していきました。こうして戦後の歴史学会、歴史教師はそのような者で充たされたのです。

彼らは、戦前の日本を〝悪〟とする〝反日〟によって米国と中ソに魂を売り渡し、革命前夜と言われていたあの時代、共産革命が起きた暁に起こるであろう凄惨なリンチから身を守ろうとしたのです。〝おれは左翼だ、革命に賛成していたのだ〟ということです。

東京大学総長の南原繁や矢内原忠雄、法政大学総長の大内兵衛、京都大学総長の滝川幸辰、一橋大学学長の都留重人らもそれであり、彼らの仲間が研究や教育現場に吸い寄せられ、日本中の大学、特に教育学と歴史学は反日左翼の巣窟と化していきました。

そこに学問、研究、教育の自由があるはずもなく、大学、高校、小中学に至るまで、密告とプロパガンダの場と化していたのです。

大学に記紀否定論者だけが残った

日本を否定的に語る歴史観しか許されなかった時代、〝記紀否定〟は戦後〝検閲〟と〝教職追放〟の掲げる〝ドグマ（教義）〟に支配された時代でした。「あの教授は日本書紀や古事記を教えている」などと密告され、〝教職不適格者〟の烙印を押されたら最後、職場から追放され二度と公職に就けず、恩給は停止され、法外な罰金が科せられ、家族が路頭に迷う恐れがあったのです。

青白き秀才は怯え、萎縮し、押しつけられた歴史観を受け入れ、転向していきました。そして彼らは自由意思で転向したように振る舞い、日本を悪し様に言いつのるようになりました。全国公私立を問わず、そのような者だけが歴史研究者、大学教授、教員として教育行政の場に残ることを許され、それ以外の者は全員が追放されたのです。

例えば、東京帝国大学国史学科主任教授・平泉澄《きよし》氏は、敗戦直後の昭和二十年八月に辞職したのですがそれだけでは許されませんでした。辞職後、公職を離れることで自由になった氏が、古事記や日本書紀を肯定的に語ることを恐れた日本政府は、改めて氏に〝公職追放者〟の烙印を押し、言論を封じました。

平泉氏は、わが国が主権を回復し、教職追放令が失効することで口を開くことを許された後、戦後検閲の実態と自らが置かれていた状況を次のように記していました。

「昭和二十年以降は、占領政策のために抑圧せられて、父祖の精神を継承し、その功業を顕《けん》彰《しょう》することは不可能となりました」(3)

「昭和二十七年四月、占領は解除せられ、日本は独立しました。長い間、口を封ぜられ、厳しく監視せられていた私も、ようやく追放解除になりました。一年たって昭和二十八年五月二日、先賢の八十年祭に福井へ参りましたところ、出てきたついでに成和中学校で講話を頼まれました。(中略)講話は極めて短時間で、要旨は簡単明瞭でありました。

〈皆さん！　皆さんはお気の毒に、長くアメリカの占領下にあって事実を事実として教えられることが許されていなかった。今や占領は終わった。重要な史実は正しくこれを知らねばならぬ〉

と説きおこして、二、三の重要なる歴史事実を説きました。その時の生徒の顔、感動に輝く瞳、

それを私は永久に忘れないでしょう」（4）（『物語日本史（上）』講談社学術文庫）

しかし氏の望みは水泡に帰した。というのも、教育現場に残っていた大学教授や教員の全てが占領政策に賛成した、転向した教職適格者により占められていたからです。

和辻哲郎、白鳥庫吉、江上波夫、井上光貞、田中卓、直木孝次郎、古田武彦、上田正昭など、占領期間中に教職に就いた方々は占領政策に従い、記紀を否定したからこそ古代史専門家としてその地位を保てたのです。彼らが記紀を否定し、珍論・奇論を次々に発表したのには理由があったのです。

ですが、津田左右吉だけは戦後歴史学と歴史教育に敢然《かんぜん》と立ち向かったことが分かっています。一九四六年に、彼は『世界』（岩波書店）の四月号に『建国の事情と万世一系の思想』を寄稿しました。そこで氏は記紀を否定した古代史界に反論し、ＧＨＱや中ソに阿《おもね》った言論界とは真逆に、天皇と皇室の護持《ごじ》を強く主張しました。

津田は、戦後転向した家永三郎、石母田《いしもだ》正、井上光貞、丸山眞男らによるマルクス史学が主導する戦後史学と歴史教育を痛烈に批判し、長期にわたりぶつかり合ったのです。

それでも時の権力者は、戦前、反天皇と誤認された象徴的存在・津田を〝追放〟できませんでした。追放すれば大ニュースとなり、〝なぜ、彼は追放されたか〟が明るみに出て、彼ら、教職適格者の転向が照らし出されるからです。結局、津田の主張は、反日左翼と反日マスコミ業者の取り上げるところとならず、握りつぶされ忘れ去られたのです。

検閲・教職追放と〝闇の検閲官〟

昭和二十五年、ソ連と中国に支援された北朝鮮が韓国への侵略を開始しました。朝鮮戦争の勃発です。ここに至り、米国は目を覚まし、大きな対日政策の転換が起きましたが時既に遅く、日本の大学はマルクス主義史観に席巻《せっけん》されていました。

昭和二十七年四月二十八日、わが国は晴れて独立し、〝教職追放令〟は失効しましたが、彼らが行ってきた検閲、相互監視、密告は違憲行為だったがゆえ、政治家、役人、マスコミ業者、歴史学者、小説家、文筆家、検閲官、被検閲者なども固く口を閉ざしたのです。

検閲を行った者や受けた者は口裏を合わせ、「自由だった、検閲はなかった」と嘯《うそぶ》き、護憲・ゴケンと叫び続け、己の卑しさを隠し続けて今日に及んでいます。そして以降、国民の目を欺くため、検閲下の言論活動と独立後の整合性を保とうとして、歴史学者、出版社、文部官僚などの〝闇の検閲官〟が活動を始めたのです。

古代史学者や研究者も、闇の検閲官の〝検閲〟に合格するために占領期同様〝自己検閲〟を始めたことが、森浩一氏の『日本神話の考古学』（一九九三年）から読み取れます。

「太平洋戦争後の考古学では、神武東征についてほんのわずかでも触れる研究者があると、科学的でない、として非難の雨が集中した。

そのため、しだいに事件としての神武東征だけではなく、考古学的な資料の整理と結果として導き出された〈九州の勢力あるいは文化の、大和など近畿への東伝あるいは東進〉について触れようとすることにも、ためらいが見られるようになった。

戦争中の言論への弾圧とはもちろん違うとはいえ、これは、政府や軍部ではない力による、言論への圧力ではなかろうか、としばしば考えさせられた。しかし、そういうためらいを捨てて、虚心に神話・伝説と考古学の接点を探るべき時期であろう」（169）

この時代になっても氏が闇の検閲官を恐れていた様子がうかがわれます。江藤先生が指摘したように、戦後の古代史や考古学さえも検閲の影響下にあり、独立後は〝闇の検閲官〟の検閲をパスするために〝自己検閲済み古代史観〟が形成されたことを物語っています。斯くして、わが国の正史、日本書紀にある神武東征と神武天皇による日本建国の話は古代史学者や考古学者の手により抹殺され、それを受け入れた者が次の大学教授になっていったのです。

〝戦後は、研究、教育の自由があった〟もウソであることが森浩一氏の一文で分かります。

「戦後の歴史学界には、神武東遷には一切触れないと云う暗黙の了解があった」(142)「学界の主流としては九州島からの文化の東進に言及するだけでも、〈神武東遷の亡霊〉などと蔑視され続けた現状のあったなかで、神武東遷については、どうしても考古学資料の語るものとしていうべきことだ、と考えた」(143)(『古代史おさらい帳』筑摩書房)

言論と研究の自由が保障されたはずの戦後において、〝神武東征は事実だ〟などと云ったら〝闇の検閲官〟から告発されて学会や研究室から追放、村八分にされ、論文は没となり、職と食を失いかねなかったということです。

戦後古代史論の知的退廃とは

司馬遼太郎は〝韓国は日本人の祖先の国〟なる検閲済み史観の持ち主であり、戦後史観の下《げ》僕《ぼく》であったことを氏の著書『街道をゆく(7) 甲賀と伊賀のみち、砂鉄の道ほか』(朝日文庫)の一文が証明しています。

「神武天皇というのは無論架空の存在であるが、日本書紀に出てくるその皇后の名がおもしろい。姫蹈鞴五十鈴姫《ひめたたらいすずひめ》ということになっている」

彼は、戦後公認された歴史観を身にまとったからこそ、学界が認め、出版社も本を出し、時流に乗って流行作家になれたのです。同時に、『日本神話と古代国家』（講談社学術文庫、一九九〇年）に代表される直木孝次郎氏の次なる古代史観を広める宣伝マンでもあったのです。

「天皇による日本支配の正当性を説明するために書かれたものが『記・紀』だからである（中略）

天皇の地位は神代より万世一系、切れ目なく順当に相続され、日本国家はその支配の本に平和に発展したのでなければならない。この条件に合わない言い伝えは斬り捨てられたり、条件に合うように作りかえられたりして『記・紀』が出来上がったのである（中略）

この操作が『古事記』序文にいう〈偽を削り、実を定む〉の実態である」（30）

記紀に対するこのような態度は戦後の古代史家の常態となっており、直木氏の指摘した〈偽を削り、実を定む〉とは古事記の次の一文を指しています。

「天皇が仰せられるには、〈私の聞くところによれば、諸家に伝わっている帝記及び本辞には、真実と違い、あるいは虚偽を加えたものがはなはだ多いとのことである。そうだとすると、ただいまこの時に、その誤りを改めておかないと、今後幾年も経たないうちに、その正しい趣旨は失われてしまうにちがいない。そもそも帝記及び本辞は、国家組織の原理を示すものであり、天皇政治の基本となるものである。それゆえ、正しい帝記を撰んで記し、旧辞を良く検討して、誤りを削除し、正しいものを定めて、後世に伝えようと思う〉と仰せられた」(25)

直木氏は、天武天皇の意向、「誤りを削除し、正しいものを定めて」を〝条件に合わない言い伝えは斬り捨てられたり、条件に合うように作りかえられた〟と曲解し、話を続けます。

「『記・紀』の編者が天皇の起源をできるだけ古くしようとしたのも、同じ目的である。そのためにありもしない天皇の名を作ってさし加えたり、讖緯《しんい》説にもとづいて推古九年から千二百六十年前(紀元前六六〇年)を、神武天皇の即位の年としたりしたわけだが、この第一代神武天皇の物語も、天皇家の起源を説明し権威づけるために作られたもので、史実とは考えられない」(31)

氏は〝皇紀＝西暦〟と信じており、だから記紀はおかしい、というのですが、創作するなら天皇を増やし、寿命を半分程度にして疑いを持たれないようにしたでしょう。

昭和五十三年、埼玉古墳群・稲荷山古墳から出土した赤く錆びた鉄剣をX線検査したところ、意富比垝《おおひこ》なる文字が刻まれていたというニュースを覚えている方もいると思います。彼は第九代・開化天皇の兄、大彦命《おおひこ》と考えられているのですが、氏は次のように反応したものです。

「鉄剣銘からわかることは、ワカタケル大王すなわち雄略天皇の時代に大彦命に関する伝承が存在したらしいだけであって、大彦命の実在は証明されていない」(263)

日本書紀にその名があり、それが鉄剣に刻まれていたのですから、〝大彦と開化《かいか》天皇、さらには父君である第八代・孝元《こうげん》天皇は存在していた〟が普通の考えと思うのですが、戦後の古代史家は決して受け入れません。常識が欠如しているのみならず、神武天皇から開化天皇までをアプリオリに否定する知的退廃と思考停止が、戦後の古代史学会を埋め尽くしていたのです。

古代史論は見直す時代に来ている

何処の国でも自国にとって不都合な歴史は隠し、ウソをついてでも自国の歴史を飾り立てて国民や子供に語り伝えようとしてきた、即ち、醜く、残虐な自国の歴史から目を背けたい心情は分からないではありません。

しかしわが国では話が逆であり、保守革新を問わず、日本の学者、教育者、作家などが歴史的事実に目を向けず、何が何でも、ウソをついてでも祖国の出自を捻じ曲げ、ことさら醜く否定的にとらえようとしてきたことは、私にとって驚きでした。

江藤先生が危惧されたとおり、日本人が少しずつ洗脳され、無意識裡にコミンテルンとGHQによる反日自虐史観を纏《まと》ってしまったことを知り、彼らの目論見が成就し、戦前とは別の価値観を持った新たな民族が誕生したのを見る思いでした。

ですが本書に記した如く、事実に基づき、科学的・論理的に古代史を捉えることで、戦後流布されてきた頑迷固陋《がんめいころう》たる古代史論は瓦解し、わが国の正史・日本書紀や古事記が輝きを増し、日本の礎たる皇室と私たち日本人のルーツが明らかになった、そういう時代に至ったのです。

古代史を論じるのは、故・上田正昭氏が書き残したように、〝過去に学んで現在を見極め、将来を展望するため〟であり、歴史の根幹が狂っているようでは、現在はもとより、将来を見通すこともままなりません。近現代史を学ぶにしても、正しい古代史を知っておく必要があるということです。

ここに、わが国に瀰漫《びまん》する古代史に対する諦念《ていねん》と沈滞から抜け出し、常態化していた〝曖昧さ〟や〝モヤモヤ〟、〝自己中〟を一掃した古代史のパラダイムが姿を現したのです。新たな時代を迎えるにあたり、ここで明らかにした日本の出自と建国の事情を一人でも多くの方に知っていただき、そして反論を期待しています。

最後になりましたが、このような機会を与えて下さったワックの皆様に衷心より感謝申し上げます。

令和元（二〇一九）年五月

長浜浩明

本書は、アイバス出版より二〇一七年に出版された『新版　国民のための日本建国史　神武東征から邪馬台国「謎」の時代を解き明かす』を改題し、大幅に加筆・増補した最新版です。

長浜 浩明（ながはま・ひろあき）
昭和22年群馬県太田市生まれ。同46年、東京工業大学建築学科卒業。同48年、同大学院修士課程環境工学専攻修士（工学修士）。同年4月、（株）日建設計入社。爾後35年間に亘り建築の空調・衛生設備設計に従事、200余件を担当。一級建築士、技術士（衛生工学、空気調和施設）、公害防止管理者（大気一種、水質一種）、企業法務管理士。
著書に『文系ウソ社会の研究』『続文系ウソ社会の研究』『新文系ウソ社会の研究』『日本人ルーツの謎を解く』『古代日本「謎」の時代を解き明かす』『韓国人は何処から来たか』（展転社）、『「脱原発」を論破する』（東京図書出版）、『新版国民のための日本建国史』『日本とアメリカ戦争から平和へ 上中下』（アイバス出版）がある。

日本《にほん》の誕生《たんじょう》　皇室《こうしつ》と日本人《にほんじん》のルーツ

2019年５月18日　初版発行
2021年８月２日　第６刷

著　者　長浜　浩明

発行者　鈴木　隆一

発行所　ワック株式会社
東京都千代田区五番町 4-5　五番町コスモビル　〒 102-0076
電話　03-5226-7622
http://web-wac.co.jp/

印刷製本　大日本印刷株式会社

ISBN978-4-89831-482-1